本书是福建省社会科学规划重大项目" 新时代政府科技
（FJ2018MGCZ010 ）的研究成果。

新时代政府科技资助
与企业创新效率研究

唐炎钊　熊英子　庄　花　周子程　　著

刘　婷　李彤彤　杜星铖　王　静

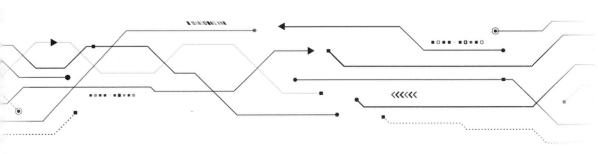

厦门大学出版社　国家一级出版社
XIAMEN UNIVERSITY PRESS　全国百佳图书出版单位

图书在版编目（CIP）数据

新时代政府科技资助与企业创新效率研究 / 唐炎钊
等著. -- 厦门：厦门大学出版社，2022.12
　　ISBN 978-7-5615-8524-5

　　Ⅰ．①新… Ⅱ．①唐… Ⅲ．①政府投资－影响－企业
创新－研究－中国 Ⅳ．①F279.23

中国版本图书馆CIP数据核字(2022)第245538号

出 版 人	郑文礼
责任编辑	李峰伟

出版发行　厦门大学出版社

社　　　址	厦门市软件园二期望海路 39 号
邮政编码	361008
总　　　机	0592-2181111　　0592-2181406(传真)
营销中心	0592-2184458　　0592-2181365
网　　　址	http://www.xmupress.com
邮　　　箱	xmup@xmupress.com
印　　　刷	厦门集大印刷有限公司

开本	720 mm×1 020 mm　1/16
印张	16
字数	332 千字
版次	2022 年 12 月第 1 版
印次	2022 年 12 月第 1 次印刷
定价	58.00 元

本书如有印装质量问题请直接寄承印厂调换

厦门大学出版社
微信二维码

厦门大学出版社
微博二维码

内容简介

  本书是在福建省社会科学规划重大项目"新时代政府科技资助与企业创新效率研究"（FJ2018MGCZ010）的研究成果的基础上形成的。课题研究以工业企业为研究对象，从宏观政策环境、产业选择、微观企业三个层次全方位地探讨了政府科技资助政策是如何影响企业技术创新的宏观效应和微观效应。首先，在宏观政策环境层面，探讨了包括政府科技资助在内的创新制度环境是如何影响企业的创新绩效的。其次，在产业选择层面，重点探讨了在新时代背景下政府科技资助对战略性新兴产业企业技术创新绩效的影响，以及政府科技资助对科技型中小企业创新持续性效果的影响。最后，在微观企业层面，从企业开放式创新模式与企业创新过程两个视角分别探讨了政府科技资助的政策制定、执行过程和实施结果对企业开放式创新模式的影响，以及政府科技资助对企业创新过程中的创新决策、创新投入和创新产出的哪个环节更具有影响。

前言
Preface

在新技术迅猛发展、经济全球化趋势不断深化的时代,创新驱动成为国家核心战略。2013 年国家首次明确提出要强化企业技术创新主体地位。2016 年 5 月,中共中央、国务院印发了《国家创新驱动发展战略纲要》,进一步提出建成世界科技创新强国"三步走"的目标。2017 年 10 月,党的十九大报告中指出,创新是引领发展的第一动力,是建设现代化经济体系的战略支撑。"十三五"规划明确提出全面提高自主创新能力、建设创新型国家。"十四五"规划指出,坚持创新在我国现代化建设全局中的核心地位,把科技自立自强作为国家发展的战略支撑,强化国家战略科技力量,提升企业技术创新能力,激发人才创新活力,完善科技创新体制机制。总体来看,2016 年我国研究与试验发展(research and development,R&D)强度(R&D 占 GDP 比重)为 2.1%,与"十二五"规划中 2.2% 的目标有差距,另低于美日欧等发达国家(美、日、欧基本维持在 3%,部分国家甚至达到 4%)。虽然国家及地方各级政府不断加大对企业的科技资助力度,企业创新能力得到大幅度提升,但企业技术创新能力仍显不足。2015 年我国 383 153 家规模以上大中型工业企业的有效发明专利数 573 765 件,每家企业的有效发明专利数为 0.66 件。高校、科研院所的科技成果转化率在 20%~30%,实现产业化成果不足 5%,与发达国家 70%~80% 的转化率和 20%~30% 的产业化率相较甚远。在中国工业发展进程中,提高技术创新效率及创新成果转化率是中国工业发展的长远目标。政府加大对企业创新活动资助力度,社会公众对其资助,对企业研发活动的引导作用和绩效究竟如何,并不能得到确切和满意的答案。在此背景下,研究新时代政府科技资助方式与企业创新效率,理论上拓展了技术创新理论和方法,丰富效率理论;实践上,能总结中国企业技术创新的发展规律,有助于我们更加深刻理解政府创新激励政策与企业技术创新的深刻内涵,有助于指导创新驱动国家战略的调整,还可以为政府制定科技资助政策提供理论依据。

课题组接受任务后,立即组织科技创新方面的研究团队,对政府科技资助对企业创新效率的影响问题开展研究。在两年多的时间里,在进行广泛阅读国内外研究文献的基础上,课题组采取定期与不定期的课题座谈会、研讨会等形式,从宏观政策环境、产业选择、微观企业三个层次全方位地探讨了政府科技资助政策是如何影响企业技术创新的宏观效应和微观效应。首先,在宏观政策环境层面,探讨了包括政府科技资助在内的创新制度环境是如何影响企业的创新绩效的。其次,在产业选择层面,重点探讨了在新时代背景下政府科技资助对战略性新兴产业企业技术创新绩效的影响,以及政府科技资助对科技型中小企业创新持续性效果的影响。最后,在微观企业层面,从企业开放式创新模式与企业创新过程两个视角分别探讨了政府科技资助的政策制定、执行过程和实施结果对企业开放式创新模式的影响,以及政府科技资助对企业创新过程中的创新决策、创新投入和创新产出的哪个环节更具有影响。反映"新时代政府科技资助与企业创新效率研究"的课题研究工作及成果主要由以下五个子专题组成:

专题一:政府科技资助的制度环境对企业创新绩效的影响研究。为了支持企业的创新活动以及激发企业的创新意愿,我国各级政府都推出了各种有利于企业创新的科技资助政策,然而,在不同的科技资助制度环境下,不同的企业其创新绩效也有着不同的表现。本专题正是以此着眼,探求从外部创新的制度环境到企业创新绩效的内在作用机制。有研究指出,企业家的感知在制度环境与企业战略之间发挥着重要的作用,由此,本专题将企业家个人特质变量——管理者心智模式引入,作为内在作用机制的调节,并通过实证分析来验证此有调节效应的中介模型的有效性和显著性。

专题二:政府科技资助对战略性新兴产业企业技术创新绩效的影响研究。战略性新兴产业已成为我国政府重点发展和培育的产业,该产业的发展状况直接决定了我国产业结构优化与升级最终能否成功,而战略性新兴产业发展的核心是企业技术创新水平的提升。本专题以 2011—2017 年战略性新兴产业上市公司 5 908 个观测值为依据,主要考察了产业政策对技术创新的直接影响、影响的延续性、产权性质的调节作用以及产业政策的影响机制。

专题三:政府科技资助对科技型中小企业创新持续性效果的影响研究。"双创"时代,科技型中小企业作为技术创新最活跃的群体之一,通常具有高创新性、高成长性等特点,在创新机制和创新效率上具有其他企业无法比拟的优势,保持创新活动的持续性成为科技型中小企业创新发展的必然要求;但鲜有文献研究政府科技资助对企业创新持续性的影响。本专题对这个问题进行了研究,并进一步区别了不同补助形式对企业创新持续性影响的差异,为研究企业创新持续性的影响因素提供了一个新的视角。

专题四:政府科技资助与企业开放式创新模式研究。政府科技资助并不仅仅体现在资助经费和资助数量结果方面,更多的是一个包含了多个环节的过程。本专题从政府科技资助的现实情况出发,将其资助过程划分为不同的阶段,分别从政策制定、执行过程和实施结果三个方面研究探讨了其对企业开放式创新模式的影响,对现有政府科技资助的相关研究进行了有益补充,具有重要的理论意义。首先,本专题研究了政府科技资助的全过程对企业开放式创新模式的影响。从理论上讲,政府科技资助是一个从制定相关政策,到展开具体的落实执行,再到最终的经费扶持和项目资助的全过程。在政府科技资助的不同阶段,企业对资助程序与过程的了解和接受程度均有较大差异,这会直接影响企业对政府科技资助的接受程度和利用效率。本专题通过构建政府科技资助影响企业开放式创新模式的全过程模型,并运用系统的实证分析方法,从过程的视角解释了政府科技资助的不同阶段对企业创新模式的影响,完善了已有的相关研究。其次,开放式创新模式是创新研究的一个崭新方向,其不仅对企业的绩效具有显著影响,也是企业创新决策和创新行为的外在体现。以往有关政府科技资助对企业创新的影响主要集中在创新绩效方面,而绩效是一个静态的结果变量,无法凸显企业有关创新决策和行为表现的方面。本专题突破了已有关于政府科技资助对企业创新影响的框架,从动态、过程的视角对企业的创新模型、决策乃至战略进行了探讨,并同时考虑了内向型开放式创新和外向型开放式创新,拓宽了政府科技资助对企业创新行为的影响研究。最后,本专题考虑了构建高层管理团队社会网络的人力资源实践的调节作用,这有利于拓展战略性人力资源管理系统的相关研究。

专题五:政府科技资助对企业创新过程的影响研究。以往的研究忽略了政府科技资助对企业创新过程中各个环节的影响,对此,本专题运用过程的观点,重点探讨政府科技资助对企业创新过程中的创新决策、创新投入和创新产出的哪个环节更具有影响,政府科技资助的不同方式对企业创新过程的影响又是怎么样的,从而可以更加全面深入地探讨政府科技资助对企业创新活动的动态过程的影响分析。基于此,本专题依据创新理论、市场失灵与政府干预理论、信息不对称理论和信号传递理论,以2015—2017年沪、深两市中小板和创业板221家上市公司为研究对象,分析政府科技资助(包括财政补贴和税收优惠)对企业创新过程的影响机制。

本书是团队成员集体的结晶,其中第1章、第2章主要由唐炎钊、庄花完成,第3章(专题一)主要由周子程、唐炎钊完成,第4章(专题二)主要由李彤彤、熊英子完成,第5章(专题三)主要由刘婷、唐炎钊完成,第6章(专题四)主要由杜星铖、唐炎钊完成,第7章(专题五)主要由王静、唐炎钊完成,其他课题成员参与了课题的座谈会、研讨会,贡献了自己的观点与建议。同时,本书还得到了厦门大学、厦门市科技信息研究院等众多领导以及国内外专家的大力支持与帮助,在此表示衷心的感谢。另外,本书在写作过程中参考和引用了大量国内外学者的研究成果,吸收了一些有益的见解,在此谨向他们表示深深的敬意和感谢。由于时间、能力等因素的限制,一些观点、结论和方法难免有值得商榷处,恳请有关专家、学者和广大读者不吝赐教。

编著者
2022 年 7 月

目 录
Contents

第1章 绪 论

1.1 研究背景

1.1.1 现实背景

从历史环境来看,创新是我们快速进步的支柱。改革开放以来,我国经济快速发展离不开我国曾经的各种红利,即人口、环境、政策、资源等方面的红利。但时至今日,由于人口红利消失、老龄化日渐严重、环境污染严重,资源也逐渐枯竭,我国要想在新时代、新常态的背景下,在世界竞争环境中取得竞争优势,就必须转变以前的经济发展方式。资源和人力驱动型经济已经无法带来更多的优势,必须转向创新型经济模式。原本经济快速发展带来的不平衡、不协调等一系列问题也亟待解决。创新驱动的经济模式是我国经济发展的必然方向,只有大力进行知识、技术、制度等各方面的创新活动,大力鼓励人才进行创新创业,我国才能在如今的世界大环境中抓住机遇,引领浪潮。

从时代潮流来看,我国创新发展势在必行,创新驱动已成为国家的核心战略。2013 年国家首次明确提出要强化企业技术创新主体地位。2016 年 5 月,中共中央、国务院印发了《国家创新驱动发展战略纲要》,进一步提出建成世界科技创新强国"三步走"的目标。2017 年 10 月,党的十九大报告中指出,创新是引领发展的第一动力,是建设现代化经济体系的战略支撑。"十三五"规划明确提出全面提高自主创新能力、建设创新型国家。"十四五"规划指出,坚持创新在我国现代化建设全局中的核心地位,把科技自立自强作为国家发展的战略支撑,强化国家战略科技力量,提升企业技术创新能力,激发人才创新活力,完善科技创新体制机制。放眼全球,哪个国家能够最先抓住创新的机遇,哪个国家就可以在世界舞台上领先一步,并占据主导,2018年 3 月开始的中美贸易争端更是深度印证。我国制造业的迅速发展,使得霸主地位的美国感到了威胁。我国企业只有通过商业创新降低成本,通过技术创新提高产品质量,通过产品创新增加产品种类,才能牢牢把握住自身优势并将其不断扩大。

从创新发展的现状来看,我国仍需要不断进行创新、提倡创新。总体来看,2015 年我国 383 153 家规模以上大中型工业企业的有效发明专利数 573 765 件,每家企业的有效发明专利数为 0.66 件。高校、科研院所的科技成果转化率在 20％～30％,实现产业化成果不足 5％,与发达国家 70％～80％的转化率和 20％～30％的产业化率相较甚远。2016 年我国 R&D 强度(R&D 占 GDP 比重)为 2.1％,与"十二五"规划中 2.2％的目标有差距,另低于美日欧等发达国家(美、日、欧基本维持在 3％,部分国家甚至达到 4％)。虽然国家及地方各级政府不断加大对企业的科技资助力度,企业创新能力得到大幅度提升,但企业技术创新能力仍显不足。英士国际商学院推出创新指数排行榜,在 2019 年世界创新指数排行榜中,韩国排名第一,中国排名十六,见表 1.1。

表 1.1　2019 年世界创新指数排名

2019 年排名	2018 年排名	排名变化	国　家	总　分	研发投入强度	制造业增加值	生产率	高科技密度	服务业效率	研究人员重视度	专利活动
1	1	0	韩国	87.38	2	2	18	4	7	7	20
2	4	＋2	德国	87.30	7	3	24	3	14	11	7
3	7	＋4	芬兰	85.57	9	16	5	13	9	8	5
4	5	＋1	瑞士	85.49	3	4	7	8	13	3	27
5	10	＋5	以色列	84.78	1	33	8	5	36	2	4
6	3	－3	新加坡	84.49	13	5	11	17	1	13	14
7	2	－5	瑞典	84.15	4	15	9	6	20	5	25
8	11	＋3	美国	83.21	10	25	6	1	43	28	1
9	6	－3	日本	81.96	5	7	22	10	39	18	10
10	9	－1	法国	81.67	12	41	13	2	11	20	15
11	8	－3	丹麦	81.66	8	21	15	12	19	1	28
12	12	0	奥地利	80.98	6	11	12	24	8	9	18
13	14	＋1	比利时	80.43	11	26	10	9	41	16	9
14	13	－1	爱尔兰	80.08	32	1	1	16	15	14	38
15	16	＋1	荷兰	79.54	16	29	21	7	42	12	12
16	19	＋3	中国	78.35	14	13	47	11	6	39	2
17	15	－2	挪威	77.79	17	49	23	15	17	10	11
18	17	－1	英国	75.87	20	45	26	14	5	21	19
19	18	－1	澳大利亚	75.38	19	56	17	20	18	15	6
20	22	＋2	加拿大	73.65	22	39	27	22	41	19	8

资料来源:根据 Bloomberg 公司公布的数据整理所得。

注:表中为指数排名。

作为世界第二大经济体,我国的创新排名相对较低。图 1.1 显示了从 2007 年起,我国创新指数排名的变化情况,可以看出,我国在近几年对创新的重视程度明显提升,排名有所上升,然而由于先天不足,我国的整体创新水平比起世界前列还有一定差距。政府加大对企业创新活动资助力度,社会公众对其资助,对企业研发活动的引导作用和绩效究竟如何,并不能得到确切和满意的答案。

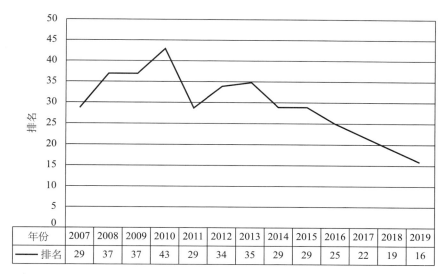

图 1.1　中国创新指数排名变化

资料来源：根据 Bloomberg 公司公布的数据及其他网络公布的数据整理所得。

1.1.2　理论背景

从熊彼特提出"技术创新"概念起，技术创新理论经历长远的发展。在新时代世界创新的大背景下，众多学者研究了各种对企业创新效率的影响因素。其中，政府与企业技术创新关系的研究一直都是创新领域的热点话题，学者们通常将政府视作外部环境因素来处理，政府科技资助政策仅被限于企业创新模式的宏观公共政策决策框架内，缺乏对企业创新行为和过程的深入分析，忽视了企业作为活跃创新主体在既定政府科技资助等政策环境下的主动适应性、有机选择性和灵活反应性，不能从企业微观层面上认识企业创新过程中政府科技资助等政策环境的影响作用，难以深入全面认识政府科技资助政策在企业创新核心能力构筑上的合理模式及有效路径。

在这样的现实与理论背景下，如何在当前供给侧结构性改革背景下分析政府科技资助政策对企业技术创新的影响，企业如何有效获取政府科技资助，政府科技资助同企业技术创新要素的具体内在作用机理是什么，如何探索可行的利用政府科技资助提高企业技术创新效率的基本策略，对这些重要问题至今仍缺乏在工业企业层面上进行严谨的研究与讨论。

在此背景下，研究新时代政府科技资助方式与企业创新效率就显得十分必要与重要。本书以工业企业为研究对象，研究政府科技资助政策是如何影响企业技术创新的宏观效应和微观效应，在理论上，丰富与完善公共政策理论和创新经济学，拓展了技术创新理论和方法，丰富效率理论，有助于掌握宏观层面上的企业技术创新效率的差异和微观层面上的企业技术创新决策的实施效果，能从政策层面补充创新经济学和国家创新体系理论;在实践上,能总结中国企业技术创新的发展规律,有助于我们更加深刻理解政府创新激励政策与企业技术创新的深刻内涵,有助于指导创新驱动国家战略的调整,还可以为政府制定科技资助政策提供理论依据。

1.2　研究内容

本书的研究内容主要有以下几个方面:

专题一:政府科技资助的制度环境对企业创新绩效的影响研究。 政府科技资助作为重要的制度环境对企业的创新决策、创新行为、创新绩效都有重要的影响。本研究专题从宏观层面入手,研究不同的创新制度环境会对企业管理者的创新意愿以及企业创新绩效产生什么影响,并进一步根据心智模式理论研究企业管理者的个人心理特质对以上过程的调节。研究的主要目的是针对制度理论对企业创新绩效影响的内部影响机制进行探究。

专题二:政府科技资助对战略性新兴产业企业技术创新绩效研究。 战略性新兴产业已成为我国政府重点发展和培育的产业,该产业的发展状况直接决定了我国产业结构优化与升级最终能否成功,而战略性新兴产业发展的核心是企业技术创新水平的提升。本研究专题主要考察了政府科技资助对技术创新的直接影响、影响的延续性、产权性质的调节作用以及政府科技资助的影响机制。

专题三:政府科技资助对科技型中小企业创新持续性的影响研究。"双创"时代,科技型中小企业作为技术创新最活跃的群体之一,通常具有高创新性、高成长性等特点,在创新机制和创新效率上具有其他企业无法比拟的优势。本专题将以科技型中小企业作为研究对象,试图对其创新活动是否存在持续性进行判断,在此基础上,考察不同的政府科技资助方式对科技型中小企业创新持续性的差异性以及融资约束的调节作用。

专题四:政府科技资助与企业开放式创新模式研究。 政府科技资助并不仅仅体现在资助经费和资助数量结果方面,更多的是一个包含了多个环节的过程。本专题将运用过程的观点统筹考虑政府科技资助的各个环节,将政府科技资助分为政策制定、执行过程和实施结果3个重要方面,分别探讨其对企业开放式创新模式(内向型开发式创新和外向型开放式创新)的影响效应。一方面,本专题可以有助于政府认识到其资助政策的各个环节如何影响企业的创新行为,为其科技资助提供针对性的建议;另一方面,本专题也可以对现有关于政府科技资助与企业创新研发活动的相关研究进行有益补充,对企业如何高效吸收政府资源、了解政府政策提供一定的启发和指导。

专题五:政府科技资助对企业创新过程的影响研究。 以往的研究忽略了政府科技资助对企业创新过程中各个环节的影响,对此,本专题运用过程的观点,重点探讨政府科技资助对企业创新过程中的创新决策、创新投入和创新产出的哪个环节更具有影响力,政府科技资助的不同方式对企业创新过程的影响又是怎么样的,从而可以更加全面深入地探讨政府科技资助对企业创新活动的动态过程的影响分析。

1.3　研究方法与技术路线

1.3.1　研究方法

本书主要采用的研究方法有:

(1)文献研究法。利用中国期刊网、厦门大学数字图书馆、Web of Science等中外文数据库,对相关文献进行了梳理和研究,了解目前相关研究领域的进展状况以及不足之处,从文献中发掘本书的研究内容与研究主题,并找到各个变量之间的相互影响关系,形成各专题完整的理论研究框架,为之后的模型及实证提供理论基础。

(2)问卷调查法。根据变量之间的关系,参考国内外具有代表性的成熟量表,并结合国内各地区的实际情况进行适当修改,设计出适用本书研究内容的相关变量测量量表。

(3)多元统计法。利用一手的问卷数据或二手的数据库等数据,利用 Excel、SPSS 等数据处理软件进行数据统计与分析,对数据进行信效度检验、共同偏差检验、相关分析、回归分析等处理,得到统计结果,并结合文献综述与本书假设展开讨论与分析,得出研究结论,以此给出相关的管理建议。

本书的研究技术路线主要是通过“提出总体研究主题—分解子专题—在文献综述的基础上提出研究假设—实证验证—得出结论—管理建议”这条路线展开的。

第一,通过搜索和整理相关文献综述,提出本书的研究主题,并细分为五个子研究专题。

第二,针对每个研究子专题进行细致的文献综述,在此基础上提出相关假设,形成各个子研究专题的理论分析模型。

第三,根据各自的研究模型,一是参考国内外成熟量表,并参考导师和有关专家的建议对量表进行修改,形成本书的最终量表;二是选择替代变量利用二手数据库资料进行测量,之后进行数据收集。

第四,将收集到的数据,利用 Excel、SPSS 等统计软件,进行数据处理和分析。

第五,通过数据处理分析后的结果,比对原模型及假设,结合理论对分析结果进行讨论与解释,最终给出相应的管理建议。

1.3.2　技术路线

本书的总体技术路线如图 1.2 所示。

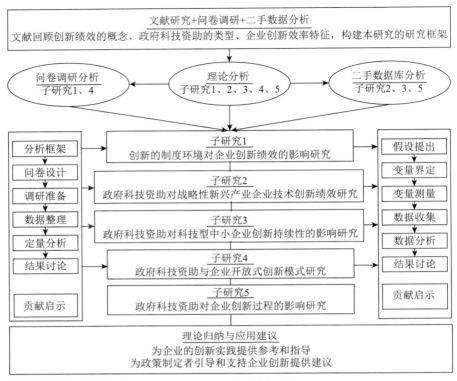

图 1.2　研究技术路线示意

资料来源：课题组绘制。

第2章 理论基础与文献回顾

2.1 理论基础

2.1.1 制度理论

制度经济学最早诞生于美国。20 世纪初,美国学者约翰·康芒斯著《制度经济学》一书,开辟了制度经济学的先河,后来随着制度经济学逐渐在西方兴起并发展,新制度经济学逐渐成为主流(任胜利,2019)。

制度学派认为制度优化是经济发展的根本原因,制度是影响社会经济结构和企业生产效率的重要因素之一。关于制度对企业行为的影响,在管理学领域主要分为两大学派,制度经济学派,其代表人物是 North,以及组织社会学派,其代表人物是 Scott(王倩,2014)。其中,制度经济学派认为制度是一种社会习惯、规则或行为准则,是一种"社会游戏规则",是导致组织效率差异的最根本的因素(North,Alt,1990)。Williamson(2000)将资源配置制度划分为四个层次,包括非正式制度、正式制度、治理制度以及资源配置制度,并提出企业发展与存在的目的及意义就是在这四个层次的制度中去寻找交易成本最低的做法。而组织社会学认为,制度不仅包括传统意义上的制度,还包括象征、认知、道德等人类主观方面的制度内容(Scott,Mwyer,1994),后来 Scott(1995)又总结认为制度是由管制、规范、认知三种制度构成,即制度的三系统理论模型。管理学领域应用较多的为组织社会学派的制度理论,因为其包含的范围较大,界定的范围更广泛,同时 Scott 提出的制度的三系统理论模型,为后续运用制度理论进行经济研究的学者们提供了清晰的、可度量的理论模型。

对于制度理论的应用与发展,Kostova(1997)以 Scott 的制度的组织社会学派的理论为基础,提出了一个三维度模型,该模型能够在一定程度上解释不同国家在制度环境上的差异,推动了组织社会学派的制度理论的进展。Peng 和 Heath(1996)以制度理论为基础,研究转型阶段的组织和经济体,得出制度与组织的相互作用,是企业做出战略选择的重要原因。同时,Peng 和 Sun(2009)也参考其他学科的观点,如社会学和经济学,用整合的方式对制度理论进行研究。Aguilera 等

(2007)学者通过对比英美和欧洲大陆的制度差异,建立了一个企业社会责任模型,从制度环境、商业实践以及员工态度三个方面论证了在不同国家、不同的制度环境下,企业会有如何不同的社会责任的相关决策。国内学者同样对制度理论进行了一定程度上的探究,沈奇泰松(2010)以组织社会学派理论为基础,利用案例研究的方法研究了企业外部制度环境对企业社会责任的影响,证明了良好的制度环境对企业的绩效有着积极的影响。高辉和邹国庆(2019)利用制度理论与高阶理论研究了制度环境与企业绩效的关系,证明了制度环境对企业绩效有积极作用,同时受到首席执行官(chief executive officer,CEO)自恋的调节,CEO 自恋程度越高,制度环境对企业绩效的影响就越强。

近年,随着全球政治经济局势的不断变化,不同国家和地区的政策制度环境的差异也越来越大,这种越来越大的差异导致在不同国家或地区的企业的行为和绩效也有很大差异。尤其是在像中国这种地域辽阔,地理特色、政治特色以及地区特色鲜明的背景下,不同企业在不同的政策制度环境下的表现具有鲜明的区别特征,因此众多学者用制度理论来解释企业在不同制度环境下的差异。创业环境从根本上来看就是一种制度环境(蒋春燕,赵曙明,2010)。近年来已经有众多研究将视角转向创新创业政策环境上,但是从整体上看,现在文献对创新创业制度环境的研究还多集中于描述性层面(Stephen et al.,2010),实证方面的研究相对较少。同时,对于制度理论的应用,多是偏向于直接使用制度理论来对不同制度下的企业或组织与制度的相互关系进行研究,关于制度理论对企业或组织的内在影响机制探究还处于探索阶段,即制度环境是通过哪些变量来影响企业或组织的发展过程,这一类研究还相对较少。

2.1.2 市场失灵与政府干预理论

早在 1776 年,古典经济学的创始人亚当·斯密在《国富论》一书中提出,市场充当"看不见的手",最终使市场达到均衡状态,实现资源的最优配置。市场均衡以完全竞争市场为假设,这种理想的市场竞争状态在现实中并不存在。实际上,由于信息不对称等现实因素的影响,市场这只"看不见的手"无法实现资源的最优配置,这种现象被称为"市场失灵"。1929 年至 1933 年第一次世界经济危机的爆发使得经济学家意识到市场失灵问题。1936 年,凯恩斯经济学的创始人凯恩斯在《就业、利息和货币通论》一文中,强调政府对促进经济增长的重要作用。他认为,政府应充当"看得见的手",在市场调控的基础上进行适当的干预,以弥补市场失灵和实现资源的有效配置。凯恩斯经济学认为,市场这只"看不见的手"并不是万能的,市场机制也存在失灵的情况。政府这只"看得见的手"可以在一定程度上缓解市场失灵的问题,在国民经济和社会发展以及企业创新中发挥积极的影响。这一理论成为学者研究政府支持与企业创新之间关系的重要理论基础。

创新活动具有正外部性,产生"知识溢出"和"技术溢出",导致企业的创新成果容易被其他企业共享。如果政府不对创新活动进行积极的干预，企业创新投入的动力不足，导致创新投资规模低于社会最优水平（Arrow，1962）。因此，大多数国家制定了一些旨在激励企业技术创新的政策，通过政府直接研发或对私人企业研发进行扶持，缩短社会最优规模与企业最优规模的差距，进而提高企业整体的创新水平。

具体到政府补助与企业创新，其理论基础主要体现在：第一，政府补助有利于减少创新活动的成本和风险。财政补贴资金的注入直接增加了企业的营业外收入，税收优惠通过降低企业应纳税额间接增加了企业的收入，无论是财政补贴还是税收优惠，政府补助均增加了企业的现金流，在一定程度上缓解了企业的资金压力，刺激企业增加研发投入。第二，由于金融体系不健全，"信贷歧视"普遍存在，中小企业面临更为严重的融资约束，难以从外部渠道获得创新资金。企业获得政府补助作为一种利好消息能够积极影响外部投资者的投资决策。政府的"背书"使这些企业更容易通过外部融资获得创新资源，有效缓解企业的融资约束。第三，政府补助通过给予创新企业一定的补偿，增加企业私人的创新收益，有利于缩小社会收益与私人收益之间的差距，从而减少创新活动带来的外部性问题，部分修正创新的"市场失灵"问题。

2.1.3　技术创新理论

技术创新理论由熊彼特在其著作《经济发展理论》中首次提出，后经索罗、罗默等学者的研究，确立了技术创新在经济发展中的重要地位。

熊彼特技术创新理论的重要意义在于提出了"毁灭性创新"的观点。该观点认为创新的过程往往是推倒重建性质的，它必然会极大地打击旧的生产技术和生产体系。这种打击甚至是毁灭性的，而毁灭性打击的结果伴随着新技术和新的生产体系的诞生，产品和技术的更新换代得以实现。熊彼特认为，创新的过程必然伴随着新价值的产生，最终成为国民经济发展的强大推动力。

随着创新理论研究的不断深入，西方学者将熊彼特技术创新理论发展成以新古典学派为代表的 4 个创新学派。新古典学派的代表人物索罗认为，创新应该被视为一种生产要素，和资本、劳动力等生产要素一样，对促进经济增长发挥着重要作用。索罗进一步提出技术进步模型实证证明了创新行为对美国企业生产效率的促进作用。此外，索罗在研究中还发现了市场机制对创新供需调节的失效情形，即创新的"市场失灵"。他认为技术创新的高风险和正外部性是导致创新"市场失灵"的原因。具体来说，第一，技术创新的过程非常复杂，长期、持续不断的资金投入是创新成果产出的必要条件。因此，技术创新的风险程度高。此外，消费需求具有不确定性，新的技术和产品未必能够被市场和消费者接受，这在一定程度上增加了技术创新的风险。第二，技术创新具有较强的正外部性，知识外溢和技术外溢造成企业的收益远低于社会的整体收益，新的技术和产品很有可能被竞争者模仿。在随后的研究中，该学派认为，政府力量的引导通常可以在一定程度上弥补"市场失灵",重新激发企业的研发活动,并最终促进生产效率的提升。

2.1.4 信息不对称理论

信息不对称理论由美国3位学者于20世纪70年代提出,研究市场参与者由于掌握信息程度的不同而承受不同的风险和获取不同的收益。信息不对称理论认为,在市场经济活动中,各类人员对有关信息的了解程度存在差异。信息充分的一方往往具有优势,而信息缺乏的一方则存在劣势。在信息不对称情况下,掌握信息比较充分的人员可能做出"败德行为",而信息贫乏的人员可能做出"逆向选择",两者直接扭曲了市场机制的作用,误导了市场,造成"市场失灵"。

政府与企业之间存在信息不对称。信息不对称的存在,会产生政府"逆向选择"的问题。政府在选择补助对象过程中,由于获取信息费用高,难以准确识别企业的发展前景,可能导致政府对企业支持过多或支持不足的问题。企业为获取政府补助的支持,倾向于申请政府支持计划以内的创新项目,而对企业自身的创新项目或计划以外的创新项目产生挤出效应,这不利于整体创新水平的提升。为了提高补助效果,政府倾向于"锦上添花",而不是"雪中送炭",仅对那些取得一定创新成果的企业或进入稳定期的企业进行补助。然而,从创新活动的整个周期来看,创新前期的投入和风险远大于创新后期,这种"后补助"的形式不能解决企业创新前期对资金的迫切需求,难以达到激励企业开展技术创新的目的。此外,政府补助往往设置一定的门槛,只有符合补助条件的企业才有机会获得政府补助。这在一定程度上导致创新资源配置"旱涝不均"的问题,使政府补助更多地流向大型企业。然而,在持续创新过程中,科技型中小企业内部资源有限,更需要政府补助的支持。另外,科技型中小企业可能为了符合补助条件而放弃一些优质的创新项目。信息不对称的存在,也会产生企业"道德风险"的问题。在中国经济转型期的背景下,政府控制了大量的要素资源,企业可以利用自身信息优势,通过刻意隐瞒、虚假申报的方式获得政府补助。近年频繁发生的"骗补"行为是有利的佐证之一。此外,由于政府对企业创新资金的支持缺乏有效的监督,企业可能将用于创新项目的专项资金挪为他用,使创新资源得不到最优配置。

与此同时,企业与外部投资者之间也存在信息不对称。由于技术创新具有正外部性,容易被外部竞争者模仿,因此企业一般将创新知识作为商业机密,并不会向外部投资者透露太多的创新信息。创新活动的融资市场类似"柠檬"市场,会导致外部投资者"逆向选择"的问题。由于信息获取与专业能力有限,外部投资者在选择投资对象时更倾向于那些需要资金较少、风险程度较低的小规模创新项目,而淘汰那些需要持续投入、发展前景好的大规模创新项目,不利于企业自身创新能力。此外,信息不对称也会导致企业"道德风险"的问题。企业与外部投资者达成协议之后,由于创新活动的产出一般作为企业的无形资产,主要体现在研发人员的知识积累,外部投资者难以对创新活动各阶段的产出进行有效监督。外部投资者不知道企业是否按照协议开展创新活动,企业也可以利用与外部投资者的信息差距损害外部投资者的利益。

在中国情境下,企业对政府的信赖构成了中国社会长期运行的制度基础与文化基础。企业出于理性考虑,通常更愿意向政府透露更多关于创新活动的信息,以获得政府背书、政治合法性和优惠待遇,使政府在进行决策时拥有信息优势,有利于保证决策的准确性。此外,由于政府补助具有严格的筛选机制,获得政府补助也意味着获取政府对其创新项目的认证和背书,向外界释放利好信号,增强外部投资者的自信。因此,政府补助可以在一定程度上缓解企业与外部投资者之间的信息不对称问题。

2.1.5　信号传递理论

该理论由 Spence(1973)提出,后来许多学者在股利支付(Bhattacharya,1979)、审计公司的声誉(Beatty,1989;Titman,Trueman,1986)、承销商的声誉(Booth,Smith,1986;Carter,Manaster,1990)、风险投资的背景(Lee,Wahal,2004;Megginson,Weiss,1991)和合作伙伴公司的声誉(Stuart et al.,1999)等方面对该理论不断地进行丰富与发展。

信号传递理论指出,当一方在信息方面处于劣势时,可以通过观察对方的特征来获得额外的信息,从而对对方的质量进行评估与决策。企业、外部投资者以及政府之间互相存在着信号传递现象。

政府可以通过企业传递的信号提高筛选政府科技资助企业的有效性;也可以通过寻求适当的信号,这些信号包括创始人的所有权、人力资本、外国投资者等,提高决策的有效性(Spence,1973;Connelly et al.,2011;Chen et al.,2020)。

外部投资者可通过企业提供的经营概况、盈利信息及对未来的预期等有效信号,减少两者之间的非对称信息。

外部投资者还可通过企业获得政府研发补贴这一重要市场信号,重新考虑企业的投资价值和融资需求。特殊性和保密性是研发项目的显著特点,相关信息可能涉及企业的未来发展和竞争力提升,不会轻易泄露给外部投资者。若企业获得了与研发项目相关的政府补助,则在一定程度上证明该研发项目是政府所支持和鼓励的,也表明了该项目的利润潜力。虽然研发活动风险较高,但在政府的背书作用下,外部投资者更愿意提供资金支持。企业可以获得外源融资,缓解融资约束,加大研发投入,形成一个良性循环。

2.1.6　委托代理理论

委托代理理论由美国经济学家于 20 世纪 30 年代提出,研究如何基于信息不对称和利益冲突的情况下,委托人如何设计最优契约监督和激励代理人。美国经济学家 Berle 和 Means(1932)首先提出代理理论,认为企业所有者兼具经营者的行为会对企业发展产生不利的影响,倡导所有权与经营权分离,企业所有者保留剩余索取权,而将经营权予以让渡。企业所有者(股东)委托管理者为其服务,授予经营者一定的决策权力,并根据服务的数量和质量支付一定的报酬。此时,两者构成一种契约关系,股东是委托人,而管理者是代理人。

股东与管理者的代理关系最为典型,也充满着利益冲突。基于理性经济人假设,股东与管理者均追求私人利益最大化。在这个过程中,股东和管理者之间不可避免会存在利益冲突,导致代理成本的产生。由于信息不对称,管理者掌握的信息比股东掌握的信息更多,增加了股东对管理者监督激励的费用,进一步增加了代理成本。这种代理问题在企业进行投融资等重要决策时更为突出。企业管理者不是企业所有者,并不享受企业经营带来的全部收益。在企业经营中,企业管理者需承担经营活动所带来的全部风险和成本,却只能享受创新活动所带来的部分收益。正因如此,企业管理者多为风险规避者,追求经营的稳健性。在项目选择时,企业管理者更倾向于风险小、周期短、收益少的创新项目,会放弃那些风险大、周期长却收益多的创新项目。在融资选择时,企业管理者更倾向于通过内部资金进行创新投资,避免通过负债等方式增加企业的财务风险,而企业的内部资金有限,企业管理者会放弃一些净现值为正的投资机会。在收益分配上,企业管理者更倾向于将企业创新收益用于扩大规模,而不是股利分配,可能产生过度投资行为。

股东与债权人的代理关系也较为典型。Fama 和 Miller(1972)对股东与债权人之间的代理问题进行研究。他们认为,在投资决策的过程中,股东与债权人的代理问题表现为"资产替代"和"投资不足"两种形式。股东通过增加债务融资获取创新资金,如果企业创新成功,股东将享受创新活动带来的大部分收益,而债权人只能获得本息收入,与创新收益的大小无关;而如果企业创新失败,股东只需承担部分亏损,剩余亏损全部由债权人承担。因此,与企业管理者类似,债权人也追求经营的稳健性,更偏向于风险小、周期短、收益少的创新项目。而股东为了追求高收益,会选择那些高风险与高收益并存的创新项目。若股东向债权人承诺进行更为稳健的投资活动,而当资金转移到股东之后,转向投资高风险、高收益的创新项目,这种现象被称为"资产替代"。Myers(1977)进一步提出"投资不足"。债权人出于自身利益的考虑,会向股东要求更高的利率,使股东不得不放弃某些投资机会,导致"投资不足"的现象。由于创新活动具有高风险以及收益不确定性等特征,债权人往往要求更多的抵押资产,而创新投资主要用于无形资产投入,难以成为抵押品,使企业在进行创新活动时面临严重的融资约束。

2.2　文献回顾

2.2.1　关于企业创新绩效的界定

政府科技资助与企业创新绩效关系一直是理论界研究的核心话题。企业创新绩效是多种因素综合的结果,既包括企业技术创新优势即投入产出效率,又包括内部企业生产技术基础、企业经营管理情况、外部的环境管制和宏观制度等诸多因素,其中后者对企业的短期创新绩效的影响较为重要。然而,企业创新效率才是企业保持长期稳定发展的要务,企业要立于不败之地必须注重提高其科技创新效率。因此,近年来,诸多的研究者越来越多地利用企业科技创新效率来衡量企业创新绩效。

　　效率是经济学研究中的热点问题。萨缪尔森将效率定义为经济在不使一种产品生产减少的情况下,就不能增加另一种产品的生产的状态,也即处于生产前沿面上的经济实体是有效的。其他学者还把效率分为技术效率、规模效率、纯技术效率等。技术创新效率实际上是一种技术效率(technical efficiency)(官建成,陈凯华,2009),它是指在既定技术创新资源要素投入下实现最大创新产出,或者既定技术创新产出水平下实现最小创新投入的能力。本项目研究对象是中国工业企业,根据国家统计局对工业企业划分标准[①],此类企业创新活动一般可包括两个阶段:科技创新阶段和成果转化阶段。工业企业创新效率是否改善? 科技资助政策如何影响企业创新活动? 从宏观层面来说,这些都是关乎经济发展尤其是地区经济增长质量和持续性的重大问题,直接决定国民生活质量;从微观层面来说,也关乎企业技术创新的意愿、动机,乃至最终的创新投入与产出。因此,使用创新效率为代表的企业创新绩效来讨论政府科技资助的政策效应就显得尤为重要。

2.2.2　关于效率估计方法

　　关于效率评价方法主要分为两类:参数法,如随机前沿分析法(stochastic frontier analysis,SFA)和非参数法,如数据包络分析法(data envelopment analysis,DEA)。前者以正确设定函数模型为前提,充分考虑了随机误差和无效率因素,SFA 被广泛地用于测算各领域的技术创新效率(Charoenrat,Harvie,2014;Huang et al.,2016;Zhang et al.,2014;Zuo et al.,2013;白俊红 等,2009;李婧 等,2009;史修松,赵曙东,2011;余泳泽,刘大勇,2014;朱有为,徐康宁,2006)。若从时间变化角度来评价创新效率,SFA 对数据平稳性和变量协整性要求高,易造成"伪回归"问题,效率测算有偏差(朱有为,徐康宁,2006)。此外,由于企业技术创新活动是复杂的系统过程,往往涉及多投入、多产出和多周期的情况,因此 SFA 方法不便处理此类问题。

　　与之相比较,DEA 是常用的效率测评方法,它利用数学规划建模,通过判断特定决策单元的投入产出组合是否位于有效生产前沿面上来评价其相对效率。

---

① 　国家统计局根据从业人员、销售收入和资产总额 3 项指标划分大型企业和中型企业,详细标准参考国家统计局网站。

其基础模型是 CCR 模型(Charnes et al.，1978)和 BCC 模型(Banker et al.，1984)，众多学者运用 DEA 模型进行各类经济效率的评价(Ederer，2015；Mozaffari et al.，2014；Tsolas，Charles，2015；杜娟，霍佳震，2014；熊婵 等，2014；张健华，2003；张仁寿 等，2011)。传统 DEA 模型认为投入产出过程是绝对有效，忽略内部的复杂结构，在此背景下，Fare 和 Grosskopf(1996；2000)等提出评价决策单元内部有效性的网络 DEA 模型，在此框架下，系统子阶段串联结构的 DEA 评价模型(Chen et al.，2009b)、系统子阶段并联结构的 DEA 评价模型(Kao，2009)、系统子阶段混合结构的 DEA 效率评价模型(Ma et al.，2017)等相继出现，丰富了对不同结构特征的系统效率评价的内容。关于复杂系统整体效率子过程的效率关系，如乘法模型(Kao，Hwang，2008)、加法模型(Chen et al.，2009a)和几何平均模型(查勇 等，2008)等的提出，多角度地发展了整体系统效率的评价方法。从时间维度评价效率是近年的研究热点，一般来说，多周期的决策单元需要考虑连续周期内存在跨时期的影响因素(Chen et al.，2018b；Kao，2013；Tone，Tsutsui，2014)，而上述总结的 DEA 模型只能从静态方面评价效率，从而忽视跨期因素动态分析效率。但现实问题大多属于多周期评价问题，因此动态 DEA 评价模型更符合对现实问题的评价(Bogetoft et al.，2009；Kao，2013；Tone，Tsutsui，2010)。DEA 动态评价方法主要分为比率法和非比率法(Bogetoft et al.，2009；Fare，Grosskopf，2000)，其中比率法如 DN-SBM 模型(Tone，Tsutsui，2014)和 DN-RAM 模型(Avkiran，2015)。现阶段动态 DEA 方法虽已较广泛地应用于各领域的效率评价中，如 Herrera-Restrepo 等(2016)评价疏散效率、Ozcan 和 Khushalani(2017)评价公共医疗与健康领域效率、Zha 等(2016)评价中国银行效率和 Guo 等(2017)评价中国能源效率。但现有研究从时间维度评价企业创新效率的研究比较少。虽然 Zou 等(2016)和 Li 和 Zhang(2007)运用动态 DEA 模型评价创新效率，但并未考虑到中间跨期变量的影响，即使 Chen 等(2018b)考虑到跨期因素，但其将区域创新研发过程视作"黑箱"，忽略创新内部结构复杂性。虽然 Guan 和 Chen(2010；2012)早前研究从创新过程评估效率，但至今仍未将动态网络 DEA 方法和创新过程有效结合评估创新效率。另外，考虑到时间、资金等成本因素以及数据获取等限制因素也制约了创新效率方法的选择。总之，有关创新效率的方法论研究还值得进一步从不同角度进行探讨与分析。

2.2.3 关于创新效率的经验研究

目前国内外学者主要是从微观、中观和宏观 3 个视角对创新效率展开研究的。微观层面研究主要是考察不同因素对企业创新效率的影响，数据主要来源于调研或上市公司数据。例如，Jefferson 等(2006；2000)考察不同所有制对企业研发创新效率的影响，研究表明外资企业的创新效率、产出弹性均大于私营、集体、股份及国有企业。Zhang 等(2003)的研究也证实了所有权和基础设施对创新效率有重要的影响，且非国有企业的创新效率要大于国有企业的创新效率，而在非国有企业内部，外资企业比私营、集体及股份制企业效率更高。Hong 等(2015)认为政府科技资助对私有企业的创新效率影响更显著。陈傲(2008)考察了行业特征对企业创新效率的影响。赵树宽等(2013)发现规模效率不高是导致企业创新效率偏低的主要原因。韩庆潇等(2017)认为高管团队年龄异质性和任期异质性与创新效率之间呈倒 U 形关系，高管团队教育水平异质性和职能背景异质性始终对创新效率有正面影响。

中观层面研究主要是考察区域或产业的技术创新效率，数据以省域层面或行业层面的公开统计数据为主。大多数研究均发现不同区域和行业之间创新效率的差异比较大，对如何缩小创新效率差异研究较少。国外研究根据不同的研究对象研究区域、产业和企业层面技术创新效率。例如，Sueyoshi 和 Goto(2009)、Chudnovsky 等(2006)发现创新效率提升是促进生产率增长和产业发展的重要原因。Hashimoto 和 Haneda(2008)发现考察期内日本医药产业的创新效率处于逐渐降低的趋势。Fritsch 和 Slavtchev(2011)研究表明，企业、大学和其他公共服务机构的技术溢出效应对企业创新效率具有正向作用。Chen 和 Guan(2012)研究发现，从技术发展到商业转化的整个创新转化过程，仅有五分之一的中国区域创新位于相对最佳创新实践前沿面，多数中国区域创新系统的上游研发能力和下游商业转化能力存在显著不协调。Chen 和 Kou(2014)研究同样证实中国省域层面企业创新效率不佳，政府环境激励政策也不能刺激区域创新效率的提高。Han 等(2016)研究认为韩国的区域创新效率处于衰退中，无法达到最佳效率前沿面。Miao 等(2018)认为科技创新促进战略性新兴产业 21 个行业的能源利用效率。国内研究大多以区域或产业层面中国高科技产业为研究对象，尽管在研究方法方面存在不一致，主要以 SFA 和 DEA 为主，但研究结论较为一致。例如，朱有为和徐康宁(2006)、叶锐等(2012)研究认为，中国高科技产业的研发效率整体偏低，但纯技术效率在逐年改善(官建成，陈凯华，2009)，规模效率明显低于纯技术效率(刘伟，2016)。以工业企业为研究对象的创新效率评估研究较少，肖文和林高榜(2014)研究发现，中国 36 个工业行业整体平均科技创新效率在 0.5～0.6 之间，且市场化导向的科技创新效率明显低于非市场化导向的科技创新效率。钱丽等(2015)研究表明，我国工业企业科技研发和成果转化效率偏低，且存在区域差异，中西部成果转化效率低下，东部地区科技研发和成果转化无效率源于管理水平偏低。受制于区域创新生产技术和企业管理两方面，中西部省份两阶段无效率。谢子远和吴丽娟(2017)研究证实产业集聚水平与工业企业创新效率之间呈现"倒 U 形"关系。

宏观层面研究主要是考察科技创新、生产率增长和经济发展之间的关系，以及对比不同国家之间技术创新效率的差异(Guan，Chen，2012；Lucas，1988；Nasierowski，Arcelus，2003；Nelson，1982；Wang，2007；郭淡泊 等，2012；钟祖昌，2012)。研究一致认为我国科技创新效率和创新能力仍处于较低水平，不论在研究和发展的投入产出的整体技术效率、纯技术效率还是规模效率上,均属于非效率国家,且处于规模报酬递减状态,与发达国家有比较明显的差距。区域或各类产业整体创新效率存在明显区域差异,东部地区创新效率明显优于中西部地区。

一般而言,技术效率比较的前提必须是所有生产单元都具备类似的技术水平,否则可能会因为缺乏统一的比较标准而无法判断其效率缺失的真正原因(汪克亮等,2012)。中国是一个典型的大国经济,各区域的工业企业存在明显的区域异质性和空间关联性。以往的研究往往将各省区的工业企业放在同一框架下测算科技创新效率,这可能会导致估计结果的偏差,同时也缺乏考虑环境等非期望因素和跨时期因素的影响。

2.2.4 政府科技资助与企业创新效率

2.2.4.1 宏观研究

政府科技资助与企业创新效率关系问题是近几十年来学术界争论的焦点之一。研究学者通过多种方法证实政府科技资助支持企业科技创新,如税收偏好、贷款激励创新、创新活动补贴和政府环境补贴项目(Beugelsdijk,Cornet,2002;Romijn,Albaladejo,2002;Souitaris,2002;Wallsten,2000)。众多研究都表明,在发达国家,政府科技资助和创新效率发生良性反应。例如,Guellec(2003)相信政府研发投资能够有效促进企业的研发回报。Block 和 Keller(2009)对美国 100 家研究与发展(research and development,R&D)创新奖获得企业的研究发现,近九成的获奖者都曾受到过政府的资助。Hall 和 Bagchi-Sen (2002;2007)以及 Kang 和 Park(2012)均指出,在生物技术产业,政府支持和创新效率之间存在显著的正相关性。Doh 和 Kim(2014)研究表明,政府科技资助支持韩国中小企业创新,政府支持正向影响产业创新。简而言之,正如 Kole 和 Mulherin(1997)、Choi 等(2011)所总结的:在美欧日等发达国家,政府 R&D 资助对企业的创新效率存在着积极的影响。

同样,在中国这样的转型国家或新兴经济体中,政府在促进产业创新效率的提升上也扮演着重要的角色。他们主要通过直接干预或制定产业以及科学技术发展的政策来促进本国企业创新能力的提升(Choi et al.,2011;Li,Zhang,2007)。例如,以中国、印度或东德等转型国家为研究对象,通过企业所有权(Choi et al.,2011;Lee,O'Neill,2003)、投资者(Czarnitzki,Licht,2006;Hoskisson et al.,2002)以及政治网络(Li,Zhang,2007)等来探讨政府 R&D 资助与企业创新效率之间的关系,研究均证实了政府投资的重要性,得出相对一致的结论。例如,Hu(2001)的研究就证实了政府 R&D 资助通过促使企业 R&D 投资的增加来促进创新效率提升的结论。Chang 和 Hong(2006)同样发现了中国政府旨在促进技术和创新能力的项目与政策措施无论是对企业 R&D 投资的增长还是创新效率的提升都存在显著的正向影响。

以上研究主要讨论政府科技资助(国家层面上)与企业创新效率关系的宏观研究,研究大多能证实政府科技资助政策是正向影响企业创新效率的。尽管得出了积极正向的结论,但争论还在继续(Nemet,2009;Peters et al.,2012),这些研究为本项目研究工作提供了坚实的研究基础和铺垫工作。

2.2.4.2　微观研究

一般来说,政府通常通过直接资助(研发补贴)和间接资助(税收优惠)等政策措施促使企业提升科技创新效率,但研究结论有所差异。例如,政府科技资助显著提高企业创新效率(Czarnitzki,Licht,2006;Hong et al.,2015;郭研 等,2016;郑延冰,2016)、政府 R&D 补贴可能导致企业的研发出现无效率(安同良 等,2009;熊维勤,2011)、政府科技资助对企业创新效率不显著(陈庆江,2017;肖文,林高榜,2014;朱平芳,徐伟民,2003)以及政府补贴与企业创新效率是 U 形关系(Huang et al.,2016)。以下将从研发补贴与税收优惠两方面展开分析与企业技术创新的关系。

1. 研发补贴与企业科技创新

政府科技资助行为会对企业 R&D 投入具有互补效应和产生正向影响,政府研发补贴可视为政府直接资助,它能够补充企业自身所缺乏的创新资源(Scott,1984;Tether,2002;白俊红,李婧,2011;Meuleman,De Maeseneire,2012;陈玲,杨文辉,2016;王德祥,李昕,2017),从而降低企业自身创新努力的边际成本和不确定性,分散企业创新活动的风险,从而企业有更大的积极性从事创新活动(Lee,Hwang,2003)。同时,企业还会追加研发投资,政府政策可以达到激励的效果,进而促进企业的研发及创新活动(Beugelsdijk,Cornet,2002)。例如,Catozzel-la 和 Vivarelli(2011)考察意大利企业,研究表明政府补贴明显促进了企业的研发投入,受资助的企业比没有获得资助的企业的私人研发活动更活跃。Alecke 等(2012)根据东德企业样本数据,结果表明受资助的企业确实表现出更高的 R&D 强度。Herrera 和 Sanchez-Gonzalez(2013)也发现政府 R&D 经费资助刺激了企业应用研究和技术开发领域的投资,但并未扩大基础研究领域的投资。Choi 和 Lee(2017)研究韩国制药产业,结果证实了公共政府补贴能修复市场失灵和刺激私人部门的 R&D 投入。国内方面,唐清泉等(2008)、邹彩芬等(2014)、周海涛和张振刚(2015)研究证实政府 R&D 补贴对企业研发投资具有显著促进的作用。然而,其他学者认为政府补贴存在适度区间,在区间内能显著激励企业新产品创新,高额补贴抑制企业新产品创新(毛其淋,许家云,2015);政府补贴强度对企业科技创新活动呈"U"形的影响(周明,吴翠青,2017)和信号效应(傅利平,李小静,2014)。

与之相比较,由于缺乏事后的监管或惩罚措施,政府对企业的科技资助会产生不利影响,它抑制企业研发投入(Almus,Czarnitzki,2003;González,Pazó,2008;Boeing,2016),而且这种抑制效应对小规模且低技术企业更明显(Görg,Strobl,2005;González,Pazó,2008)。由于政府补贴企业时,存在信息不对称的问题(柳光强，2016)，企业为获得更高的资助，释放虚假信号以获得政府研发扶持，达到欺骗政策制定者的目的(安同良 等，2009)，与此同时，政府过高的扶持政策对企业创新活动产生了一定程度的抑制效应(Liu et al.，2011；Mahaffy，2013)。例如，Van-Tongeren(1998)研究发现政府补贴虽能提高企业的偿债能力，但并未带动社会和经济资源的有效流动，并导致企业改变了投资的初衷。余明桂等(2010)研究发现，政府补贴如果基于政治关联，将会使补贴无效，扭曲资源的配置效率。耿强 等(2011)认为政府补贴扭曲了要素市场价格，压低了投资成本，形成产能过剩，并成为中国经济波动的主要影响因素。张杰等(2015)研究也认为，在中国情景下政府创新补贴对中小企业私人研发并未表现出显著的效应。

近年来，也有学者对政府研发补贴、影响政府补贴发挥作用的因素及如何发挥政府补贴的杠杆效应等展开了研究。例如肖兴志和王伊攀(2014)以寻租效应与信息效应为基础，从官员激励视角研究政府补贴动机，发现政府在选择补贴对象和补贴程度时兼有促进企业创新和协助企业粉饰业绩两种动机。曹建海和邓菁(2014)、盛光华和张志远(2015)发现不同的补贴模式会改变企业预期，从而影响补贴的效果。Yan 和 Li(2018)认为政府研发补贴具有认证效应(certification effect)和背书效应(endorsement effect)。Chen 等(2018a)以信号效应为基础，对获得政府补贴和未获得政府补贴对创业企业 IPO 绩效的影响进行了研究。

2. 税收优惠与企业科技创新

税收激励政策可以弥补创新过程中的市场失灵(Cropper，Oates，1992；Eisner et al.，1984)，带动企业层面的创新投入(Kasahara et al.，2014；Mahaffy，2013；Yang et al.，2012；李维安 等，2016)，而且税收优惠政策的长期激励效果更加显著(Bloom et al.，2002；Hall，1993)。例如，Groenewegen 和 Steen(2006)测度荷兰 WBSO 税收抵免的实施效果、Czarnitzki 等(2011)衡量加拿大研发税收减免政策、Yang 等(2012)使用台湾地区制造业上市企业面板数据、Kasahara 等(2014)分析日本 2003 年研发税收政策改革对于企业研发支出的即期影响以及 Moretti 和 Wilson(2014)从区域性或行业性税收优惠政策角度出发，朱平芳和徐伟民(2003)、李丽青(2007)、熊维勤(2011)、吴祖光等(2013)也均从不同研究角度证实税收优惠促进企业技术创新活动。

同时，也有国内外学者对政府财税政策促进企业研发创新投入的实际有效性方面产生了怀疑，认为会对企业的内部研发投资产生替代作用(substitution effect)或挤出作用(crowd-out effect)。早前研究如 Shrieves(1978)和 Wallsten(2000)等人在微观层面的研究结果表明政府补贴等创新资助政策对于企业自身的研发经费投入产生了替代或挤出效应。Wu(2005)指出，由于对研发活动的财政补贴能够抵消研发人员工资等人力成本增加的压力，来自公共部门的研发补贴可能对私人部门的研发投入数量具有负向的影响。Cappelen 等(2012)研究了挪威 SkatteFUNN 创新导向税收激励政策对于企业层面产品创新、市场层面产品创新、工艺创新的激励效果,其结果表明项目的实施有助于企业研究开发新产品、改进生产工艺,但对于专利申请行为无显著作用。Lokshin 和 Mohnen(2012)的研究表明,由于荷兰政府设立的公共研发基金与补贴替代了企业的研发投资,因而具有挤出效应。Beck 等(2016)将创新成果划分为原发创新(radical innovation)与增量创新(incremental innovation)两种基本形式,研究发现公共财政投入对企业的原始创新具有显著的正向作用,对增量创新却无明显影响。国内研究方面如朱平芳和徐伟民(2003)通过上海市中观层面行业数据实证分析,认为由于时滞作用的存在,导致政府对企业的财政补贴或资助对其专利产出的影响缓慢而间接。郑绪涛和柳剑平(2011)认为由于政府部门直接或间接增加研发投入会提高社会对资本、人力等投入的整体需求,导致企业研发成本上升,因此会对企业的研发创新活动产生替代。Guan 和 Yam(2015)以北京市 1000 多家制造业企业为基础,测算 20 世纪 90 年代中国主要财税激励手段对于不同技术水平、所有制类型企业的营业收入、利润和专利等项目的创新绩效影响。

对比政府研发补贴和税收优惠两种政策效应,Guan 和 Yam(2015)、戴晨和刘怡(2008)、唐书林等(2016)、马文聪等(2017)认为税收优惠比研发补贴对企业研发投资具有更强的激励作用;柳光强(2016)认为要区分不同产业和不同政策目标,政府更偏好将资金投向于更加注重在"远期"具有战略价值或者经济价值的技术研发,而企业会根据信息变化和自身偏好对税收优惠、财政补贴政策做出反应。因此,针对两种差异化的政策工具,不同需求、不同风险偏好的企业在政策的具体实施过程中会有所侧重,从而导致在同一企业、产业中税收优惠、财政补贴政策的激励效应具有差异。

2.3　理论评述

通过对相关文献的回顾,国内外研究主要关注政府科技资助与企业创新活动的投入或产出的关系,据此来评估政府科技资助政策的合理性。但由于采用的实证模型、分析变量、样本数据、研究时间等不同,还没形成统一的研究结论。不论是直接资助还是间接资助,都存在激励效应和挤出效应的分歧,而研究结论为激励效应的占到多数。从文献梳理结果看,目前研究还存在如下不足:

一是企业创新效率评估"静态"研究较多,"动态"研究偏少。现有关于企业创新效率评估的研究,不论是从数据获取来源上还是运用评估方法方面,实质上仍是以静态的视角进行评估,而非动态地分析创新效率。事实上,若以动态的视角来研究企业技术创新活动,把握企业在创新周期内的创新效率,将有助于更加深刻地了解企业创新绩效在"质"的方面的表现,将有助于企业更加合理地优化其资源配置,提高企业技术创新能力。

二是单链条研究的较多,全过程研究的偏少。政府科技资助能够对企业创新起到全过程的影响,包括企业的创新投入、创新产出,甚至包括企业研发决策、研发方向、研发方式的选择。已有研究成果多数仅仅分析政府科技资助对企业研发投入单一环节的影响,对企业科技创新全链条的分析较少涉及,对政府科技资助对企业创新活动影响的内在机理和传导路径还未能有效揭示。

三是缺乏细分政府科技资助政策效果的研究。现有研究侧重探讨某种政府政策对企业技术创新活动的影响,虽然也有学者将政府研发补贴分解为创新投入补贴和创新产品补贴两个方面,研究对企业创新模式的影响(盛光华,张志远,2015),但是仍缺乏基于微观层面和动态的视角下,探讨不同类型的政府科技资助方式对企业创新活动系统(即投入与产出系统)的稳定性、动态性和有效性的研究,缺少细分政府不同科技资助方式的探讨,以及不同科技资助方式与企业技术创新效率间关系的研究。

第3章　政府科技资助的制度环境
对企业创新绩效的影响研究[①]

3.1　问题的提出

在世界创新大背景下,众多学者研究了各种对企业创新绩效的影响因素,其中,制度环境对企业创新的影响是一个重要的研究领域。Shinkle 和 Mccann (2014)的研究,以制度理论的观点解释了,如果在一个制度环境较好的条件下,企业会有更高的可能性采取创新型的战略,从而获得较高的创新绩效。然而,由于我国经济和地理条件限制,各个地区企业所在的政策、制度环境有很大的差异,在这种复杂的环境中,企业的管理者可能会选择不同的发展战略,从而对企业的创新绩效有不同的影响。具体表现为,外部创新制度环境可能刺激了企业管理者的创新和企业家精神,从而使得他们有更高的创新导向的战略,或者,外部创新制度环境可能导致更强的关系导向战略,如企业可能会通过寻求政治方面或商业方面的关联来获取利益(高辉,邹国庆,2019)。那么面对中国复杂的创新制度环境,企业管理者在什么情况下更倾向于选择创新战略,或者什么因素会影响不同的创新制度环境对企业创新绩效的作用? 现有的研究多是以制度理论为基础,证明好的政策制度环境对企业的绩效或创新绩效有促进作用,但是少有探究外部制度环境影响企业创新绩效的内部作用过程。本章以此为着眼点,探究在不同的创新政策制度环境下,企业管理者的特质会对企业的创新决策以及创新绩效有何种影响。

企业创新活动的情况主要是由创新意愿和创新能力两个因素影响,其中创新能力是客观因素,创新意愿是主观因素。本章从企业管理者特质的视角入手,研究企业创新制度环境对企业创新绩效的影响,因此选择主观的创新意愿切入。创新意愿是企业管理者是否进行创新活动的主观判断,它衡量的是一个企业的管理者及其成员对创新活动和创新思维的接受程度,如果一个企业组织成员的创新意愿

---

① 本章内容由周子程的学位论文《创新制度环境对企业创新绩效的影响研究——基于管理者心智模式的视角》修改而成。

较高,那么就意味着其对新事物和新思想有着更高的接受程度(Zaltman et al.,1973)。

创新意愿是以计划行为理论为基础的,它是意愿的一个分支内容。意愿的基础理论发展经历了三个阶段,包括动机理论阶段、理性行为理论阶段和计划行为理论阶段(陈晶,章莉莉,2013)。其中计划行为理论出现相对较晚,是 Ajzen 教授于1991 年提出来的,其目的是弥补理性行为理论中的部分缺陷,在此基础上,他加入了知觉行为控制变量(个人感知到的完成或进行某个行为或事件的难易程度)。在 Ajzen 提出计划行为理论后,国外众多学者对该理论进行了使用和验证,发现计划行为理论在解释和预测行为时有着更好的效果。因此,本章以计划行为理论为基础,探究不同的外部创新制度环境会对企业管理者的创新意愿有何影响,并进一步如何影响企业创新绩效。

企业的发展策略不是凭空产生的,而是由企业的管理者结合自身的经验与内外部环境制定的。因此,在一定的政策制度环境下,企业管理者的特质必然会对企业发展策略产生影响。心智模式,最早是由 Craik 于 1943 年提出的,在那时是心理学上的一个概念,指的是根深于人们心里的、能够影响人认识外部世界并采取相应行为的一些假设、看法和印象,这是一种相对稳定的思维方式和行为习惯,且这种思维方式和行为习惯是被个人以前的经验或经历所影响的(李迎,2013)。后来心智模式被众多学者应用于多个领域,包括经济学、管理学、社会学、计算机科学、哲学等。对于心智模式的理解,本章选用经济学和管理学中的解释,即心智模式是解释一个人决策心理过程的模式,它是人们通过对自己、他人、环境等各个方面认识之后,采取相应行动的心理解释(葛卫芬,2008)。不难看出,一个人的心智模式会让人们对外部世界的反应产生印象,不同的心智模式在相同的环境下,会表现出不同的处理事情的方式。最近几年,心智模式的研究拓展到了创新领域,一些学者认为企业家心智模式是一位企业家能够带领企业提高创新绩效的重要因素之一。骆志豪(2008)从组织决策、文化、管理风格、价值观等方面,研究了企业家心智模式对企业绩效有着重要的影响。张荟霞(2007)提出,在知识经济时代,重要的是人们的心智革命,管理者心智模式对企业的成败有着至关重要的影响,尤其是对企业的创新活动,更是影响重大。因此,本章认为在一定的企业外部创新环境下,企业管理者的心智模式会对其创新意愿与创新行为有一定影响。

基于此,本章主要是从"环境—意愿—结果"这一研究路径着手,以中小型科技企业为研究对象,研究不同的创新制度环境会对企业管理者的创新意愿以及企业创新绩效产生什么影响,并进一步根据心智模式理论研究企业管理者的个人心理特质对以上过程的调节。研究的主要目的是针对制度理论对企业绩效影响的内部影响机制进行一定程度上的探究,这是对制度理论相关研究的丰富和证明,也是对从外部环境到企业创新绩效的内在路径的有效探索,为以后制度理论以及管理者心智模式的相关研究奠定基础。同时,也是对"双创"环境下,企业和政府如何做才能提高企业创新绩效,提供理论上的支持。

3.2　文献综述

3.2.1　制度环境相关的研究综述

随着新型经济体与转型经济体的成长与发展,一些学者发现,基于西方成熟市场体系下的管理理论并不能很好地解释这些新经济体与转型经济体的快速发展(徐淑英,张志学,2005),尤其是中西方国家在巨大市场差异与制度差异的情况下,企业发展状况的差异引起了大量学者的探讨与研究。一些学者开始采用制度经济学理论进行研究,他们认为造成这种中西方差异的一个可能原因就是制度环境的差异(吴婧洁,2018)。相比制度经济学派,组织社会学派的制度理论研究者们更加关注制度环境与经济体成长之间的关系,他们认为制度环境是导致企业绩效差异的重要外部因素之一。

制度环境的界定,最早就是基于制度理论做出的。根据制度理论,North(1990)提出,制度是对人际交往的约束,是对人与人之间关系的制约,分为正式制度与非正式制度。Scott(1995)进一步将制度划分为 3 个方面,即管制制度、规范制度以及认知制度,这 3 个方面共同作用使得社会的运转趋于稳定。根据制度的概念,学者们进一步总结出制度环境的界定,即制度环境是一系列法律、社会、认知的规则,是企业或组织需要遵守并在其约束内生存与发展的规则框架。制度经济学派将制度区分为正式制度与非正式制度,因此对于制度环境的分类,也可以分为正式制度环境与非正式制度环境。同样地,组织社会学派的 Scott(1995)根据其制度的分类,也将制度环境分为管制环境、规范环境与认知环境,其中管制环境一般指的是法律法规;规范环境指的是那些非强制性的但是在社会中又必须遵守的价值观与道德规范;认知环境指的是个人或组织对其他外部内容的认知与理解,这些外部内容包括前两种环境,管制环境和规范环境,也包括一些其他的外部因素。

制度环境按何种分类其实没有本质上的区别,两种分类在集合的总集上几乎是一致的。其中组织社会学派的管制环境就是制度经济学派的正式制度环境,而组织社会学派的规范环境与认知环境就是制度经济学派的非正式制度环境(Peng,Heath,1996)。无论何种分类,制度环境对于企业或组织来说都是一个重要的外部环境因素,一个企业或组织每时每刻都处于一种制度环境中,因此企业或组织的发展必定受到外部制度环境的约束与规范。Peng 等(2009)提出,制度理论最核心的内容,就是研究一个企业或组织,在一定的制度环境中的战略选择以及不同的制度环境对企业或组织绩效的不同影响。

在制度环境的测量方面,最早 Kostova(1997)根据 Scott 的三维度制度理论,建立了一个测量制度环境的三维度量表,包括 12 个题项,并用此量表对 10 个国家的制度环境进行了实证测量,发现该量表在 3 个维度有明显差异。后来,Busenitz 等(2000)在 Kostova 的量表的基础上进行了部分修改,将题项变为 13 个,用来测量不同国家创新制度环境差异。Spencer 和 Carolina(2004)运用 Busenitz 的量表进行了实证研究,对在不同创新制度环境下的创新活动进行了调查,结果证明了该量表的信效度。国内学者高辉和邹国庆(2019)等,同样运用了 Busenitz 的量表,在制度理论与高阶理论的情况下,研究了不同创新制度环境下不同企业的创新绩效。

3.2.2 创新意愿相关的研究综述

创新意愿的理论基础是计划行为理论。从发展阶段来看,创新意愿共经历 3 个基础理论阶段,即动机理论、理性行为理论、计划行为理论(陈晶,章莉莉,2013)。计划行为理论主要关注的变量有 5 个——行为态度、主观规范、知觉行为、行为意向以及行为,其中创新意愿就是"意愿"的分支,属于行为意向变量。在心理学领域中,态度是影响行为关键性因素。在计划行为领域中,Ajzen(1991)提出,行为意向是预测和解释行为的重要指标,行为意向是态度到行为联系的途径。创新意愿其实就是行为意向在创新领域的具体化,按照计划行为理论的解释,创新意愿就是预测和解释创新行为的重要指标,它是创新态度到创新行为联系的途径。创新意愿强烈与否,可以体现出个人或组织对创新这一活动的态度强烈程度(Choi,2004)。

创新意愿的界定,不同的学者在研究中也有不同的定义。Zaltman 等(1973)指出创新意愿是企业管理者是否进行创新活动的主观判断,它衡量的是一个企业的管理者及其成员对创新活动和创新思维的接受程度。韩飞和许政(2012)使用了 Zaltman 对创新意愿的定义,对影响企业创新意愿的前因变量进行研究,提出企业互动导向对企业创新意愿有积极的促进作用。胡婉丽(2013)同样是以个体为研究对象,研究企业员工的创新活动,研究认为创新意愿是一种个体对创新活动的主观态度,如果个体对创新活动有较高的主观接受率,那么其创新意愿就越明显。学者赵红梅(2010)认为,创新意愿是个体主动开展创新活动所愿意支付的代价。姜健(2013)以赵红梅的定义为基础,以光伏企业为研究对象,研究了创新意愿与创新绩效的关系。另外,还有学者对不同层面的创新意愿进行研究,比如柳宏志(2007)以企业为研究对象,对企业的创新意愿进行研究,并开发相应量表。

在创新意愿的测量方面,早期量表比较简单,但随着研究的发展,也渐渐有了可以使用的成熟量表。Fishbein 和 Ajzen(1975)对创新意愿进行研究时开发的创新意愿量表,题项相对简单,而且在今天已经不是十分适用(薛乐,2009)。后来 Choi(2004)由于研究需求,开发了测量创新意图的量表,但是也只有两个题项。后来,随着对创新意愿的研究发展,以及国内学者对创新意愿的概念接触,国内部分学者对创新意愿的量表进行了开发。如胡婉丽(2013)针对员工开发出四维度的创新意愿量表,张超(2012)针对公务员开发出四维度创新意愿量表,柳宏志(2007)针对企业层面开发出创新意愿量表。

总体来说,创新意愿的概念虽然产生较早,但其在国内发展相对缓慢,只是近几年在创新大背景下才有国内学者对创新意愿的相关内容进行研究,因此在该领域仍有研究价值。另外,创新意愿的研究主要分为两个层面,个体层面与组织或企业层面,学界在两个层面的研究上比较偏向于个体层面(企业员工角度),对于组织或企业层面(企业家或企业高层管理者角度)的创新意愿研究相对较少。因此,从组织或企业层面对创新意愿进行研究,具有一定的理论意义。

3.2.3　心智模式相关的研究综述

心智模式是首先产生于心理学的一个概念,最早由心理学家 Craik(1943)提出,后来心智模式这个概念被广泛应用于多个学科领域。国外学者对心智模式的定义相对较为统一,认为心智模式是一种人们认识、解释世界,并用来预测未来的心理模式或认知结构(何自力,戈黎华,2008)。心智模式概念的提出,对经济学、管理学的研究有着重大影响,最早由 Senge(1990)将心智模式这个概念带到了管理学领域,他指出心智模式是根深蒂固于人们心里的,会影响人们对世界认识和了解的一种心理模型,心智模式理论对管理学以及组织行为学理论都有深远的影响。

心智模式的研究主要存在两大领域,个人心智模式与共享(团体)心智模式,在共享心智模式方面,国内外已经有许多学者进行研究,然而基于个人心智模式的研究数量还相对较少,而且多数停留在理论阶段(褚珊珊,2019)。Cannon-Bowers 等(1990)最早提出共享心智模式的概念。国内外有大量学者对共享心智模式进行了探究,如 Mathieu 等(2000)基于共享心智模式研究企业内员工团队对企业绩效的影响,同样对员工共享心智模式有研究的还有吕晓俊(2009)、曹元坤和熊立(2017)等,又如季晓芬(2008)利用共享心智模式研究团队知识共享机制。

另一种心智模式就是个人心智模式,经济管理类学者对个人心智模式的研究一般都集中于管理者心智模式(亦称企业家心智模式或创业者心智模式)。企业家心智模式会对企业经营与企业绩效产生重大影响,Gaglio 和 Ratz(2001)研究发现企业家的心智模式对企业的创新机会的识别和创新机会的开发都具有显著的积极影响;Politis(2005)研究发现,管理者心智模式对于抓住机会并规避风险有着重要影响。

对管理者心智模式的界定,比较常用的是 Senge(1990)的定义,他提出管理者心智模式是一种在过去经历、习惯、经验等基础上形成的思维模式与心理模式,这是一种产生于日常生产经营活动的,对自身及外部世界反应的,与管理者个人特质、价值观相关联的思维模式,它能够对管理者的战略决策与管理行为造成影响。在彼得·圣吉的基础上,一些国外学者也对管理者心智模式给出了定义,Kar-wowski(2001)指出管理者心智模式是一种指导企业家了解和认识外部环境,并指导他们处理问题的认知与逻辑基础；Dhliwayo 和 Vuuren（2007）提出管理者心智模式是一种利用不确定机会盈利的思维方式。国内学者在对其进行研究时也对管理者心智模式进行了内涵界定，葛卫芬（2008）对管理者心智模式的界定参考了Senge（1990）的定义，同样认为管理者心智模式是一种基于经验、经历与价值观所形成的思维方式与心理模式。倪国庆（2010）指出，创业者心智模式是企业管理者的一种思考方式，它能够帮助企业管理者在不确定的环境下创造机会。

管理者心智模式的测量维度，主要分为两个方面，吕晓俊（2002）提出管理者心智模式可以分为其对外部世界的结构化知识以及对客观事物的信念，即知识体系与信念体系，其中知识体系是指管理者对事物或世界认知的结构化知识，是一种经历和经验的积累；而信念体系指的是管理者对外部环境或事物的思维及认知反应。吴子稳和胡长深（2007）认为，管理者心智模式是一种基于经验、经历、价值观对所遇事物产生的理解与信念，而且这种理解与信念是由先天与后天因素共同作用结果产生的。骆志豪（2008）的研究指出，管理者心智模式除了上述两种体系，还有一个改善体系，其中改善体系是借鉴国外学者 Klimoski 和 Mohmmed（1994）以及国内学者陈传明和张敏（2005）的研究结果，3 个体系共同对企业绩效产生影响。另外，还有学者认为管理心智模式除了知识体系与信念体系，还包括思维方式，思维方式是弥补心智模式中知识与信念的静态效果，以适应环境的动态性（冀刚，2015）。

3.2.4　变量间关系研究综述

有关制度环境与创新绩效的关系最早的研究是 Baumol（1990），研究提出制度环境对企业的生产活动与非生产活动有重要的影响，并进一步会对经济的发展产生影响。自从 Baumol 提出制度环境的重要性后，慢慢开始有学者开始重视制度环境对创新的影响，并开始探究制度环境与创新或者企业绩效之间的关系。Gittelman（2006）对不同国家制度下的企业创新绩效进行研究，发现企业的创新行为和创新绩效会受到不同制度的影响。Yi（2012）以战略控制与财务控制作为中介变量研究了制度环境对激进式创新的积极影响。Berrone 等（2013）研究了环境制度与规范对创新绩效的影响，研究证明环境制度与规范对创新绩效有积极的正向影响，国内学者同样也有研究制度环境对创新绩效的正向影响（李玲，陶厚永，2012；陈寒松 等，2014；高辉，邹国庆，2019）。对制度环境与创新绩效的关系研究中，除了研究制度环境对创新绩效的正向影响效应，还有不少学者在研究其他变量对创新绩效的影响时，将制度环境作为调节变量（Wang，Ahmed，2004；马富萍，茶娜，2012）。总体来说，对于制度环境与创新绩效的关系研究，相对来说已经比较充分，既有研究两者之间因果关系的，也有讨论中介或调节作用的。同时学界也对制度环境对创新绩效有着显著影响达成了共识，但是在该研究领域中依然还存在着相对较少的研究内容，比如说大部分研究都是通过各种变量验证制度环境对创新绩效的显著影响，但是少有研究制度环境是通过什么内部渠道影响创新绩效的，或者说站在企业内部的角度或企业家自身的角度上对政策环境如何影响创新绩效的路径探究相对较少。

创新意愿与创新绩效的关系研究,多集中于个体层面,如 Lukes 等(2013)认为个体的创新意愿是引发创新行为并产生创新绩效的思想性活动。赵红梅(2010)提出创新意愿是个体对于创新活动所愿意支付的代价,研究了能源企业技术创新的作用机理,其中创新意愿对于能源企业技术创新有着积极影响。钟思洋(2017)以制造业企业员工为研究对象,对员工的创新意愿、创新能力以及创新绩效进行研究,证明员工的创新意愿与其绩效有着显著正向作用。万青等(2012)同样对企业员工的创新意愿与创新绩效的关系进行了研究,指出只有在企业的员工认知了外部积极环境之后,才能有效促进其创新行为,即必须调动企业员工的创新意愿才能提高创新绩效。邢蕊和王国红(2015)以孵化企业为研究对象,同样证明了创新意愿对创新绩效的显著正向影响。但是针对创新意愿与创新绩效的相关研究中,多集中于员工个人层面,对于企业层面或者站在管理者角度的研究非常少。姜健(2013)研究光伏企业的创新意愿与创新绩效之间的关系,其研究的重点在创新意愿的前因变量,他提出领导者创新精神、企业文化等 5 个变量作为创新意愿的前因变量,并通过实证证明。柳宏志(2007)以企业为研究对象,对企业的创新意愿进行研究,并开发相应企业创新意愿的量表,证明创新意愿对企业家与企业绩效之间起调节作用。曹勇等(2016)通过实证研究探究企业知识溢出效应、创新意愿与创新能力之间的关系,研究企业创新意愿对企业创新能力的实证证明。王金凤等(2019)对后发企业的创新绩效与政府支持关系进行研究,发现企业创新意愿在两者关系中起到中介作用,对企业创新绩效有显著影响。

政策制度环境对创新意愿的影响的相关研究还较少,现有的研究有丁贞(2010)提出高质量的政治关联对企业创新活动与创新意愿有显著正向影响;陈凤妍(2016)同样对企业家政治关联进行研究,证明企业家政治关联有利于激发企业的创新意愿,同时也通过研究证明了,地区的金融资源、政府科技资助等也有益于促进企业的创新意愿。另外,在姜健(2013)的研究中,将政策制度作为创新意愿的前因变量,研究政策制度与创新意愿以及创新绩效三者之间的关系。

心智模式对创新的影响关系研究。Ravasi 和 Turati(2005)在研究中指出,企业家所具备的过去通过经验、经历积累的体系化的、系统化的知识以及认知的动机是其进行创新活动的重要影响因素。王庆宁和张国昀(1999)对企业家心智模式与企业家绩效的关系进行研究,研究发现,企业家高的心智模式会明显提高其绩效表现。吴子稳和胡长深(2007)认为,在一个企业创业期,企业家或者管理者的认知、信念以及对行业和竞争对手的知识体系都会对企业的发展造成重要的影响。周立军(2010)从认知的角度对心智模式与知识创造进行理论研究,提出个体心智模式是根植于人们心中的对自己、他人、世界的假设与故事,它对个体的知识创造至关重要。何良兴(2015)的研究证明,企业家的情绪及认知能力对其创业活动有重要影响,其中情绪及认知就隶属于企业家心智模式中的信念系统。褚珊珊(2019)以个人创业者为研究对象,进行创业者心智模式、错误学习以及创新绩效之间关系的研究,研究发现创业者心智模式对创新绩效有显著的预测效果。

3.2.5 理论述评

综上所述,现阶段对制度环境的研究多集中于直接研究制度环境对企业绩效或创新绩效的影响,或将制度环境作为调节变量研究其对其他变量之间的调节作用,而关于制度环境对企业绩效及创新绩效内在影响过程的研究相对薄弱。本章从这一角度入手,站在企业内部角度,对制度环境与创新绩效关系的一条可能影响路径进行探究,并以计划行为理论和社会认知理论为基础,将创新意愿作为中介变量,管理者心智模式作为调节变量。其中,创新意愿对创新绩效的影响已经有较多学者进行研究,但是通过综述发现,该研究主要聚焦于员工创新意愿的角度,对企业管理者的创新意愿角度涉及较少。因此,本章的研究在理论上是弥补了创新意愿研究领域的不足。而对于心智模式的相关研究,大部分学者都站在共享心智模式的角度上,虽然也有部分学者探究管理者(创业者或企业家)心智模式,但在实证方面依旧缺乏足量的文献支持。本章站在管理者心智模式的视角,探究其对制度环境与创新绩效关系的调节作用,在一定程度上对心智模式领域的研究做出了贡献。

3.3 研究框架与研究假设

3.3.1 变量界定

本章采用组织行为学派的制度界定,即制度是一种合法性的社会规范、社会认知,包括管制制度、规范制度及认知制度3个方面(Scott,1995)。根据制度的定义,进一步对制度环境界定,制度环境是一些规定人们行为合法性的规范和规则,同样包含3个方面,即管制制度环境、规范制度环境与认知制度环境(Scott,1995)。其中,管制环境指的是法律法规等强制性的、正式的规则、规定,规范环境指的是那些非强制性的。但是于社会上又必须遵守的价值观、道德规范与社会习俗等,认知环境指的是个人或组织对其他外部内容的认知与理解。创新制度环境就是指企业所处的在创新方面的管制环境、规范环境与认知环境(Busenitz et al.,2000)。

创新意愿的界定,本书采用其在企业层面上的意义,参考 Zaltman 等(1973)、韩飞和许政(2012)对个人创新意愿的定义,即创新意愿指的是个体对创新的接受程度,将其推论到企业层面,并参考苏屹等(2019)、曹勇等(2016)对企业创新意愿的定义,本书认为企业创新意愿是企业对创新思想和创新活动的接受程度以及愿意对创新进行投入的倾向。

企业绩效是企业经营活动的结果,创新绩效是企业绩效在创新活动方面的表现,根据企业绩效的概念,创新绩效指的是企业在创新活动方面的效益与业绩。由于有众多学者对创新绩效进行研究,且创新与绩效本身就拥有多种界定,因此创新绩效的界定也是比较多杂的。但是学界对创新绩效的研究已经相对完善,各种测量方式都可以相对有效地反映创新绩效情况,因此学者在对创新绩效的测量时会根据所进行研究的实际情况和研究中对创新绩效的界定选用相对应的测量方法。本书采用 Lovelace 等(2001)、蔡俊亚和党兴华(2015)、高辉和邹国庆(2019)对创新绩效的界定,创新绩效是企业创新活动的成果,反映企业创新活动的效益情况。

心智模式是一种人们认识、解释世界,并用来预测未来的心理模式或认知结构(何自力,戈黎华,2008)。根据心智模式的概念,本书借用 Senge(1990)对管理者心智模式的界定,即管理者心智模式是一种在过去经历、习惯、经验等基础上形成的思维模式与心理模式,这是一种产生于日常生产经营活动的,对自身及外部世界反应的,与管理者个人特质、价值观相关联的思维模式,它能够对管理者的战略决策与管理行为造成影响,其中包括两个维度——知识体系与信念体系。

3.3.2 创新制度环境对创新绩效的影响

根据制度理论的观点,制度是影响社会经济结构和企业生产效率的重要因素之一,制度优化是经济发展的根本原因。制度理论视角已经是如今研究不同地区不同经济、社会、政治背景下企业或组织产生差异的重要理论。与传统资源观或能力理论不同,制度理论认为企业的资源与能力虽然同样重要,但是制度环境是决定企业战略的关键性因素,同时对企业的绩效起着关键性的影响。

对制度环境与创新绩效之间的关系最早进行研究的是 Baumol(1990),其研究指出制度环境是创新绩效的关键影响因素之一,企业的创新意愿与创新行为的产生及其程度是受到制度结构影响的。自从 Baumol(1990)提出制度环境的重要性后,慢慢开始有学者开始重视制度环境对创新的影响,并开始探究制度环境与创新或者企业绩效之间的关系。制度学派强调的企业的各种生产活动以及经营活动必须符合所处制度环境的合法性要求,只有这样企业的行为才能被所处环境所认可和接受,而企业的创新活动同样需要面临合法性的问题,甚至创新活动更需要对合法性要求的重视,因为创新活动本身就是一种对原有规则或事物或认知的破坏。根据 Lu 等(2008)的观点,企业创新不断挑战过去的规则和认知,企业必须通过合法性的战略才能使其获得关键性资源,从而使得企业能够继续运营下去。

根据组织社会学制度学派的观点,企业要获得合法性,必须在制度环境的规范内生产经营,包括 3 个方面,管制环境、规范环境与知觉环境(Scott,1995)。这 3 个方面的制度环境概念几乎囊括了整个制度环境的要素,为企业遵循制度环境,寻求合法性,并进行创新活动提供基础。例如,管制环境一般指强制性的法律法规,在实际生产经营活动中,如果地区专利制度、所有权保护制度完善,那么一些从事高新技术创新的企业就更倾向于进行创新活动且也有更多动力将这种倾向付诸实践（廖开容，陈爽英，2011），并且他们的创新成果也可以得到法律上的保护从而为企业创造更多收益，进一步促进企业的创新积极性与创新行为；规范环境指的是那些非强制性的但是在社会上又必须遵守的价值观与道德规范，或者一些默认的标准、准则、规范等。例如，在如今双创大氛围下，虽然这并不是法律强制要求，但是大部分企业也必须顺应这种规范环境的潮流，同时他们顺应了这种潮流后也会为企业带来更多的社会效益与经济效益。另外，如果企业家或管理者崇尚创新的价值观，那么显而易见其制定的企业战略就更加注重创新活动。认知环境指的是企业或个人对外部环境或知识的认知与理解，如当一个企业家或管理者拥有良好的创新知识与创新技能时，那么该企业家的战略倾向就会更加偏向于创新活动。

基于以上分析，本研究专题提出以下假设：

H1：创新制度环境对企业创新绩效有着显著的正向影响。

3.3.3　创新意愿的中介作用

Baumol(1990)指出企业的创新意愿与创新活动是受到制度结构影响的。North 和 Alt(1990)同样指出，制度是一种人为设计的用来约束人行为的约束，这种约束能够限制企业的行为同时也能够激励企业的行为。制度环境可以激励企业进行生产或创新行为，促进企业提高其盈利水平（高辉，邹国庆，2019）。坏的制度环境会影响企业家精神以及其对创新的意愿，相对应，好的制度可以规范和引导企业家追寻更好的方式来提高绩效，并激励其进行创新。因此，制度环境对管理者或企业家的创新行为是有激励和引导作用的，其中激励作用就是作用于企业家对创新的情感态度方面。

社会认知理论提出个人的行为是个体社会环境的共同影响产生的，并且这 3个变量之间任何两个变量都有着相互作用（Bandura，1986）。其中，制度环境属于社会环境变量，创新意愿是属于个体层面的认知变量，根据社会认知理论，制度环境因素会影响个体创新意愿的产生，在创新制度环境较为优秀的条件下，企业家或管理者更倾向于做出有关创新的战略决策，即他们会有更高的创新意愿。同时有研究表明，市场环境对企业创新的激励效果是有限的，需要政府制定有效的政策、法律刺激企业，提高其创新能动性（高中海，2005）。姜健（2013）也认为政府通过政策的修订，可以在一定程度上刺激企业的技术创新意愿。郁万荣等（2018）对"双创"背景下的企业创新意愿、能力及环境进行研究，发现政府对创新创业政策的支持每提高 1 个百分点，就会促使企业对整体环境的评价上升 0.348 个百分点，企业因此就更有动机进行创新活动。由此可见，制度环境的优劣对企业家或管理者的创新意愿有一定影响。

创新意愿是影响企业创新活动的重要的内部驱动力。2018 年，Romana 等研究指出，创新意愿对企业创新绩效有明显的促进作用，同时其研究还发现企业的受认可程度也可以显著提高企业创新绩效。王金凤等(2019)对后发企业的创新绩效与政府支持关系进行研究,发现企业创新意愿在两者关系中起到中介作用,对企业创新绩效有显著影响。邢蕊和王国红(2015)在对创业导向与创新绩效的相关关系的研究中,发现创新意愿对发现型创业导向与创业绩效之间起完全中介作用,对创造型创业导向与创新绩效之间起部分中介作用。魏荣等(2010)研究指出,企业要进行创新活动或者企业想要取得创新绩效,必须有企业内部的动力,所有的外部激励都需要转化为内部动机才能对创新行为与绩效产生影响,即外部的激励需要通过创新意愿才能激励创新行为并有效提高创新绩效。创新意愿是企业进行创新的重要的内在动机,是影响企业进行创新的重要的内部因素。

基于以上分析,本研究专题提出如下假设:

H2:企业创新意愿在创新制度环境与企业创新绩效之间起中介作用。

H2a:创新制度环境对企业创新意愿有显著正向影响。

H2b:企业创新意愿对企业创新绩效有显著正向影响。

3.3.4　管理者心智模式的调节作用

根据心智模式理论,心智模式是一种与个人特质、价值观相连的在过去经历、经验等基础上形成的思维模式与心理模式(Senge,1990),包括知识体系与信念体系两个维度。

知识体系指的是个人对事物或世界认知的结构化知识,是一种经历和经验的积累(吕晓俊,2002)。管理者如果心智模式中的知识体系越丰富,那么其在执行一些管理职能时所具有的倾向性就更大,如当管理者在创新方面具备一定的结构化知识体系时,那么管理者就可能更加倾向于进行创新活动。Uzzi(1997)提出根植性这个概念,后来有学者研究证明,根植性与企业家或管理者的意图是有密切联系的,即企业家或管理者的意图是可以对个人与环境之间的联系产生影响的(Ajzen,1991)。而根据行为理论与心理学理论,管理者的意图是会受到个人知识与认知的影响。对于客观环境的认识,并不是客观的,而是与个人对环境的主观认识,所以说即使是相同的环境因素,对于不同的个人来说,也会有不同的主观判断,而这种主观认识与判断在很大程度上是受到管理者结构化知识体系影响的。

心智模式的另一个维度信念体系,指的是个人对外部环境或事物的稳固的思维反应及认知反应(吕晓俊,2002)。简单来说,心智模式的信念体系就是对外部事物的理解能力,而且这种理解能力还是相对稳定的。对管理者来说,如果信念体系弱小,那么其就难以对内外部环境、竞争对手等做出准确判断,并进一步做出准确的战略抉择;相反,如果一个管理者信念体系强大,那么其首先可以准确判断环境,其次可以在短时间内抓住关键矛盾,因此可以迅速准确地做出有利于企业发展的战略决策。吴子稳和胡长深(2007)提出,管理者对企业外部环境的正确认知能够使得他们找到自身和企业正确的定位,做出正确的企业决策,并提高企业绩效。骆志豪(2008)指出,企业家对自身能力的认识程度越高,即自身能力的信念体系越强大,越有利于其提高企业绩效。

综合心智模式的两个维度可以看出,管理者心智模式对管理者的思维认知与行为活动都有着重要的影响。社会认知理论指出,人的行为是受到外部环境、个人因素共同影响的,同时这3个变量之间任意两个变量都有互相作用的效果(Bandura,1986)。结合社会认知理论,外部环境可以影响个人的态度与行为,个人对外部环境的认知也会影响到其态度及行为。基于此,理论管理者心智模式会在创新制度环境与创新意愿之间有一定的调节作用。具体来看,如果管理者拥有较强的专业结构化知识,那么在面对外部创新制度环境良好的情况下,就可能会有更高的创新意愿,因为他们的结构化知识告知他们这样做有利于提高业绩;如果管理者拥有较强的信念体系,那么在面对外部创新制度环境良好的情况下,同样会有更高的创新意愿,因为拥有较强的信念体系,他们就能够更加准确、迅速地对当前形势进行判断,从而抓住机遇,进行创新战略选择。另外,也有研究指出,创新意愿会受到个人人格特质(叶晓璐,张灵聪,2012)与环境感知的影响(Amabile et al.,1996)。

基于以上分析,本研究专题提出以下假设:

H3:管理者心智模式在创新制度环境与企业创新意愿的关系中起到调节作用,管理者心智模式越完善,创新制度环境对企业创新意愿的正向影响越显著。

H3a:管理者心智模式的知识体系在创新制度环境与企业创新意愿的关系中起到调节作用,管理者心智模式的知识体系越完善,创新制度环境对企业创新意愿的正向影响越显著。

H3b:管理者心智模式的信念体系在创新制度环境与企业创新意愿的关系中起到调节作用,管理者心智模式的信念体系越强,创新制度环境对企业创新意愿的正向影响越显著。

3.3.5　理论模型

根据以上假设,建立本书的理论模型,如图3.1所示。

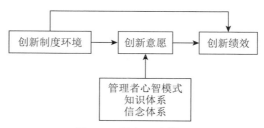

图3.1　研究理论模型

制度是影响社会经济结构和企业生产效率的重要因素之一,企业的一切生产经营活动都是建立在制度环境的基础之上。赖敏等(2018)指出政府的政策环境对企业投入和选择与创新活动相关的生产要素有着重要影响,优秀的政策环境能够促进企业创新投入。因此,地区的创新制度环境不仅是企业创新活动的合法性规范,同时也是企业创新活动的实质性支持。基于此,本书认为创新制度环境对企业的创新绩效有着显著正向影响。

制度学派提出制度结构会影响企业的创新活动和创新意愿(Baumol,1990)。企业会在制度环境的规范下,以合法性的活动追寻使其利益最大化的决策(陈寒松等,2014)。因此,优秀的创新制度能够激发当地企业的创新积极性,是企业进行创新活动的激励性信号。基于此,本章认为优秀的创新制度环境会显著促进企业的创新意愿。创新意愿是企业进行创新投入与创新活动的内在驱动力,高的企业创新意愿能够在很大程度上提高企业在创新方面的资源利用效率,激励企业有更多的研发投入,从而有更大可能取得高的创新绩效。综上可知,创新意愿在创新制度环境与创新绩效的关系中起到中介作用,创新制度环境可以激发企业创新意愿,创新意愿可以显著提高企业创新绩效。

社会认知理论提出,人的行为是受人的认知和外部环境因素共同影响产生的。在创新制度环境对企业创新意愿影响的过程中,企业创新意愿是由企业高层管理者的意愿所体现的。因此,企业的创新意愿是受到企业高层管理者的个人特质影响的,企业管理者对外部环境的认识和感知以及企业管理者对个人和企业的认知和判断,都会对其创新意愿产生影响。具体地,从管理者心智模式视角出发,管理者的知识体系是其在过去工作中所积累的经验和经历,管理者的信念体系是对其企业和自身能否完成目标的意志的表现,这两个方面会影响企业管理者对外部创新环境的认知和判断,从而进一步影响其创新意愿的强弱。尹翀和贾永飞(2019)研究指出,企业家对创新环境的主动认知有利于企业从上至下地进行制度、组织和团队的创新。综上所述,企业管理者心智模式会对创新制度环境与企业创新意愿之间的关系起到调节作用,当企业管理者心智模式更完善时,创新制度环境对企业创新意愿的影响作用更显著。

通过以上分析,本书构建了以下模型,其中以创新意愿为中介变量,以管理者心智模式为调节变量,该模型能够更加全面地揭示创新制度环境、创新意愿、创新绩效以及管理者心智模式 4 个变量之间的关系。本研究专题研究假设汇总见表 3.1。

表 3.1　研究理论假设

假　设	内　容
H1	创新制度环境对企业创新绩效有着显著的正向影响
H2	企业创新意愿在创新制度环境与企业创新绩效之间起中介作用
H2a	创新制度环境对企业创新意愿有显著正向影响
H2b	企业创新意愿对企业创新绩效有显著正向影响
H3	管理者心智模式在创新制度环境与企业创新意愿的关系中起到调节作用,管理者心智模式越完善,创新制度环境对企业创新意愿的正向影响越显著

续表

假　设	内　容
H3a	管理者心智模式的知识体系在创新制度环境与企业创新意愿的关系中起到调节作用,管理者心智模式的知识体系越完善,创新制度环境对企业创新意愿的正向影响越显著
H3b	管理者心智模式的信念体系在创新制度环境与企业创新意愿的关系中起到调节作用,管理者心智模式的信念体系越强,创新制度环境对企业创新意愿的正向影响越显著

3.4　问卷设计与变量测量

3.4.1　数据搜集与获取

本研究的调研活动从 2019 年 11 月进行到 2020 年 2 月,所调查的企业主要集中于福建省、山东省、江苏省等地,行业分布包括加工制造业、通信业、信息技术、互联网、电子商务业等,调查对象为企业的高层管理人员。问卷发放和数据搜集的方式有:通过网络定向发送问卷,包括电子邮件和微信;直接上门调研填写问卷;通过当地民营经济发展局的帮助发放纸质问卷等。

本研究共发放问卷 355 份,共回收问卷 265 份,其中有效问卷 200 份,无效问卷 65 份,问卷总回收率为 74.6%,问卷总回收有效率为 75.5%。其中通过网络发放问卷共 138 份,问卷回收 77 份,其中有效问卷 54 份,无效问卷 23 份,网络问卷回收率为 55.8%,网络问卷有效回收率为 70.1%;通过上门调研和民营经济发展局帮助发放的纸质问卷共 217 份,问卷回收 188 份,其中有效问卷 146 份,无效问卷 42 份,纸质问卷回收率为 86.6%,纸质问卷有效回收率为 77.7%。具体问卷回收情况和回收比率见表 3.2。

表 3.2　问卷回收情况及回收比率

问卷形式	问卷发放/份	问卷回收/份	回收率/%	有效问卷/份	无效问卷/份	有效回收率/%
网络问卷	138	77	55.8	54	23	70.1
纸质问卷	217	188	86.6	146	42	77.7
所有问卷	355	265	74.6	200	65	75.5

资料来源:根据实际问卷发放和回收情况整理所得。

在被调查的 200 个样本中,其中被调查者的性别,男性 124 份,占 62.0%;女性 76 份,占 38.0%,年龄多数为 41 岁以上。被调查企业的性质,国有企业 50 份,占 25.0%;民营企业 91 份,占 45.5%;其他 59 份,占 29.5%。其他基本信息的描述性统计见表 3.3。

表 3.3　样本基本信息描述性统计

基本信息	分　类	频　数	频　率
被调查者性别	男	124	62.0%
	女	76	38.0%
被调查者年龄	30 岁以下	7	3.5%
	31～40 岁	40	20.0%
	41～50 岁	65	32.5%
	51 岁以上	88	44.0%
被调查者学历	大专及以下	56	28.0%
	大学本科	53	26.5%
	硕士及以上	91	45.5%
被调查企业成立年限	3 年以下	23	11.5%
	4～5 年	49	24.5%
	6～10 年	57	28.5%
	11 年以上	71	35.5%
被调查企业所有权性质	国有	50	25.0%
	民营	91	45.5%
	其他	59	29.5%
被调查企业从业人数	300 人以下	82	41.0%
	301～1 000 人	63	31.5%
	1 001～3 000 人	38	19.0%
	3 001 人以上	17	8.5%

资料来源：根据 SPSS 22.0 的分析结果整理所得。

3.4.2　变量定义及变量测量

根据本章前述相关文献，本研究提出了创新制度环境、创新意愿、创新绩效以及管理者心智模式之间的关系框架与研究假设，其中被解释变量为创新绩效，解释变量为创新制度环境、创新意愿与管理者心智模式（包括知识体系与信念体系两个维度）。具体地，创新制度环境为自变量，创新意愿为中介变量，管理者心智模式为调节变量。

根据变量的特点，本研究采用问卷调查的方式对相关变量进行主观测量，依据相关研究与理论，对变量的测量采用国内外成熟量表。本研究所选用的对变量测量的量表都是国内外学者开发的成熟量表，信效度良好，同时量表也经过众多其他学者的检验，以此来保证变量测量的可靠性和有效性。此外，为了保证量表在本次研究中的可行性，已经过指导教授和相关领域的专家求证并根据其意见对量表进行修改和检验。部分量表为国外学者开发，其量表原本语言为英文，本研究采用的是该量表在中国情境下得到了较好验证的中文量表,可以有效地保证其具有较好的文化与地区适应性。

本研究的最终量表包括两个部分:第一部分为所研究变量及其各个维度测量的相关问题,第二部分为被调查者和被调查企业的基本信息的采集。其中第一部分包括创新制度环境、创新意愿、创新绩效以及管理者心智模式4个变量及其各个维度的相关问题测量,并且在测量中将题项打乱,目的是让被调查者难以从题目出发对变量之间的联系进行主观推测。第二部分包括被调查者的年龄、性别等个人基础信息,以及被调查者所在企业的成立年限、企业规模、所有权性质等企业基础信息。

3.4.2.1 创新制度环境

创新制度环境的测量,根据本研究对创新制度环境的定义,其包括 3 个维度,即创新规制环境、创新规范环境与创新认知环境。具体地,根据 Busenitz 等(2000)的研究,其中创新规制环境指的是一些能够对企业创新业务或活动进行支持并减轻其创新风险的法律、政策等,创新规范环境指的是社会对企业家或管理者创新活动和创新思想的认可程度,创新认知环境指的是企业家或管理者所拥有的与创新有关的知识与技能。Busenitz 等(2000)在对创新制度环境定义后,开发了相应测量量表,其中包括 3 个维度 13 个题项,规制环境维度包括 5 个题项,规范环境维度包括 4 个题项,认知环境维度包括 4 个题项,该量表为李克特 5 级量表,1 表示非常不同意,5 表示非常同意,该量表已经被 Manolova 等(2010)、蒋春燕和赵曙明(2010)、高辉和邹国庆(2019)通过实证检验。因此,本研究借鉴 Busenitz 等(2000)的量表,对创新制度环境及其 3 个维度进行测量,见表 3.4 所示。

表 3.4　创新制度环境测量

变　量	维　度	题　项
创新制度环境	规制环境	当地政府及相关部门积极鼓励企业创新和再创业
		当地政府采购时,会优先考虑有创新和再创业项目的企业
		当地政府为企业创新和再创业提供特殊政策支持
		当地政府为企业创新和再创业提供各种资助
		即使创新创业失败,当地政府也支持企业重新创新和创业
	规范环境	本企业知道如何合法保护企业的新业务
		本企业认识到进行创新业务会有很大的风险
		本企业知道如何应对新业务的风险
		本企业知道从哪里获得关于新业务/产品的市场信息
	认知环境	把创意变成具体业务的行为在本企业受到高度尊敬
		创新和有创造力的思考是在本企业获得成功的关键因素
		创新和创业人员在本企业得到广泛的尊重
		本企业员工都以创新和创业人员为学习对象

3.4.2.2　创新意愿

企业创新意愿的相关研究相比员工创新意愿的相关研究较少,应用较多的企业创新意愿的测量量表为 Hurley 和 Hult(1998)开发的量表,该量表对企业创新意愿的测量包含 5 个题项,为李克特 5 级量表,1 表示非常不同意,5 表示非常同意。国内学者曹勇等(2016)对 Hurley 等的量表进行了翻译与使用,通过实证检验了量表在中国的有效性和可靠性,王金凤等(2019)在 Hurley 和 Hult(1998)、曹勇等(2016)的基础上,对该量表进行了一定改进,增加了两个题项对企业创新意愿进行测量,其研究验证了改进量表具有较高的信效度。本研究基于 Hurley 等(1998)开发的量表,采用国内学者王金凤等(2019)的改进量表对企业创新意愿进行测量,见表 3.5。

表 3.5　企业创新意愿测量

变　量	题　项
创新意愿	本企业希望获取更多外部技术和人才支持
	本企业在管理活动中积极寻求创新思维
	本企业希望得到用于创新的外部资源支持
	本企业愿意加大创新的资金投入
	本企业对提出创新观点的员工进行奖励
	本企业力图塑造敢于冒风险的企业文化
	本企业希望不断提高创新效率

3.4.2.3　创新绩效

创新绩效的测量方式角度,其中主观测量与客观测量的众多方法都是经过许多学者验证过的,因此创新绩效的测量方式一般是根据实际需求选取的。根据本研究对变量的界定,创新绩效是企业创新活动的成果,反映企业创新活动的效益情况,选取了国外学者 Lovelace 等(2001)开发的成熟量表,包括 5 个题项,为李克特 5 级量表,1 表示非常不同意,5 表示非常同意。该量表先后被学者张方华(2005)、蔡俊亚和党兴华(2015)、高辉和邹国庆(2019)证明其有效性,具体题项见表 3.6。

表 3.6　企业创新绩效测量

变　量	题项(近 3 年内,与同行业的主要竞争对手相比)
创新绩效	我们常常推出很多新产品/服务
	我们申请专利的数量很多
	我们的新产品/服务开发的速度很快
	我们的新产品/服务开发的成功率很高
	我们的新产品/服务销售额占总销售额的比重很高

3.4.2.4　管理者心智模式

　　根据本研究对管理者心智模式的界定,其包括两个维度,知识体系与信念体系。对管理者心智模式的测量量表,本研究借鉴骆志豪(2008)、褚珊珊(2019)等的研究,其中骆志豪(2008)对管理者心智模式的量表开发借鉴了国内外众多学者(Senge,1990;青木昌彦,2001;吕晓俊,2002,等其他学者)的研究成果,褚珊珊(2019)在骆志豪(2008)研究的基础上开发出管理者心智模式知识体系与信念体系的测量量表,其中小样本测试知识体系量表的 Cronbach's α 系数为 0.929,信念体系的 Cronbach's α 系数为 0.958,正式测量知识体系量表的 Cronbach's α 系数为 0.872,信念体系的 Cronbach's α 系数为 0.89,心智模式整体量表 Cronbach's α 系数为 0.914,证明量表可靠性良好。因此,本研究借鉴骆志豪(2008)、褚珊珊(2019)等研究的量表,对企业管理者心智模式进行测量,该量表包括两个维度 15 个题项,其中知识体系包含 9 个题项,信念体系包含 6 个题项,采用李克特 5 级量表,1 表示非常不同意,5 表示非常同意,具体量表见表 3.7。

表 3.7　企业管理者心智模式测量

变　量	维　度	题　项
管理者心智模式	知识体系	我对市场环境的动态变化十分敏感
		我对同行业竞争者的战略和动态十分了解
		我对行业内的知识、信息和技术很熟悉
		我对本企业的短期和长期目标都很明确并知道如何实现
		我很清楚企业现在的优势和劣势是什么
		我很了解消费者的需求变化
		我对行业技术发展的趋势很了解
		我对国家相关产业政策很了解
		我对政府管控的相关政策十分了解
	信念体系	我相信企业的产品价值会被市场认可
		我相信企业的产品能满足消费者需求
		我相信与同行企业竞争,能够学习更多的知识和技术
		我坚信现在的努力在将来都会得到回报
		我相信公司能够承担社会责任并建立良好的企业形象
		我相信公司的市场开拓能力和盈利能力在不断提升

3.4.2.5　控制变量

本研究对创新制度环境、创新意愿、创新绩效以及管理者心智模式关系的研究，只是探究了创新制度环境与创新绩效之间关系的一条可能存在的内在影响途径，在研究过程中必须对相应变量进行控制。由于研究层面包含企业层面与企业管理者层面，因此控制变量的选取也包含企业层面与企业管理者层面。企业层面包括企业年龄、企业规模、企业所属行业、企业所有制形式等，企业管理者层面包括管理者性别、管理者年龄、管理者受教育程度、管理者工作年限等。另外，问卷中还包含一些关于企业与企业管理者的基本信息，如企业名称、企业单位性质、管理者职务、管理者联系方式等。

3.5　实证分析

3.5.1　信度和效度分析

3.5.1.1　信度分析

问卷的信度分析是为了判断问卷的填写是否可靠，是对问卷结果一致性、稳定性、可靠性的检测，问卷的信度越高代表所搜集数据的一致性、准确性越高。本研究采用 Cronbach's α 系数来对问卷的信度进行测量，通常来讲，总问卷的 Cronbach's α 系数在 0.8 以上代表其信度良好，Cronbach's α 系数在 0.7～0.8 区间内则属于可以接受；分问卷的 Cronbach's α 系数在 0.7 以上代表其信度良好，Cronbach's α 系数在 0.6～0.7 区间内则属于可以接受。另外，具体对题项进行分析时，还应考虑"校正后项目与总体相关性"数值一般大于 0.5，以及题项删除后的 Cronbach's α 系数一般小于分量表 Cronbach's α 系数。

本次研究问卷的总体 Cronbach's α 系数为 0.876，大于 0.8，可以认为，本次研究的总体信度良好，通过检验，见表 3.8。

表 3.8　问卷总体信度检验

Cronbach's α 系数	项　数	检验结果
0.876	40	通过检验

创新制度环境分量表的 Cronbach's α 系数为 0.916，其中创新制度环境的 3 个维度规制环境、规范环境以及认知环境的 Cronbach's α 系数分别为 0.799、0.750 以及 0.777，均大于 0.7，而且对每个题项进一步分析发现，删除题项后的 Cronbach's α 系数均比分量表的 Cronbach's α 系数小。综上，可以认为创新制度环境分量表信度良好，具体题项分析见表 3.9。

表 3.9　创新制度环境分量表信度检验

题　项	校正后项目与总体相关性	项目删除后的 α 系数	α 系数
维度:规制环境			
当地政府及相关部门积极鼓励企业创新和再创业	0.596	0.763	
当地政府采购时,会优先考虑有创新和再创业项目的企业	0.628	0.747	
当地政府为企业创新和再创业提供特殊政策支持	0.522	0.795	0.799
当地政府为企业创新和再创业提供各种资助	0.559	0.770	
即使创新创业失败,当地政府也支持企业重新创新和创业	0.687	0.733	
维度:规范环境			
本企业知道如何合法保护企业的新业务	0.737	0.612	
本企业认识到进行创新业务会有很大的风险	0.517	0.722	0.750
本企业知道如何应对新业务的风险	0.573	0.677	
本企业知道从哪里获得关于新业务/产品的市场信息	0.507	0.741	
维度:认知环境			
把创意变成具体业务的行为在本企业受到高度尊敬	0.691	0.677	
创新和有创造力的思考是在本企业获得成功的关键因素	0.550	0.758	0.777
创新和创业人员在本企业得到广泛的尊重	0.682	0.667	
本企业员工都以创新和创业人员为学习对象	0.561	0.775	
创新制度环境			0.916

创新意愿分量表的 Cronbach's α 系数为 0.806,大于 0.7,并且对每个题项进一步分析发现,删除题项后的 Cronbach's α 系数均比分量表的 Cronbach's α 系数小。综上,可以认为创新意愿分量表信度良好,具体题项分析见表 3.10。

表 3.10　创新意愿分量表信度检验

题　项	校正后项目与总体相关性	项目删除后的 α 系数	α 系数
企业希望获取更多外部技术和人才支持	0.580	0.775	
企业在管理活动中积极寻求创新思维	0.521	0.784	
企业希望得到用于创新的外部资源支持	0.639	0.762	
企业愿意加大创新的资金投入	0.419	0.801	0.806
企业对提出创新观点的员工进行奖励	0.568	0.778	
企业力图塑造敢于冒风险的企业文化	0.664	0.760	
企业希望不断提高创新效率	0.480	0.803	

创新绩效分量表的 Cronbach's α 系数为 0.783,大于 0.7,并且对每个题项进一步分析发现,删除题项后的 Cronbach's α 系数均比分量表的 Cronbach's α 系数小。综上,可以认为创新绩效分量表信度良好,具体题项分析见表 3.11。

表 3.11　创新绩效分量表信度检验

题　项	校正后项目与总体相关性	项目删除后的 α 系数	α 系数
我们常常推出很多新产品/服务	0.596	0.732	
我们申请专利的数量很多	0.655	0.708	
我们的新产品/服务开发的速度很快	0.551	0.754	0.783
我们的新产品/服务开发的成功率很高	0.501	0.780	
我们的新产品/服务销售额占总销售额的比重很高	0.608	0.729	

企业管理者心智模式分量表的 Cronbach's α 系数为 0.789,其中企业管理者心智模式两个维度知识体系和信念体系的 Cronbach's α 系数分别为 0.766 和 0.777,均大于 0.7,而且对每个题项进一步分析发现,删除题项后的 Cronbach's α 系数均比分量表的 Cronbach's α 系数小。综上,可以认为企业管理者心智模式分量表信度良好,具体题项分析见表 3.12。

表 3.12　企业管理者心智模式分量表信度检验

题　项	校正后项目与总体相关性	项目删除后的 α 系数	α 系数
维度:知识体系			
我对市场环境的动态变化十分敏感	0.463	0.763	
我对同行业竞争者的战略和动态十分了解	0.560	0.727	
我对行业内的知识、信息和技术很熟悉	0.508	0.745	
我对本企业的短期和长期目标都很明确并知道如何实现	0.452	0.765	
我很清楚企业现在的优势和劣势是什么	0.501	0.749	0.766
我很了解消费者的需求变化	0.531	0.732	
我对行业技术发展的趋势很了解	0.485	0.756	
我对国家相关产业政策很了解	0.620	0.719	
我对政府管控的相关政策十分了解	0.552	0.729	

续表

题 项	校正后项目与总体相关性	项目删除后的α系数	α系数
维度:信念体系			
我相信企业的产品价值会被市场认可	0.577	0.735	
我相信企业的产品能满足消费者需求	0.505	0.758	
我相信与同行企业竞争,能够学习更多的知识和技术	0.556	0.736	0.777
我坚信现在的努力在将来都会得到回报	0.447	0.762	
我相信公司能够承担社会责任并建立良好的企业形象	0.587	0.729	
我相信公司的市场开拓能力和盈利能力在不断提升	0.628	0.723	
企业管理者心智模式			0.789

3.5.1.2 效度分析

问卷的效度分析是为了判断问卷的样本数据是否有效、科学,是对问卷能否测量出所需要测量事物的准确程度的检测。在问卷选取时,本研究阅读大量有关创新制度环境、创新意愿、创新绩效以及管理者心智模式的研究,从中筛选出国内外学者广泛运用并经过实证严格检验的量表,为了保证量表在本次研究中的可行性,已经过指导教授和相关领域的专家求证并根据其意见对量表进行修改和检验。问卷的效度检测一般采用 KMO(Kalser-Meyer-Olkin)值及 Bartlett 球形度检验,KMO 统计量取值区间为 0~1,KMO 越大,说明数据的相关性越高,越适合做因子分析。如果 KMO 值超过 0.6,则代表不同变量间的相关性良好,适合做因子分析,并进一步做因子分析检验各因子的旋转后的因子载荷以及所有因子的累计方差贡献;如果 KMO 值小于 0.6,则说明变量不适合做因子分析,即问卷效度不好。

创新制度环境包含 3 个维度,分别是规范环境、规制环境和认知环境。对该变量进行效度分析,结果见表 3.13,创新制度环境的 KMO 值为 0.922,大于 0.5,同时 Bartlett 球形度检验结果显著[卡方值(78)=1 383.942,$p=0.000$]。因此,创新制度环境变量的样本适合做因子分析。

表 3.13 创新制度环境变量的 KMO 和 Bartlett 球形度检验

取样足够度的 KMO 的度量		0.922
Bartlett 球形度检验	近似卡方估计值	1 383.942
	自由度 df	78
	显著性 sig.	0.000

创新制度环境变量通过 KMO 和 Bartlett 球形度检验,对其进行因子分析,结果见表 3.14。观察表中数据可以发现,共包含 3 个因子,它们分别包含 5 个、4 个和 4 个题项,方差累计贡献率 66.859%。

表 3.14　创新制度环境变量旋转后的因子载荷矩阵

变　量	维　度	题　项	因子 1	因子 2	因子 3
创新制度环境	规制环境	IE1	**0.677**	0.479	0.006
		IE2	**0.655**	0.314	0.248
		IE3	**0.799**	0.236	−0.050
		IE4	**0.773**	0.044	0.388
		IE5	**0.613**	0.213	0.454
	规范环境	IE6	0.449	**0.575**	0.329
		IE7	0.357	**0.689**	0.204
		IE8	0.231	**0.835**	0.098
		IE9	0.108	**0.737**	0.344
	认知环境	IE10	0.104	0.224	**0.844**
		IE11	0.396	0.493	**0.616**
		IE12	0.190	0.482	**0.591**
		IE13	0.291	0.529	**0.657**

管理者心智模式包含两个维度,分别为知识体系和信念体系。对该变量进行效度分析,结果见表 3.15,管理者心智模式的 KMO 值为 0.756,大于 0.5,同时 Bartlett 球形度检验结果显著[卡方值(105)=920.375,$p=0.000$]。因此,管理者心智模式变量的样本适合做因子分析。

表 3.15　管理者心智模式变量的 KMO 和 Bartlett 球形度检验

取样足够度的 KMO 的度量		0.756
Bartlett 球形度检验	近似卡方估计值	920.375
	自由度 df	105
	显著性 sig.	0.000

管理者心智模式变量通过 KMO 和 Bartlett 球形度检验,对其进行因子分析,结果见表 3.16。观察表中数据可以发现,共包含两个因子,分别为知识体系和信念体系,两个维度分别包含 9 个和 6 个题项,方差累计贡献率 62.201%。

表 3.16　管理者心智模式变量旋转后的因子载荷矩阵

变　量	维　度	题　项	因子 1	因子 2
管理者心智模式	知识体系	MM1	**0.473**	0.072
		MM2	**0.704**	−0.054
		MM3	**0.499**	0.024
		MM4	**0.470**	−0.037
管理者心智模式	知识体系	MM5	**0.659**	0.120
		MM6	**0.695**	0.056
		MM7	**0.593**	0.117
		MM8	**0.761**	−0.065
		MM9	**0.516**	0.020
	信念体系	MM10	0.041	**0.744**
		MM11	−0.021	**0.597**
		MM12	0.054	**0.674**
		MM13	0.024	**0.639**
		MM14	0.094	**0.765**
		MM15	0.018	**0.780**

3.5.2　相关分析

通过对问卷进行相关分析,可以获得所研究的各变量之间的关联程度,便于之后其他统计检验(如回归分析)的进行。本研究采用皮尔森(Pearson)相关分析法,若被分析的变量间相关系数为正且显著,说明变量之间有显著的正向关系;若被分析的变量间相关系数为负且显著,说明变量之间有显著的负向关系。本研究需要判断相关性的变量包括创新政策环境及其 3 个维度、创新意愿、创新绩效、管理者心智模式及其两个维度以及部分控制变量。

具体分析见表 3.17,创新制度环境与创新意愿($r=0.306$,$p<0.01$)、创新制度环境与创新绩效($r=0.405$,$p<0.01$)、创新意愿与创新绩效($r=0.751$,$p<0.01$)均有显著的正向相关关系,这将作为后续假设检验的依据。另外,创新制度环境的各个维度之间、各个维度与变量自身以及管理者心智模式的各个维度之间、各个维度与变量自身,均为显著相关。

表 3.17　各个变量之间皮尔森（Pearson）相关分析

变　量	1	2	3	4	5	6	7	8	9	10	11	12	13	14
1. 性别	1													
2. 个人年龄	-0.082	1												
3. 个人学历	-0.219**	0.213**	1											
4. 企业成立时间	-0.009	0.006	0.055	1										
5. 企业从业人数(Y人)	-0.075	-0.003	-0.017	0.254**	1									
6. 创新制度环境	0.065	0.058	-0.001	-0.022	-0.001	1								
7. 规制环境	0.085	0.063	-0.028	0.005	0.028	0.963**	1							
8. 规范环境	0.029	0.079	0.051	-0.029	0.009	0.920**	0.845*	1						
9. 认知环境	0.047	0.025	-0.009	-0.049	-0.043	0.930**	0.833**	0.798**	1					
10. 创新意愿	-0.073	0.052	0.152	0.12	0.195*	0.306**	0.268**	0.302**	0.311**	1				
11. 创新绩效	0.036	0.062	0.116	0.182**	0.231**	0.405**	0.434**	0.314**	0.365**	0.751**	1			
12. 管理者心智模式	-0.382**	0.187**	0.441**	0.088	0.113	0.036	0.036	0.029	0.042	0.145*	0.193**	1		
13. 知识体系	-0.251**	0.160**	0.355**	0.039	0.105	-0.087	-0.064	-0.095	-0.087	0.035	0.124	0.805**	1	
14. 信念体系	-0.325**	0.114	0.295**	0.099	0.057	0.170	0.141*	0.169*	0.181*	0.199**	0.168*	0.666**	0.095	1

注：* $p<0.05$，** $p<0.01$。资料来源：根据 SPSS 22.0 的分析结果整理所得。本章下同。

3.5.3 共同方法偏差检验

方法变异造成的偏差是无法消除的,但是在实际研究过程中,可以通过主动控制来尽量降低共同方法偏差。另外,通过数据检验,可以判断所研究的数据的偏差是否在可接受范围内。

首先,在问卷制定和问卷发放阶段就有意识对共同方法偏差进行控制。在问卷选定和问卷内容制定过程中,本研究多次与课题组成员和相关专家进行咨询,根据资深专家的建议对问卷进行修改。同时,对国外成熟量表,本研究利用反复互译法确保问卷的中文表述与原始问卷的英文表述保持一致。另外,在问卷发放过程中,将不同的变量和同一变量的不同维度的题项交错,让被调查者难以从题目出发对变量之间的联系进行主观推测。此外,被调查者在填写问卷时,会被再次提醒问卷是不记名的,调查者不会透露被调查者的个人信息。这除保证问卷的有效性外,还有助于降低被调查者对测量题目的主观猜测。

对共同方法偏差的检验,本研究采用 Harman 单因素检验,将问卷所有题项加入因子分析,若因子分析后的第一个公因子的方差贡献率小于 40%,则可以认为不存在共同方法偏差。共同方法偏差的检验结果见表 3.18,由表格可以看出,第一个公因子的方差贡献率为 21.482%,小于 40%,因此可以认为,本研究的共同方法偏差属于可以接受的范围内。

表 3.18　共同方法偏差检验

组　件	初始特征值			提取载荷平方和		
	总计	方差百分比	累计/%	总计	方差百分比	累计/%
1	8.593	21.482	21.482	8.593	21.482	**21.482**
2	4.197	10.493	31.975	4.197	10.493	31.975
3	3.201	8.003	39.978	3.201	8.003	39.978
4	2.871	7.177	47.155	2.871	7.177	47.155
5	2.004	5.010	52.165	2.004	5.010	52.165
6	1.506	3.765	55.930	1.506	3.765	55.930
7	1.434	3.584	59.514	1.434	3.584	59.514
8	1.074	2.686	62.200	1.074	2.686	62.200
9	1.034	2.585	64.785	1.034	2.585	64.785
10	0.911	2.278	67.063			

注:由于篇幅问题,表格只显示到组件10。

3.5.4 回归分析及假设检验

3.5.4.1 主效应与中介效应检验

对模型中介变量的检验,本研究参考 Baron 和 Kenny(1986)的研究结论,其研究认为要验证中介效应的作用效果,必须同时满足以下 4 个条件:①验证自变量对因变量的作用显著。②验证自变量对中介变量的作用显著。③验证中介变量对因变量的作用显著。④当自变量和中介变量同时加入方程后,若验证结果是自变量对因变量的作用减弱,但其对因变量的影响仍然是显著的,同时,中介变量对因变量作用也是显著的,说明是部分中介效应;若自变量对因变量的作用变得不显著,说明是完全中介效应。因此,本研究采用层级回归分析方法,检验企业创新意愿在创新制度环境与创新绩效之间的中介效应。

分析结果见表 3.19。创新制度环境对企业创新绩效有显著正向影响(M5,$\beta=0.437$,$p<0.01$),假设 1 数据验证成立;创新制度环境对企业创新意愿有显著正向影响(M2,$\beta=0.308$,$p<0.01$),假设 2a 数据验证成立;企业创新意愿对创新绩效有显著正向影响(M4,$\beta=0.782$,$p<0.01$),假设 2b 数据验证成立。中介效应检验,在加入企业创新意愿作为中介变量后,创新制度环境对创新绩效的影响仍然显著,系数下降(M6,$\beta=0.217$,$p<0.01$),而且,企业创新意愿对创新绩效仍然具有显著正向影响(M6,$\beta=0.712$,$p<0.01$)。因此,企业创新意愿在创新制度环境与创新绩效之间起着部分中介作用,假设 2 得到数据验证。

表 3.19　创新意愿的中介效应检验

变　量	创新意愿		创新绩效			
	M1	M2	M3	M4	M5	M6
控制变量						
个人年龄	0.011	−0.001	0.027	0.018	0.010	0.011
个人学历	0.076*	0.078*	0.060	0.000	0.062	0.007
企业成立时间	0.030	0.036	0.059	0.036	0.067	0.042
企业从业人数	0.097**	0.093**	0.123**	0.047	0.118**	0.052*
国有(0,1)	0.083	0.061	0.151	0.087	0.120	0.077
民营(0,1)	0.071	0.032	0.183*	0.127*	0.127	0.104**
自变量						
创新制度环境		0.308**			0.437**	0.217**
中介变量						
创新意愿				0.782**		0.712**
R^2	0.071	0.163	0.104	0.586	0.260	0.621
调整后 R^2	0.042	0.132	0.076	0.571	0.233	0.605
R^2 变化	0.071	0.092	0.104	0.482	0.156	0.361
F 值	2.471*	5.335**	3.718**	38.839**	9.620**	39.092**
F 值变化	2.471*	20.986**	3.718**	222.803**	40.465**	181.941**

3.5.4.2 调节效应检验

调节效应的检验,本研究使用层级回归分析的方法,对管理者心智模式的调节作用进行验证。为了消除共线性的影响,本研究在验证管理者心智模式的调节效应前,对自变量和调节变量及其两个维度都进行了标准化,最后利用标准化后的数值创造交互项来判定调节作用。然后,本研究将创新意愿作为结果变量,并依次加入控制变量、自变量(创新制度环境)、调节变量(管理者心智模式)以及自变量和调节变量标准化后的交互项,进行层级回归。

具体分析结果如下所述。由表 3.20 可以看出,创新制度环境与管理者心智模式标准化后的交互项对企业创新意愿有着显著的正向影响(M8,$\beta = 0.093$,$p <$ 0.01),同时模型的 F 检验显著($F = 5.944$,$p < 0.01$)。这表明,管理者心智模式越高,创新制度环境对企业创新意愿的作用越强烈,假设 3 数据验证成立。图 3-2 显示了管理者心智模式的调节效应图,具体以高于均值一个标准差和低于均值一个标准差为标准绘制不同创新制度环境对创新意愿的影响差异。

表 3.20 管理者心智模式调节效应检验

变 量	创新意愿			
	M1	M2	M7	M8
控制变量				
个人年龄	0.011	−0.001	−0.004	−0.013
个人学历	0.076*	0.078*	0.067	0.063
企业成立时间	0.030	0.036	0.035	0.039
企业从业人数	0.097**	0.093**	0.090	0.100**
国有(0,1)	0.083	0.061	0.061	0.072
民营(0,1)	0.071	0.032	0.030	0.039
自变量				
创新制度环境		0.308**	0.307**	0.333**
调节变量				
管理者心智模式			0.077	0.098
交互项				
创新制度环境×管理者心智模式				0.093**
R^2	0.071	0.263	0.265	0.299
调整后 R^2	0.042	0.232	0.230	0.266
R^2 变化	0.071	0.192	0.002	0.035
F 值	2.471*	5.335**	4.714**	5.944**
F 值变化	2.471*	20.986**	0.469	8.400**

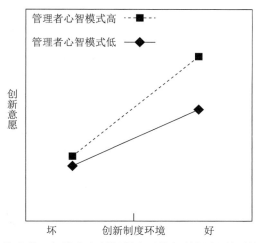

图 3-2　管理者心智模式在创新制度环境与创新意愿间的调节效应

由表格 3.21 可以看出,创新制度环境与管理者心智模式知识体系标准化后的交互项对创新意愿的影响不显著(M10,$\beta=0.069,p>0.05$)。这表明,管理者心智模式的第一个维度知识体系,在创新制度环境与企业创新意愿之间并没有起到调节作用,假设 3a 数据验证不成立。

表 3.21　管理者心智模式知识体系调节效应检验

变　量	创新意愿			
	M1	M2	M9	M10
控制变量				
个人年龄	0.011	−0.001	−0.001	−0.001
个人学历	0.076*	0.078*	0.081*	0.070
企业成立时间	0.030	0.036	0.036	0.033
企业从业人数	0.097**	0.093**	0.095**	0.104**
国有(0,1)	0.083	0.061	0.063	0.072
民营(0,1)	0.071	0.032	0.033	0.039
自变量				
创新制度环境		0.308**	0.306**	0.328**
调节变量				
管理者心智模式知识体系			−0.024	−0.009
交互项				
创新制度环境×知识体系				0.069
R^2	0.071	0.263	0.263	0.279
调整后 R^2	0.042	0.232	0.228	0.240
R^2 变化	0.071	0.192	0.000	0.015
F 值	2.471*	5.335**	4.655**	4.589**
F 值变化	2.471*	20.986**	0.078	3.556

  由表格 3.22 可以看出,创新制度环境与管理者心智模式信念体系标准化后的交互项对企业创新意愿有着显著的正向影响(M12,$\beta=0.078$,$p<0.05$),同时模型的 F 检验显著($F=4.957$,$p<0.01$)。这表明,管理者心智模式的第二个维度信念体系评分越高,创新制度环境对企业创新意愿的作用越强烈,假设 3b 数据验证成立。图 3-3 显示了管理者心智模式信念体系的调节效应图。

表 3.22 管理者心智模式信念体系调节效应检验

变 量	创新意愿			
	M1	M2	M11	M12
控制变量				
个人年龄	0.011	−0.001	−0.005	−0.015
个人学历	0.076*	0.078*	0.063	0.077*
企业成立时间	0.030	0.036	0.032	0.043
企业从业人数	0.097**	0.093**	0.091*	0.092**
国有(0,1)	0.083	0.061	0.076	0.072
民营(0,1)	0.071	0.032	0.035	0.038
自变量				
创新制度环境		0.308**	0.290**	0.303**
调节变量				
管理者心智模式信念体系			0.103	0.079
交互项				
创新制度环境×信念体系				0.078*
R^2	0.071	0.263	0.272	0.297
调整后的 R^2	0.042	0.232	0.237	0.259
R^2 变化	0.071	0.192	0.009	0.025
F 值	2.471*	5.335**	4.957**	4.957**
F 值变化	2.471*	20.986**	2.096	5.847*

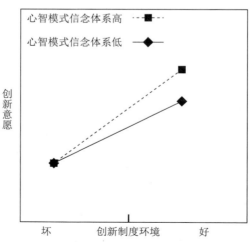

图 3-3 管理者心智模式信念体系在创新制度环境与创新意愿间的调节效应

3.5.5　实证分析结果

分析表明,创新制度环境对企业创新绩效确实有着显著影响,同时,企业创新意愿在以上两者关系中起到了中介作用。此外,本研究发现,管理者的心智模式确实会对创新制度环境与企业创新意愿的关系起到调节作用。具体地,管理者心智模式的知识体系的调节作用并不显著,管理者心智模式的信念体系调节作用显著。综上,本研究的假设 1、假设 2、假设 2a、假设 2b、假设 3、假设 3b 通过数据验证,假设 3a 未通过数据验证,详细见表 3.23。数据验证后的模型变化如图 3-4 所示。

表 3.23　假设检验结果汇总

序　号	假设内容	检验结果
H1	创新制度环境对企业创新绩效有着显著的正向影响	通过检验
H2	企业创新意愿在创新制度环境与企业创新绩效之间起中介作用	通过检验
H2a	创新制度环境对企业创新意愿有显著正向影响	通过检验
H2b	企业创新意愿对企业创新绩效有显著正向影响	通过检验
H3	管理者心智模式在创新制度环境与企业创新意愿的关系中起到调节作用,管理者心智模式越完善,创新制度环境对企业创新意愿的正向影响越显著	通过检验
H3a	管理者心智模式的知识体系在创新制度环境与企业创新意愿的关系中起到调节作用,管理者心智模式的知识体系越完善,创新制度环境对企业创新意愿的正向影响越显著	未通过检验
H3b	管理者心智模式的信念体系在创新制度环境与企业创新意愿的关系中起到调节作用,管理者心智模式的信念体系越强,创新制度环境对企业创新意愿的正向影响越显著	通过检验

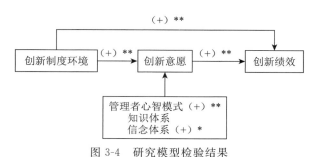

图 3-4　研究模型检验结果

3.6　研究结论及贡献

3.6.1　研究结论与讨论

本研究按照理论到实证的研究思路,从管理者心智模式的视角入手,探求出创新制度环境影响企业创新绩效的一条可行的内在作用路径。本研究以制度理论、计划行为理论和社会认知理论为基础,探求外在环境因素最终作用于企业创新绩效的内在因子,即在企业创新意愿的中介作用下,在管理者心智模式的调节下,创新制度环境对企业创新绩效有着显著影响。具体来说,本研究的结论如下所述。

3.6.1.1 创新制度环境对企业创新绩效有着显著的正向影响

本研究通过对所搜集的数据进行分析后,发现创新制度环境的确显著影响着企业创新绩效($M5, \beta=0.437, p<0.01$),这是对前辈学者们(Peng et al.,2009;Yi,2012;Berrone et al.,2013;沈奇泰松,2010;高辉,邹国庆,2019)观点的验证,同时,也是对制度理论的观点进行了经验验证,即制度是影响社会经济结构和企业生产效率的重要因素之一。因此,该结论证明了,通过改善地区的创新制度环境,确实可以让当地企业的创新绩效有所提高。

3.6.1.2 创新意愿在创新制度环境与企业创新绩效之间起部分中介作用

数据分析发现,创新制度环境对企业创新意愿有着显著正向影响($M2, \beta=0.308, p<0.01$),同时企业创新意愿对创新绩效也有着显著正向影响($M4, \beta=0.782, p<0.01$)。可以证明,企业创新意愿确实是创新制度环境对创新绩效产生影响的一个途径。在这个路径中,当地区创新制度环境较好时,会激励当地企业家或高级管理者做出更多的创新相关的决策,即他们的创新意愿会更高;当企业家或高级管理者有了更高的创新意愿后,其所在企业也会做出更多创新相关的投入,从而就带动了企业的创新绩效的增加。

另外,从数据结果来看,创新意愿在两者之间起到的是部分中介作用,即创新制度环境会直接对企业创新绩效产生影响,也有部分通过企业创新意愿进一步影响企业创新绩效。对此,本研究认为这在理论上和实际中是合理的。首先,对创新制度环境对企业创新绩效的影响应该是多路径的,本研究只研究出其中一种可能的内在路径,仍然可能有其他的变量作为两者关系的中介;其次,创新制度环境对企业创新绩效实际上就应该有直接影响的部分,除了好的创新制度环境能够让企业管理者有更高创新积极性并进一步影响创新绩效,好的制度环境还会给企业营造各种创新便利或提供更重保障,如鼓励企业创新的基金、企业创新失败的补贴保障、企业创新过程中办理手续的便捷等,这些都是直接对企业创新绩效产生影响的部分。

3.6.1.3 心智模式在创新制度环境与企业创新意愿之间起到调节作用

管理者心智模式越优秀,创新制度环境对企业创新意愿的正向作用越显著。具体地,管理者心智模式的知识体系的调节作用不显著,管理者心智模式的信念体系的调节作用显著。

实证分析支持了本研究提出的假设3,即管理者心智模式在创新制度环境与企业创新意愿之间起到调节作用($M8, \beta=0.093, p<0.01$)。这个结论是对计划行

为理论与社会认知理论的支持,外部的环境、个人的特质以及个人的行为之间有着相互的影响。具体来说,企业家或企业高级管理者的个人特质是影响企业创新意愿并进一步影响企业创新绩效的显著因素,同样的外部创新制度环境,当企业家或企业高级管理者的心智模式更为优秀时,那么该企业就更加有可能做出创新相关的决策。

对于管理者心智模式的两个维度,知识体系和信念体系,其中知识体系的调节作用不显著,而信念体系的调节作用显著。本研究认为,两个维度所代表的不同含义可以为这个不同影响提供一定的解释。管理者心智模式的知识体系代表的是管理者对事物或世界认知的结构化知识,是一种经历和经验的积累;而信念体系指的是管理者对外部环境或事物的思维及认知反应(吕晓俊,2002)。简单来说,知识体系就是管理者在工作中所积累的对于市场、行业、企业自身等的经验或知识,信念体系就是管理者认为自己能够带领企业做好的一种信念或意志。因此,由以上概念可以看出,当一个管理者拥有较多的行业经验或知识时,他可能会认为当前环境下做出创新决策的风险较大,从而降低其创新意愿水平,也可能会认为当前环境下适合进行创新投入,从而提高其创新意愿水平;而当一个管理者拥有"我可以带领企业完成目标"这种类似的信念或意志时,他就有可能基于现有环境判断其所在的企业能够做到创新并产生绩效带来回报,因此也就有了更高的创新意愿水平。

3.6.2 理论贡献及管理启示

3.6.2.1 理论贡献

第一,本研究对制度理论在企业创新绩效方面的研究进行了丰富和经验验证。制度环境对企业绩效的理论研究已经十分丰富,本研究同样站在企业创新绩效的角度上,对创新制度环境的积极作用予以肯定和证明。但是经过综述发现,制度环境的相关研究多集中于验证其对企业绩效的积极作用上,或者将制度环境作为调节变量研究其他因素对企业绩效的影响,而在探求制度环境影响企业绩效的内在作用机制上还比较薄弱。本研究构建了一条可行的内在作用路径,将影响企业的外部环境因素转化为企业管理者可以自我把握和控制的内在因素,这在一定程度上是对制度理论的相关研究进行了丰富。

第二,对企业创新意愿的相关研究有所丰富。综述发现,创新意愿的概念虽然产生较早,但是其在国内发展相对缓慢,只是在近十几年创新大背景下才有国内学者对创新意愿的相关内容进行研究。另外,创新意愿的研究比较偏向于个体层面(企业员工角度),对于组织或企业层面(企业家或企业高层管理者角度)的创新意愿研究相对较少。因此,本研究从企业管理者角度对企业创新意愿进行研究,具有一定的理论意义。

第三,本研究对国内心智模式的相关理论研究有所补足和丰富。心智模式的研究主要分为两个方面,一个是共享心智模式(团队心智模式),另一个是个人心智模式(管理者或企业家心智模式)。在我国心智模式的相关研究中,对共享心智模式的研究较多。共享心智模式指的是一个团队内团队成员共同的知识体系和知识结构,它对团队的知识创造和价值创造有着重要作用。而相对来说,个人心智模式的相关研究较少,最近几年由于对成功企业家的研究变多,学界慢慢开始关注个人心智模式对企业各项活动的影响,其中国内学者对个人心智模式的研究多集中于理论研究和案例研究。本研究通过实证方式,以计划行为理论和社会认知理论为基础,将管理者心智模式作为创新制度环境与企业创新意愿的调节变量进行研究,是对国内心智模式相关理论研究的补足和丰富。

3.6.2.2 管理启示

第一,地区政府构建良好的创新制度环境是必要的,企业管理者也应对创新制度环境的变化更加关注。对于企业来说,政策上的支持和保障是企业进行创新的重要动力,要提高企业创新积极性,增加地区企业创新能力和创新绩效,当地相关部门必须及时、有效地制定合理的创新政策,为当地企业打造良好的创新制度环境。同时,企业的管理者也应该对区域创新制度环境予以足够的重视和关注,很多企业管理者更加看重市场、行业或者先进技术的变化,而往往忽视了政策环境的变化。但是政策环境作为企业生存的基础性环境,却是对企业的发展有着不可忽视的作用,是需要所有企业管理者和决策者时刻关注的问题。对企业本身而言,积极响应国家和地区的创新号召,不仅可以以更低的风险水平为企业创造更高的收益,而且还是为地区创新水平的提高、区域经济的整体发展做出贡献。

第二,企业要有积极参与创新和鼓励创新的意愿。研究发现,企业的创新意愿对企业创新绩效的作用效果显著,同时外部创新政策环境的改变也是可以通过企业创新意愿作为桥梁来影响企业创新绩效的。因此,作为企业的管理者,在双创的大环境下,要改变发展思维,用创新带动产业升级和转型,用创新带动企业进步与发展。企业管理者首先要提升自身创新意愿,进一步地,提升企业所有工作人员的创新意愿,激发企业内部员工进行创新活动的信心,以此为企业创造更高的绩效水平。

第三,企业管理者要努力提高自身的心智模式。管理者心智模式是企业管理者素质水平的体现,是影响管理者对世界、对自身认识和了解的一种心理模型,管理者心智模式水平高,本身就是高素质管理者应该具备的条件。通过本研究结论可以发现,企业管理者心智模式在创新制度环境与企业创新意愿之间起到调节作用,管理者心智模式越优秀,创新制度环境对企业创新意愿的正向作用越显著。另外,Nadkarni 和 Barr(2008)研究指出,企业家的感知在制度环境与企业战略之间发挥着重要的作用,而管理者心智模式正包含了管理者对自身和世界的感知。因此,要提高创新制度环境对企业创新意愿的效果并进一步影响企业创新绩效,企业管理者提高自身心智模式的水平是一种行之有效的方法。

附录 1　创新制度环境对企业创新行为影响问卷调查

尊敬的先生/女士：

　　您好！首先非常感谢您参与这项调查。这是一份关于"创新制度环境对企业创新影响"的学术调研问卷，目的是探讨和研究企业所在地的制度环境对企业创新行为的影响及其内在作用机制，非常感谢您对本次研究的支持！

　　本次问卷不记名，答案无对错之分，请您阅读题项并根据您的真实情况回答。我们保证对您提供的一切资料绝对保密，并仅作为学术研究之用，请您放心作答！

　　再次衷心感谢您的支持与合作！

厦门大学管理学院课题组

　　第一部分：以下是关于您所在企业创新行为及创新结果的问题，请您根据您所在企业的实际情况进行评价，在数字上打"√"

序号	题　项	完全不同意	不同意	一般	同意	完全同意
1	本企业希望获取更多外部技术和人才支持	①	②	③	④	⑤
2	本企业在管理活动中积极寻求创新思维	①	②	③	④	⑤
3	本企业希望得到用于创新的外部资源支持	①	②	③	④	⑤
4	本企业愿意加大创新的资金投入	①	②	③	④	⑤
5	本企业对提出创新观点的员工进行奖励	①	②	③	④	⑤
6	本企业力图塑造敢于冒风险的企业文化	①	②	③	④	⑤
7	本企业希望不断提高创新效率	①	②	③	④	⑤
8	我们常常推出很多新产品/服务	①	②	③	④	⑤
9	我们申请专利的数量很多	①	②	③	④	⑤
10	我们的新产品/服务开发的速度很快	①	②	③	④	⑤
11	我们的新产品/服务开发的成功率很高	①	②	③	④	⑤
12	我们的新产品/服务销售额占总销售额的比重很高	①	②	③	④	⑤

第二部分:以下是关于您个人特质和行为的部分问题,请根据您的实际个人情况进行评价,在数字上打"√"

序号	题　项	完全不同意	不同意	一般	同意	完全同意
1	我对市场环境的动态变化十分敏感	①	②	③	④	⑤
2	我对同行业竞争者的战略和动态十分了解	①	②	③	④	⑤
3	我对行业内的知识、信息和技术很熟悉	①	②	③	④	⑤
4	我对本企业的短期和长期目标都很明确并知道如何实现	①	②	③	④	⑤
5	我很清楚企业现在的优势和劣势是什么	①	②	③	④	⑤
6	我很了解消费者的需求变化	①	②	③	④	⑤
7	我对行业技术发展的趋势很了解	①	②	③	④	⑤
8	我对国家相关产业政策很了解	①	②	③	④	⑤
9	我对政府管控的相关政策十分了解	①	②	③	④	⑤
10	我相信企业的产品价值会被市场认可	①	②	③	④	⑤
11	我相信企业的产品能满足消费者需求	①	②	③	④	⑤
12	我相信与同行企业竞争,能够学习更多的知识和技术	①	②	③	④	⑤
13	我坚信现在的努力在将来都会得到回报	①	②	③	④	⑤
14	我相信公司能够承担社会责任并建立良好的企业形象	①	②	③	④	⑤
15	我相信公司的市场开拓能力和盈利能力在不断提升	①	②	③	④	⑤

第三部分:以下是您企业所在地区创新制度环境的相关问题,请根据您的实际感受进行评价,在数字上打"√"

序号	题　项	完全不同意	不同意	一般	同意	完全同意
1	当地政府及相关部门积极鼓励企业创新和再创业	①	②	③	④	⑤
2	当地政府采购时,会优先考虑有创新和再创业项目的企业	①	②	③	④	⑤
3	当地政府为企业创新和再创业提供特殊政策支持	①	②	③	④	⑤
4	当地政府为企业创新和再创业提供各种资助	①	②	③	④	⑤
5	即使创新创业失败,当地政府也支持企业重新创新和创业	①	②	③	④	⑤

续表

序号	题　项	完全 不同意	不同意	一般	同意	完全 同意
6	本企业知道如何合法保护企业的新业务	①	②	③	④	⑤
7	本企业认识到进行创新业务会有很大的风险	①	②	③	④	⑤
8	本企业知道如何应对新业务的风险	①	②	③	④	⑤
9	本企业知道从哪里获得关于新业务/产品的市场信息	①	②	③	④	⑤
10	把创意变成具体业务的行为在本企业受到高度尊敬	①	②	③	④	⑤
11	创新和有创造力的思考是在本企业获得成功的关键因素	①	②	③	④	⑤
12	创新和创业人员在本企业得到广泛的尊重	①	②	③	④	⑤
13	本企业员工都以创新和创业人员为学习对象	①	②	③	④	⑤

第四部分:个人和企业的背景信息,请您在符合条件的数字上打"√"

1. 您的性别

① 男　　　　　② 女

2. 您的年龄

① 30 岁以下　　② 30～40 岁　　③ 41～50 岁　　④ 50 岁以上

3. 您的最高学历

① 高中及以下　　② 大专　　　③ 本科　　　④ 硕士

⑤ 博士及以上

4. 您的工作年限

① 5 年以下　　② 5～10 年　　③ 11～15 年　　④ 15 年以上

5. 您所在的企业成立时间

① 3 年以下　　② 3～5 年　　③ 6～10 年　　④ 10 年以上

6. 您所在的企业从业人数(Y 人)

① $Y<20$　　　　　　　　② $20\leqslant Y<300$

③ $300\leqslant Y<1\,000$　　　　④ $1\,000\leqslant Y<3\,000$

⑤ $Y\geqslant 3\,000$

7. 您所在的企业所有制性质

① 国有　　　　② 民营　　　③ 其他

8. 您所在的企业年营业收入(X 万元)(此题为非必答题)

① $X<300$　　　　　　　　② $300\leqslant X<2\,000$

③ $2\,000\leqslant X<40\,000$　　　④ $X\geqslant 40\,000$

9. 您所在的企业所属行业

① 农、林、牧、渔业　　　　　　　　② 交通运输、仓储及邮政业

③ 加工制造业　　④ 批发零售业　　⑤ 通信业

⑥ 信息数据、信息技术、互联网及电子商务业

⑦ 住宿及餐饮业　　⑧ 金融业　　　⑨ 房地产业　　　⑩ 其他

10. 您所在企业的名称

此题为非必答题,如果方便请您留下单位名称

_____

11. 您的联系方式

此题为非必答题,如果方便请您留下联系方式

_____

第4章 政府科技资助对战略性新兴产业企业技术创新绩效的影响研究[①]

4.1 问题的提出

2010年起,战略性新兴产业正式成为我国政府重点发展和培育的产业,该产业的发展状况直接决定了我国产业结构优化与升级最终能否成功,而战略性新兴产业发展的核心是企业技术创新效率的提升。无论是从理论还是从实践来看,基于企业技术创新视角研究政府科技资助战略性新兴产业的实施效果,均具有重要意义。

第一,基于微观企业技术创新的视角研究战略性新兴产业的政府科技资助行为,能够进一步检验政府的科技资助政策对于企业技术创新的杠杆作用,对现有产业政策相关文献不失为一种丰富。现实中政府科技资助政策实施的效果饱受研究者们的争议,一方面,本专题基于微观层面的创新视角将政府科技资助政策实施的效果进行了量化,并且进一步验证了政府科技资助政策的作用机制。在这一意义上,有助于学界对于政府科技资助政策影响的认识有更加深入的理解和更为全面的认识,为后续的实证研究提供新的视角。另一方面,本专题通过总结相关文献发现,国内鲜有学者考察宏观层面的政府科技资助政策对微观层面技术创新的影响,更少有学者聚焦在我国政府积极扶持和培育的战略性新兴产业上,并且现有的研究结论并未统一,"政府科技资助政策能否产生微观经济效果",依然是争论的热点。

第二,本专题的研究内容在一定程度上丰富了已有的研究。本专题将企业产权性质的异质性引入研究中,探讨国有企业与民营企业在政府科技资助政策激励下技术创新效率的差异性,并且研究了政府科技资助政策对企业技术创新影响的延续效应,同时进一步地研究了宏观科技资助政策对于技术创新的作用机制——研发投入的中介作用。而以上的研究内容是现有文献鲜有涉及的。

第三,从数据层面进一步补充了现有的实证研究。现有相关实证研究大都仅

---

① 本章内容来自李彤彤的硕士论文《产业政策对战略性新兴产业企业技术创新的影响研究》。

仅对某一行业进行研究,或对全部 A 股上市公司展开研究,并且所选取的数据覆盖的时间段较短,而研发活动往往周期较长。因此,本专题选取 2011—2017 年 7 年间的数据,并选择战略性新兴产业中的全部上市公司为样本进行实证研究,样本共覆盖 7 个产业,包含 16 个行业。

第四,基于现实背景,技术创新在国家和企业中均扮演着不可替代的角色。特别地,技术创新之于战略性新兴产业企业,更是其核心的竞争力所在。为了纠正创新过程中的"市场失灵",实现科技创新和产业升级,各国政府往往需要实施政府科技资助的产业政策积极引导企业的创新活动。基于理论背景,学术界对于政府科技资助政策与战略性新兴产业的企业技术创新之间的关系,尚未达成一致观点;而探究企业异质性对于政府科技资助政策与技术创新的调节作用的文献亦在少数;鲜有文献进一步探究政府科技资助政策对于企业技术创新的影响是否具有延续性;研究研发投入在政府科技资助政策与企业技术创新之间中介效应的文献也相对匮乏;聚焦战略性新兴产业的政府科技资助政策实施效果的实证研究相对较少。总的来说,本研究方向具有较大的研究空间与研究价值。

通过以上分析,针对战略性新兴产业企业的技术创新效率问题的研究,本专题提出了以下研究议题:

(1)政府科技资助政策真的可以激励微观企业的技术创新吗?

(2)政府科技资助政策对技术创新的激励作用是持续有效的吗?

(3)产权性质又将如何调节政府科技资助政策与企业技术创新之间的关系?

(4)政府科技资助政策究竟通过何种机制影响到企业的技术创新效率的?

4.2 文献综述

聚焦到政府对战略性新兴产业的科技资助政策实施效果的研究,现有文献大都针对政府科技资助政策中的某一项具体措施展开研究,具体分为两方面:其一,考察政府补贴对于技术创新(巫强,刘蓓,2014;吴俊,黄东梅,2016;周亚虹 等,2015)、企业间的创新溢出(陆国庆 等,2014)、产业间的创新溢出(王宇,王志彪,2013)等影响;其二,考察产学研合作模式对企业创新效率的影响(姚潇颖 等,2017;樊霞 等,2012)。

不少学者的研究支持了政府科技资助政策对企业技术创新的激励作用,大多数学者基于"资源获取"以及"竞争激励"效应对政府科技资助政策的正面影响进行了解释。资源获取主要指企业通过获取政府补贴而直接增加了企业收益,这在一定程度上刺激了企业提高研发投入强度,进而促进企业技术创新;而竞争激励主要指政府科技资助政策能够显著提高产业竞争,从而激发企业通过自主创新实现竞争力的提升。Bloom 等(2002)基于经济合作与发展组织(Organization for Economic Cooperation and Development,OECD)国家 1979—1997 年间近 20 年的数据,考察税收优惠与企业创新行为间的关系,研究结果表明税收优惠显著提高了高技术产业企业的创新投入力度,且这一效应在长期内更为显著。Hinloopen(2000)提出政府可以通过税收减免和提供补贴等手段激发企业的创新投入和产出,而创新活动是改善全社会福利的重要渠道。黎文靖和李耀淘(2014)从加速竞争角度解释了政府科技资助政策的创新激励效应。他们认为受优惠政策扶持的产业往往伴随着更优的营商环境,具体体现为基础设施改善、行业准入门槛的降低以及行政手续的简化。这势必会使得企业的进入与退出更加快速,随之而来的是愈发激烈的竞争,在这种情况下,企业不得不积极投入到研发活动的过程中,通过自主创新提高竞争能力,避免被市场淘汰(Aghion,Howitt,1992)。

恰恰相反,部分学者认为政府科技资助政策抑制了企业的创新行为。Krueger(1974)提出的资源诅咒效应对这一抑制作用进行了解释。在他看来,尽管政府科技资助政策的实施为企业带来了充足的资源,但资源流入的背后往往伴随着大量的寻租活动,导致这些资源难以真正发挥作用而被浪费。李永等(2014)认为,政府科技补贴极有可能对研发投入具有挤出效应,最终反而抑制了企业的创新活动。黎文靖和郑曼妮(2016)基于中国的数据,考察政府科技资助政策对企业技术创新的作用,研究认为企业套取补贴的行为导致了产业政策实施效果的有限性。

冯飞鹏(2018)基于“十二五”期间 A 股上市公司数据,验证出政府财政扶持等政策对企业专利产出的激励作用。此外,在政府科技资助政策的各种手段中,以政府补贴的效果最为直接,且政府补贴金额更易于衡量。因此,部分学者借助政府补贴变量考察产业政策对于企业技术创新有效与否。李凤梅等(2017)对光伏产业政策效果的实证研究检验了产业政策的有效边界,研究表明在市场及政策趋于稳定时,政府补贴对企业创新绩效具有显著性影响,且研发投入在其中发挥中介效应。

政府科技资助政策的创新效应的真实质量是该领域一个重要的研究主题。黎文靖和郑曼妮(2016)创造性地用发明专利代表企业实质性创新行为,而实用新型和外观设计则代表策略性创新行为。基于中国数据的回归结果表明,产业政策的实施更多地促进了策略性创新,企业创新产出的质量有待提升。孟庆玺等(2016)关于政府科技资助政策之于创新效率影响的研究指出,政府科技资助政策激励下的企业创新产出弹性更低。2011 年中国首次超越美国,跃居全球专利申请数首位。但 Hu 等(2017)基于中国 2007—2011 年数据的回归结果显示,专利申请数与研发活动和劳动生产率之间的相关性逐渐变小,说明这期间企业并非基于创新考虑来获取专利。胡凯和吴清(2018)基于中国制造业数据,采用概念数据模型(concept data model,CDM)模型展开实证研究。结果证实:税收优惠刺激了企业研发投入的增加,但对专利技术的激励效应并不显著,由于企业研发投入虚高而专利质量较低、科技成果难以转化等,税收优惠未能促进生产率的显著提升。

基于上述文献的回顾,本专题认为已有文献中可能存在以下不足:

第一,现有文献对于产业争议之于技术创新效果的研究,大都集中于宏观层面的理论机制分析,鲜有学者基于中国微观企业数据对于政府科技资助政策的效果进行实证验证。尽管理论界对于政府科技资助政策有诸多诟病,全球范围内的政府依然在不同程度上通过实施科技资助政策引导经济发展和技术创新。因此,从实证层面对其效果进行验证,实际上具有一定的研究价值。

第二,现有文献鲜有进一步研究政府科技资助政策对企业创新效率的作用机制,而研究政府科技资助政策在何种条件下发挥作用,以及如何发挥作用甚至较研究政府科技资助政策本身是否有效更为重要。

第三,鲜有文献对政府科技资助政策对企业创新效率的延续性进行研究,而政府科技资助政策的实施效果影响时效如何,同样具有研究价值。

4.3　研究假设

本专题主要考察政府补贴对战略性新兴产业的企业技术创新效率的影响及其作用机制。

4.3.1　政府补贴与企业技术创新

基于现有研究的梳理,本专题基于"资金获取效应"、"信号传递效应"以及"创新挤出效应"解释政府补贴为什么会影响企业技术创新效率。

4.3.1.1　资金获取效应

政府补贴资金注入直接增加了企业的营业外收入,进而提升了总利润,在一定程度上缓解了企业的资金压力,降低了企业创新过程中的风险,刺激研发投入强度的提升,而研发资金的投入是企业技术创新得以产出的重要因素。特别是,政府还针对企业研发过程中的科技项目,设置了专项的科研补贴,该类型政府补贴专款专用,仅能作为研发投入资金的补充,并在一定程度上接受监督,最终要通过政府科研项目的验收。这一举措有助于降低企业研发活动中的后顾之忧,缓解资金短期压力,刺激技术创新成果产出。

4.3.1.2　信号传递效应

企业与外部投资者之间信息的非对称性,造成了企业的外部融资约束。而企业获取政府补贴则可以向外部释放利好信号,帮助企业吸引外部投资,缓解研发资金紧张的压力。一般来说,政府补贴传递的利好信号,通常有两种含义,分别是"市场认可信号"与"政治资源信号"。一是企业获取政府补贴,直接传递出市场利好信号,对于外部投资者而言,这反映出产业与企业的潜力或者企业正在进行中的科研项目得到了政府相当程度的认可,信息的不确定性大大降低,外部投资者更容易对有投资价值的企业进行识别,最终获得政府补贴的企业往往同时获得了外部投资的注入,研发资金得到充足补充。二是获得政府补贴离不开企业对于政府产业政策发展方向的积极响应,获取政府补贴的同时传递出企业政府关系及政治资源的利好信号,这同样吸引着外部投资者的投资。基于以上分析,不管是"市场认可"还是"政治资源",政府补贴资金的获取作为一种利好信号,降低了信息的不对称性,有助于外部投资者识别具有较高投资价值的企业;对于受补贴企业而言,在相当程度上缓解了其外部融资压力,为研发活动注入充足的资金,刺激技术创新成果的产出。

4.3.1.3　创新挤出效应

尽管资金获取效应和信号传递效应都肯定了政府补贴对于企业技术创新的正向激励作用,但创新挤出效应的相关观点则认为政府补贴可能一定程度地挤出了企业技术创新。本专题总结了以下三个原因:①政府补贴的注入在一定程度上提高了企业研发的成本。基于市场关系的供求理论,政府补贴对企业研发活动的刺激,导致研发必需的要素成本可能性地提高,进而直接影响企业的研发成本;②对政府补贴的注入在一定程度上挤出了企业自身的研发投入资金。其一,对于企业既有研发投资意愿的科技项目,政府补贴资金的注入极有可能直接导致企业自身研发投入的减少。其二,由于缺乏有效的监督机制,企业与政府信息的不对称性有可能滋生企业的"机会主义",将政府补贴资金用于其他方面,而非真正投资到科研项目中,自然也无法产生有价值的技术创新,这一行为即是俗称的"套补"。其三,政府补贴资金的注入直接增加了企业的营业外收入和总利润,而企业利润的提升是所有企业追求的发展目标,技术创新则是实现该目标的有效途径。因此,通过政府补贴获得的利润提升,在一定程度上会造成企业开展研发活动动力不足。③政府补贴对象的选择和补贴资金的发放过程通常伴随着寻租活动的产生。由于企业是否能够获取政府补贴以及补贴额度的多少,往往受到政府官员等人为因素的干扰。因此,政府补贴项目的审批过程往往伴随着企业与政府寻租关系的建立。一是寻租关系建立所需的成本,增加了企业的非生产性支出,而挤出研发投资资金,从而抑制了企业技术创新。二是由于寻租成本往往低于企业的在建项目,大量企业倾向于建立与政府的寻租关系以获取高额的补贴金额。这种通过寻租活动而增加的超额利润,降低了企业技术创新的动力,从而挤出了企业技术创新(毛其淋,许家云,2015)。

基于以上分析,本研究专题提出以下假设:

H1:政府补贴对企业技术创新具有正向影响。

4.3.2　政府补贴与企业技术创新的延续性

外部融资约束在相当程度上影响着企业研发活动的持续性。政府补贴是产业政策为激励企业技术创新而采用的最重要的手段之一。企业获取的政府补贴作为企业的营业外收入,通常被视为冗余资源。吴剑峰和杨震宁(2014)从资源基础理论视角,提出企业将政府补贴的冗余资源投入研发活动中有一定的可能。本专题认为政府补贴可以有效缓解企业外部融资压力,平滑研发活动资金投入的波动性,进而带来企业技术创新的延续性。

一方面,基于资金获取效应,政府补贴直接为企业研发活动注入资金,避免因企业资金短期而造成的研发活动中断,在一定程度上为研发活动的持续进行提供保障。技术创新的正外部性,往往造成创新的企业收益在相当程度上小于社会收益(Guelec,Van Pottelsberghe,2003)。中国知识产权保护制度的不完善,加大了技术创新过程中的风险,导致企业持续性投入创新活动的动力衰退。政府补贴可以弥补创新活动的正外部性造成的收益受损,从而一定程度地缓解这一市场失灵现象,激励企业研发投资活动的延续性(吴剑峰,杨震宁,2014)。同时,企业决策者在相当程度上可以自由、自主地支配获取的政府补贴资金,特别是政府对于企业研发项目的专项补贴,政府仅通过结项报告予以监督约束(吕久琴,郁丹丹,2011),这使得企业更倾向于借助政府补贴平滑研发资金波动,开展持续创新。

另一方面,基于信号传递效应,企业通过政府补贴向外界传递了利好投资信号,可以有效吸引外部投资者,缓解持续性研发活动面临的融资约束。具体来说,企业与外部投资者之间信息的不对称使得企业通常要面对融资约束问题。这种情况下,一是政府补贴通过注入现金流,提高企业偿债等方面的能力(Tzelepis,Skuras,2004),从而传递出利好的财务状况信号,这有助于增强外部投资者对企业的投资信心,最终选择对企业投资(傅利平,李小静,2014)。二是政府补贴还可以为企业信誉提供担保,对于外部投资者而言,获取政府补贴的企业有效传递出安全投资的信号(孙铮 等,2006)。同时,政府补贴还在一定程度上反映出企业与政府的良好关系,这对于外部投资者来说,是一种利好的政治资源信号(吴剑峰,杨震宁,2014)。总的来说,政府补贴传递的种种利好信号有助于吸引外部投资者、缓解资金压力、平滑资金波动,从而保证创新可以持续不断地进行下去。

基于以上分析,本研究专题提出以下假设:

H2:政府补贴对企业技术创新的正向影响具有延续性。

4.3.3 产权性质的情境效应

产权性质对于各利益相关者在企业中的地位、权利以及义务进行了清晰界定。在理论界,学者们普遍肯定了产权性质在公司治理中的重要影响地位(Vickers,1995)。本专题认为,产权性质的差异直接导致了企业实际控制人利益诉求的不同,进一步导致了政府补贴创新激励效应的异质性。因此,本研究专题在以上研究假设的基础上进一步考察在政府补贴激励企业技术创新的过程中,产权性质的情境效应。

与民营企业相比,国有企业产权性质[①]削弱了政府补贴对企业技术创新的激励效应,基于对委托-代理等相关理论的梳理,主要从以下两个方面进行解释:

---

① 本书将国有企业定义为企业实际控制人为国家机构、事业单位、国有企业以及集体企业的企业;反之,则为民营企业。

①Shleifer 和 Vishny(1997)认为,控制权和现金流权的分离程度的加深,加剧了企业中第二类代理问题,即股东之间的代理问题,具体表现为作为企业实际控制人的大股东对中小股东利益"侵占"动机加深。将这一观点应用于不同产权性质下分析可知,相比民营企业,国有企业中控制权与现金流权分离更为严重,国家或集体掌握企业的现金流权,母公司则扮演着代理人的角色,在一定程度上,母公司可能出于经济和政治利益的考虑,转移政府补贴资金,将政府补贴的利益私人化,导致了其对于企业的创新激励效应的削弱。②为了最大化个人利益,国有企业中的管理者甚至可能参与到母公司的机会主义行为中,直至将企业"掏空",而这无疑进一步抑制了政府补贴的创新激励效应。一是尽管 2003 年以来,中国国有企业管理者的选拔制度由行政上任命逐步转变为全社会范围内的公开招聘,但学者研究认为,现代企业制度在中国大部分国有企业尚未完全建立,管理者行政任命的现象依旧存在(逯东 等,2012),这种情况导致国有企业管理者薪酬由于行政管制和制约,难以得到有效激励(陈骏,2010)。二是在中国特色经济与政治制度下,相较于民营企业中的管理者,国有企业中的管理者往往有着丰富的政治履历,使得其对政治晋升更加了解,同时也更加看重自身的政治地位(逯东 等,2012)。此外,薪酬受限的情况也激励着国有企业管理者更多地追求政治目标的实现。因此,在"侵占"政府补贴方面,他们具有较大的动机。与之相反,在民营企业产权情景下,随着企业股权集中度的提高,大股东的现金流权也随之提升,在这种情况下,企业现金流权与控制权仅有较低程度的偏离,导致"掏空"企业的难度随之加大,大股东"侵占"中小股东利益的动机受到有效抑制(徐莉萍 等,2006)。同时,民营企业中的管理者往往没有与国有企业管理者相当程度的政治目标和诉求,因此"侵占"政府补贴和中小股东利益的动机进一步降低。是以,民营企业管理者更倾向于扮演好代理人的角色,他们有可能更大程度地将政府补贴资金投入到研发活动中,以促进企业技术创新,进而推动企业经营的良好运行。

基于以上分析,本研究专题提出以下假设:

H3:相对于国有企业,民营企业中政府补贴对企业技术创新的正向作用更大。

4.3.4　研发投入的中介效应

基于以上分析,政府补贴的注入在相当程度上刺激了企业研发投入的增加,而研发投入又是影响技术创新最为重要的因素。基于此,本专题认为在政府补贴对企业技术创新产生积极作用的过程中,研发投入发挥了重要的中介作用。以下本专题将从政府补贴对研发投入的激励以及研发投入对技术创新的影响展开分析。

首先,企业的研发活动得以持续进行,在相当程度上依赖资本的大量投入。而研发活动高风险、长回收周期在一定程度上削弱了企业研发活动的动机。而政府补贴则会在一定程度上扭转这种状况,前文基于资金获取效应和信号传递效应,对政府补贴之于企业研发投入的刺激效应进行了详细充分的论述,在此不再赘述。而国内外较多学者也通过实证研究验证了二者的正向相关性。部分学者基于高新技术产业的数据,验证了政府补贴对企业研发投入的积极作用,并提出政府补贴对研发投入强度的激励效应。张东红等(2009)则从内生增长理论的视角,探究了企业与政府开展创新行为的动机和过程,研究表明政府和企业的研发活动可以互相促进。解维敏等(2009)基于中国数据的研究,同样证实了获取政府补贴的企业在一定程度上会增加自身研发投入资金。

其次,企业研发投入资金的增加,对企业技术创新的促进效应存在直接与间接两种机制。一是研发资金充足可以直接带来企业新技术、新产品的产出;二是在增加研发投入、开展研发活动的过程中,企业对知识和技术吸收利用的能力得以有效提升,在这种情况下,知识的溢出效应可以间接刺激企业技术创新能力的提升。我国学者马文聪等(2013)的研究更是直接证实了企业的研发投入技术创新的促进效应。

基于以上分析,本研究专题提出以下假设:

H4:研发投入在政府补贴对企业技术创新的作用中发挥中介效应。

本研究专题研究假设汇总见表4.1。

表4.1 研究假设汇总

序 号	假设内容
H1	政府补贴对企业技术创新具有正向影响
H2	政府补贴对企业技术创新的正向影响具有延续性
H3	相对于国有企业,民营企业中政府补贴对企业技术创新的正向作用更大
H4	研发投入在政府补贴对企业技术创新的作用中发挥中介效应

综上所述,本专题的研究重点在于以下问题:政府补贴是否提升了企业技术创新水平? 政府补贴对企业技术创新水平的影响效果是否具有持续性? 政府补贴的技术创新效应是否具有显著的产权异质性? 政府补贴通过何种途径或机制影响企业的技术创新水平? 基于中国特色的情境与前文的理论分析,借鉴相关领域领先研究,本专题构建了下述理论研究模型,如图4.1所示。

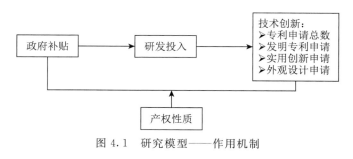

图4.1 研究模型——作用机制

4.4　研究设计与方法

4.4.1　样本选择与数据来源

2010 年 10 月,随着中国政府明确提出对战略性新兴产业的大力扶持,各项以"提升企业自主创新能力"税收减免和科技补贴等优惠政策开始源源不断地涌向该产业。而战略性新兴产业汇聚了大量高精尖行业企业,技术创新和研发活动在这类企业中占据着非常重要的地位。总的来说,该产业与本专题的主题具有较大的相关性,而本研究对于该产业的发展同样具有重要的现实意义。

因此,本专题选取了 2011—2017 年战略性新兴产业上市公司为样本。为保证数据完整、统计口径一致,同时避免异常值干扰,手动剔除了专利申请、政府补贴及研发投入等核心指标缺失的样本,最终获取 1 207 家企业共 5 908 个观测值。在实证研究中,战略性新兴产业企业目录的确定有一定难度。本专题借鉴了由中证指数有限公司与上海证券交易所共同发布的"新兴综指"中选取的样本股[①]。此外,研究涉及的上市公司基本财务数据来源于中国经济金融研究(China Stock Market & Accounting Research,CSMAR)数据库,而政府补贴、研发投入、产权性质等数据均来源于年度报告以及财务报表附注中披露的相关信息,通过课题组手工整理获得。

4.4.2　研究变量与测量

4.4.2.1　因变量

因变量为企业技术创新。已有研究大都使用研发投入或专利产出来衡量企业技术创新。就研发投入而言,现有文献大多将企业的研发投入视为首要创新行为。然而,有学者指出,研发活动的高失败率和不确定性决定了创新产出更加能够直观地反映企业技术创新水平。已有文献中衡量创新产出主要通过两种方法:①专利申请量、授权量或者引用量;②新产品的数量。参考 Lin 和 Chen(2005)、Dosi 等(2006)、Hall 和 Harhoff(2012)、Tan 等(2014)、Tong 等(2014)、周煊等(2014)的做法,使用专利申请数衡量技术创新指标。这是因为:①资源要素的投入及其使用效率最终将通过技术创新产出体现出来。而企业技术创新产出素来以专利申请数代表,是以该变量可以较为准确地体现出企业创新水平(周煊 等,2014)。②中国素来推行的选择性产业政策[②],对企业技术创新采取后向型财税扶持,导致企业技术创新产出与该政策更为相关。③相对于专利授权量,专利申请量对企业技术创

---

①　本书选取 2019 年 3 月更新的"新兴综指"样本股中 1 741 家企业为样本。

②　国内学者基于中国计划经济历史,认为政府存在直接干预经济的惯性,推行以政府为主导的"选择性产业政策"。该政策从结果导向和带动效应的角度看,只有当政府认为企业从事的是有积极成效的创新活动时,才会伸出"扶持之手",给予补贴或者税收优惠。

新水平的反映更加真实。这是由于某项专利最终获得授权需进行检测,且还要按时缴纳年费,不确定性及不稳定性便难以避免(周煊 等,2014),受到官僚影响还容易滋生寻租机会(Tan et al.,2014)。此外,专利技术对企业绩效的影响极有可能开始于申请阶段,是以较之专利授权量,专利申请量更具稳定性、可靠性与及时性。

中国的专利技术被划分为三种类型:发明专利、实用新型以及外观设计。这三者中,实用新型与外观设计的获取相对容易,但技术水平与含金量更低;发明专利是涉及新产品、新方法以及新流程的全新的技术方案,获取难度最大,但含金量高,最能体现企业技术创新的真实水平。参考黎文靖和郑曼妮(2016)的研究,本研究专题把发明专利申请视为实质性创新行为,把实用新型及外观设计申请视为争取补贴等优惠政策的策略性创新行为。为研究政府补贴对企业技术创新的影响是否具有专利类型维度上的差异性,本专题将总专利申请数(patent)、发明专利申请数(patent_i)、实用新型申请数(patent_u)、外观设计申请数(patent_d)均作为因变量。为排除异方差影响,平滑样本数据,本研究中的因变量采用上述变量加1后取自然对数:总专利申请数(lnpatent)、发明专利申请数(lnpatent_i)、实用新型申请数(lnpatent_u)、外观设计申请数(lnpatent_d)。

4.4.2.2 自变量

自变量为政府补贴。政府在扶持企业技术创新的过程中最常采用的两种手段分别是政府补贴及税收优惠(Lee,1995)。其中,政府补贴是政府将扶持资金直接注入受补贴的企业中,这种方式通常被称为政府直接资助;而税收优惠则被称为政府间接资助。本研究采用政府补贴作为政府科技资助政策的代理变量,这是因为:①相对而言,政府补贴的效果更为直接,且补贴金额易于衡量;②一般来说,税收优惠效果往往伴随一定程度上的延迟。此外,文章参考余明桂等(2010),使用企业获取的政府补贴金额与总资产比值来衡量政府补贴指标。本研究专题对"政府补贴"变量的衡量涵盖企业从中央及地方各级政府获取的直接拨付的货币及非货币资产。

4.4.2.3 中介变量

中介变量为研发投入。参考现有研究并基于研究假设推导,本研究认为,企业的研发活动风险高、投入大、周期长,需要源源不断的资金注入。因此,政府补贴可能通过影响企业研发投入进而影响到专利技术产出。本专题将研发投入(rd)作为中介变量,借鉴杨亭亭等(2018)的研究,使用研发投入金额与总资产的比值来衡量研发投入指标。

4.4.2.4 调节变量

调节变量为产权性质。构建产权性质(state)虚拟变量,依据企业实际控制人来判别其为民营或者国有企业。若实际控制人是中央及地方各级政府或者政府附属机关单位,则判断该企业为国有企业,产权性质(state)变量取值为 1,否则为民营企业。

4.4.2.5　控制变量

本研究借鉴 Tong 等(2014)、周煊等(2014)、黎文靖和郑曼妮(2016),在考察政府补贴对公司专利技术产出的影响时,控制了企业规模(size)、年龄(age)以及基本财务指标,包括现金流量(cash)、负债比率(lev)、流动比率(liquid)、留存收益(re)、资产结构(tangi)与资产收益率(roa)。此外,本研究还控制了年份(year)及行业(ind)变量。各控制变量定义以及测量参见表 4.2。

表 4.2　各个变量的选取

变　　量		符　　号	变量定义与计算方式
因变量	技术创新	inpatent	企业当年的专利申请总数加 1 的自然对数
		inpatent_i	企业当年的发明专利申请总数加 1 的自然对数
		inpatent_u	企业当年的实用新型申请总数加 1 的自然对数
		inpatent_d	企业当年的外观设计申请总数加 1 的自然对数
自变量	政府补贴	gov	企业当年获得的政府补贴金额/总资产
中介变量	研发投入	rd	企业当年研发投入金额/总资产
调节变量	产权性质	state	虚拟变量,国有企业=1;民营企业=0
控制变量	企业规模	size	总资产的自然对数
	年龄	age	公司自成立起的年数,取自然对数
	现金流量	cash	经营活动产生的现金流量净额的自然对数
	负债比率	lev	资产负债率=总负债/总资产
	流动比率	liquid	流动比率=流动资产/流动负债
	留存收益	re	留存收益的自然对数
	资产结构	tangi	固定资产比率=固定资产净额/总资产
	资产收益率	roa	资产收益率=净利润/总资产余额
	年份	year	虚拟变量,根据不同的年份设置相应的变量 Year($i=1$, $2,\cdots,6$)
	行业	ind	虚拟变量,根据不同的行业设置相应的变量 Ind($i=1$, $2,\cdots,14$)

本研究专题控制变量的选择,具有较强的理论依据:第一,大量研究发现企业规模对于企业技术创新产生影响(朱恒鹏,2006;张杰 等,2007;Arora,Cohen,2015),还会对政府补贴的创新激励效应产生影响(孙维章,干胜道,2014)。第二,一方面企业的研发活动离不开大量、持续的资金投入,而现金流量、负债比率、流动比率、留存收益、固定资产比率以及资产收益率等基础财务指标往往直接影响着企

业能否获取足够的内外部融资,从而对企业研发投入的强度产生间接影响,因此公司财务指标作为控制变量的一部分;另一方面伴随着企业技术创新能力的提升,风险投资机构的进入变得更加容易,因此尽可能全面控制企业自身禀赋,有助于规避"选择效应"引发的内生性。第三,实证研究中,李春涛和宋敏(2010)等发现,企业年龄、年份以及行业等因素,同样作用于企业技术创新。

4.4.3 研究模型

本专题构建了多元线性回归模型,并基于战略性新兴产业的面板数据,对上述研究假设进行实证分析。数据分析软件分别有 Excel 与 Stata 11.0。

为检验产业政策对于技术创新的实施效果,以验证假设 H1,借鉴 Tan 等 (2014)、Tong 等(2014)、黎文靖和李耀淘(2014)的研究方法构建以下回归模型 Model(1)。其中,Innovation 统一代表专利产出,分别指专利申请量 lnpatent、lnpatent_i、lnpatent_u、lnpatent_d,α 为截距项,$\beta_i(i=1,2,\cdots)$ 为自变量及控制变量的回归系数,i 表示横截面的个体,t 表示时间,$\varepsilon_{i,t}$ 表示随机干扰项。

$$
\begin{aligned}
\text{Innovation}_{i,t} = {} & \alpha + \beta_1 \text{gov}_{i,t} + \beta_2 \text{size}_{i,t} + \beta_3 \text{age}_{i,t} + \beta_4 \text{cash}_{i,t} \\
& + \beta_5 \text{lev}_{i,t} + \beta_6 \text{liquid}_{i,t} + \beta_7 \text{re}_{i,t} + \beta_8 \text{tangi}_{i,t} \\
& + \beta_9 \text{roa}_{i,t} + \sum \text{year} + \sum \text{ind} + \varepsilon_{i,t}
\end{aligned}
$$

为检验全样本政府补贴对企业技术创新的作用是否具有延续性,以验证假设 H2,在上述模型的基础上,将自变量和控制变量分别滞后 1、2、3、4 期,构建如下回归模型 Model(2)。其中,Innovation 统一代表专利产出,分别指专利申请量 lnpatent、lnpatent_i、lnpatent_u、lnpatent_d,α 为截距项,$\beta_i(i=1,2,\cdots)$ 为自变量及控制变量的回归系数,i 表示横截面的个体,t 表示时间,t-n 表示滞后期$(n=1,2,3,4)$,$\varepsilon_{i,t}$ 表示随机干扰项。

$$
\begin{aligned}
\text{Innovation}_{i,t} = {} & \alpha + \beta_1 \text{gov}_{i,t-n} + \beta_2 \text{size}_{i,t-n} + \beta_3 \text{age}_{i,t-n} \\
& + \beta_4 \text{cash}_{i,t-n} + \beta_5 \text{lev}_{i,t-n} + \beta_6 \text{liquid}_{i,t-n} + \beta_7 \text{re}_{i,t-n} \\
& + \beta_8 \text{tangi}_{i,t-n} + \beta_9 \text{roa}_{i,t-n} + \sum \text{year} + \sum \text{ind} + \varepsilon_{i,t-n}
\end{aligned}
$$

为考察产权性质的调节效应,探究企业产权性质的差异是否对技术创新的效果产生了异质性影响,借鉴温忠麟等(2005)关于调节效应的检验方法:当自变量连续而调节变量为虚拟变量时,可以对样本进行分组回归,通过比较不同组别中的回归系数来检验变量是否具有调节效应。因此,本专题把模型 Model(1)按照产权性质分为国有企业组与民营企业组,并比较自变量(政府补贴)在两组模型中的回归系数来验证假设 H3。

为进一步探究政府补贴对于技术创新的作用机制,检验研发投入是否具有中介效应,以验证 H4,借鉴尹志锋等(2013)检验中介效应的步骤:①检验自变量对于中介变量作用的显著性;②检验自变量对于因变量作用的显著性;③将自变量与中介变量共同加入模型中,检验二者对于因变量的作用是否均是显著的,并且观察第二步与第三步中自变量回归系数是否产生明显改变。构建模型 Model(3)、Model(4)、Model(5)进行实证检验。其中,Innovation 统一代表专利产出,分别指专利申请量 lnpatent、lnpatent_i、lnpatent_u、lnpatent_d,α 为截距项,$\beta_i(i=1,2,\cdots)$ 为自变量及控制变量的回归系数,i 表示横截面的个体,t 表示时间,$\varepsilon_{i,t}$ 表示随机干扰项。

$$\mathrm{rd}_{i,t} = \alpha + \beta_1\,\mathrm{gov}_{i,t} + \beta_2\,\mathrm{size}_{i,t} + \beta_3\,\mathrm{age}_{i,t} + \beta_4\,\mathrm{cash}_{i,t} + \beta_5\,\mathrm{lev}_{i,t}$$
$$+ \beta_6\,\mathrm{liquid}_{i,t} + \beta_7\,\mathrm{re}_{i,t} + \beta_8\,\mathrm{tangi}_{i,t} + \beta_9\,\mathrm{roa}_{i,t}$$
$$+ \sum\mathrm{year} + \sum\mathrm{ind} + \varepsilon_{i,t}$$

$$\mathrm{Innovation}_{i,t} = \alpha + \beta_1\,\mathrm{gov}_{i,t} + \beta_2\,\mathrm{size}_{i,t} + \beta_3\,\mathrm{age}_{i,t} + \beta_4\,\mathrm{cash}_{i,t} + \beta_5\,\mathrm{lev}_{i,t}$$
$$+ \beta_6\,\mathrm{liquid}_{i,t} + \beta_7\,\mathrm{re}_{i,t} + \beta_8\,\mathrm{tangi}_{i,t} + \beta_9\,\mathrm{roa}_{i,t}$$
$$+ \sum\mathrm{year} + \sum\mathrm{ind} + \varepsilon_{i,t}$$

$$\mathrm{Innovation}_{i,t} = \alpha + \beta_1\,\mathrm{gov}_{i,t} + \beta_2\,\mathrm{rd}_{i,t} + \beta_3\,\mathrm{size}_{i,t} + \beta_4\,\mathrm{age}_{i,t} + \beta_5\,\mathrm{cash}_{i,t}$$
$$+ \beta_6\,\mathrm{Lev}_{i,t} + \beta_7\,\mathrm{liquid}_{i,t} + \beta_8\,\mathrm{re}_{i,t} + \beta_9\,\mathrm{tangi}_{i,t}$$
$$+ \beta_{10}\,\mathrm{roa}_{i,t} + \sum\mathrm{year} + \sum\mathrm{ind} + \varepsilon_{i,t}$$

4.5　实证结果与分析

4.5.1　描述性统计分析

本专题首先对实证研究模型中涉及的各变量进行了描述性统计分析。表格 4.3 报告了各变量的样本量、平均值、标准差、最小值与最大值。描述性统计分析有助于对样本数据分布有一个初步了解。

从表 4.3 中统计发现,本研究专题共有 5 908 个有效样本。总专利申请数(patent)的变化幅度非常大,最小值为 1,最大值为 20 095,平均值为 96.57,标准差达 536.10;发明专利申请数(patent_i)的最小值为 0,最大值为 9 026,平均值为 47.43,标准差达 286.99;实用新型申请数(patent_u)的最小值为 0,最大值为 9 615,平均值为 41.98,标准差达 239.75;外观设计申请数(patent_d)的最小值为 0,最大值为 1 574,平均值为 7.16,标准差达 43.88。以上结果表明中国战略性新兴产业各上市公司专利申请差异极大,企业技术创新水平良莠不齐。发明专利申请数(patent_i)均值约占总专利申请数(patent)均值的 50%,这一比重显著高于黎文靖和郑曼妮(2016)基于所有 A 股上市公司的描述性统计结果[①],表明相对于一般产业上市公司,战略性新兴产业上市公司致力于高水平发明专利的产出,整体创新水平更高。

---

① 黎文靖和郑曼妮(2016)基于 2001—2010 年我国 A 股上市公司的专利数据研究发现,发明专利均值为 8.730 4,不及非发明专利(实用新型及外观设计)的 1/2。

表 4.3 变量的描述性统计

变　量	样本量	平均值	标准差	最小值	最大值
patent	5 908	96.566 69	536.096 6	1	20 095
patent_i	5 908	47.425 36	286.993 3	0	9 026
patent_u	5 908	41.979 18	239.750 4	0	9 615
patent_d	5 908	7.162 153	43.878 24	0	1 574
lnpatent	5 908	3.287 671	1.395 28	0.693 147 2	9.908 276
lnpatent_i	5 908	2.494 909	1.407 155	0	9.107 975
lnpatent_u	5 908	2.322 075	1.576 208	0	9.171 184
lnpatent_d	5 908	0.787 073 6	1.184 696	0	7.362 01
gov_y	5 908	51 500 000	175 000 000	2 500	3 990 000 000
lngov	5 908	16.495 82	1.490 274	7.824 046	22.105 8
gov	5 908	0.007 827 6	0.009 907 7	0.000 000 65	0.217 221
rd_y	5 908	198 000 000	705 000 000	13 692.75	13 000 000 000
rd	5 908	0.027 621 4	0.026 265 9	0.000 001 3	1.039 515
size	5 908	21.888 84	1.180 389	19.155 91	27.468 78
age	5 908	2.628 181	0.412 052 5	0.563 132 1	3.512 077
cash	5 908	10.163 38	15.647 48	−22.954 78	25.249 71
lev	5 908	0.363 614 9	0.192 605 3	0.007 521	1.162 523
liquid	5 908	3.474 051	5.581 795	0.117 563	190.869 2
re	5 908	18.451 23	7.931 001	−22.055 45	25.682 19
tangi	5 908	0.184 807 1	0.129 628 2	0.000 473	0.845 986
roa	5 908	0.047 286 1	0.051 929	−0.404 167	1.206 807

政府补贴金额(gov_y)的波动很大,最小值为 2 500,最大值为 3 990 000 000,标准差达 175 000 000,以上结果反映出企业间政府补贴金额差异大,这可能与企业研发活动及其规模密切相关。政府补贴金额与总资产的比值(gov)均值为0.78%,标准差为 0.009 9。这一结果恰好验证了上述猜想,在这一意义上,政府对不同企业补贴力度相差不大。同样地,研发投入金额(rd_y)的波动极大,最小值为13 692.75,最大值为 13 000 000 000,标准差达 705 000 000。而研发投入金额与总资产的比值(rd)均值为 2.76%,标准差为 0.03。这反映出企业间研发投入金额的差异,且这种差异与企业规模有关,在这一意义上,企业间研发投入强度相差不大。

本研究专题将数据波动(标准差)较大的变量:专利申请量(patent)、发明专利申请量(patent_i)、实用新型申请量(patent_u)以及外观设计申请量(patent_d)均进行对数化处理,以政府补贴金额与总资产的比值衡量政府补贴(gov),以研发投入金额与总资产的比值衡量研发投入（rd）。经过上述处理，可以发现各变量的标准差显著变小。

4.5.2　Pearson 相关性分析

　　为检验各变量之间是否存在多重共线性，笔者使用 Stata 11.0 软件对模型中的所有变量进行 Pearson 相关性分析。各变量相关系数见表 4.4，可见大多数解释变量、控制变量以及被解释变量之间的相关性均在 1% 的水平上显著，这一结果初步说明模型设定较为合理。

表 4.4　Pearson 相关性检验结果

变　量	lnpatent	lnpate-i	lnpate-u	lnpate-d	gov	rd	size
lnpatent	1						
lnpatent i	0.894***	1					
lnpatent u	0.859***	0.629***	1				
lnpatent d	0.564***	0.417***	0.453***	1			
gov	0.085***	0.115***	0.0160	0.123***	1		
rd	0.091***	0.152***	−0.035***	0.119***	0.290***	1	
size	0.558***	0.555***	0.478***	0.255***	−0.113***	−0.152***	1
age	0.075***	0.096***	0.038***	0.0200	−0.0210	−0.058***	0.229***
cash	0.062***	0.089***	0.0140	0.028**	0.0180	0.058***	0.101***
lev	0.330***	0.286***	0.349***	0.101***	−0.068***	−0.136***	0.547***
liquid	−0.170***	−0.128***	−0.187***	−0.059***	0.042***	0.042***	−0.240***
re	0.155***	0.158***	0.105***	0.071***	−0.031**	0.050***	0.169***
tangi	0.029**	−0.00300	0.075***	−0.113***	−0.073***	−0.166***	0.129***
roa	−0.00700	0.022*	−0.069***	0.066***	0.117***	0.117***	−0.057***

变　量	age	cash	lev	liquid	re	tangi	roa
age	1						
cash	0.026**	1					
lev	0.234***	−0.080***	1				
liquid	−0.175***	0.031**	−0.481***	1			
re	−0.058***	0.135***	−0.114***	0.042***	1		
tangi	0.039***	0.143***	0.210***	−0.203***	−0.084***	1	
roa	−0.039***	0.227***	−0.344***	0.164***	0.333***	−0.209***	1

注：*、**、*** 分别表示在 10%、5%、1% 的水平下显著。

通过表 4.4 可知：①大部分变量之间的相关系数小于 0.5，这一结果表明模型的设定没有严重多重共线性；②因变量 lnpatent、lnpatent_i、lnpatent_d 与 gov 均在 1% 的水平上显著相关，相关系数分别为 0.085、0.115、0.123；lnpatent_u 与 gov 的相关系数为不显著的 0.016，该结果反映出政府补贴对企业技术创新（总专利申请数、发明专利申请数、实用新型申请数、外观设计申请数）的激励作用；③因变量 lnpatent、lnpatent_i、lnpatent_u、lnpatent_d 与 rd 均在 1% 的水平上显著相关性，相关系数分别为 0.091、0.152、−0.035、0.119，该结果反映出研发投入与企业技术创新（总专利申请数、发明专利申请数、实用新型申请数、外观设计申请数）之间的相关性；④大多数控制变量与因变量在 1% 的水平显著相关，初步说明本研究模型构建合乎逻辑。

4.5.3 回归分析

4.5.3.1 政府补贴与技术创新

表 4.5 为政府补贴与企业技术创新的多元回归结果，本研究专题对行业（ind）及年份（year）变量进行了控制，该回归结果可以检验 H1（政府补贴对企业技术创新具有正向影响）的成立与否。

表 4.5　政府补贴对技术创新的影响

变　量	(1) lnpatent	(2) lnpatent_i	(3) lnpatent_u	(4) lnpatent_d
gov	21.49***	24.07***	14.77***	16.40***
	(14.43)	(15.94)	(8.32)	(11.01)
size	0.667***	0.711***	0.568***	0.341***
	(40.31)	(42.41)	(28.81)	(20.62)
age	−0.214***	−0.117***	−0.346***	−0.119***
	(−5.46)	(−2.95)	(−7.40)	(−3.04)
cash	0.001 35	0.002 91***	−0.000 886	0.000 944
	(1.38)	(2.92)	(−0.76)	(0.96)
lev	0.345***	0.039 2	0.865***	−0.145
	(3.15)	(0.35)	(6.63)	(−1.32)
liquid	−0.011 7***	−0.004 21	−0.015 5***	−0.011 1***
	(−3.90)	(−1.38)	(−4.31)	(−3.68)
re	0.012 1***	0.010 1***	0.010 8***	−0.000 061 4
	(6.04)	(5.01)	(4.53)	(−0.03)
tangi	−0.718***	−0.631***	−0.687***	−1.383***

变　量	(1)	(2)	(3)	(4)
	lnpatent	lnpatent_i	lnpatent_u	lnpatent_d
	(−5.58)	(−4.84)	(−4.48)	(−10.76)
roa	−0.260	0.023 1	−1.161***	0.697**
	(−0.79)	(0.07)	(−2.98)	(2.13)
常量	−12.10***	−13.69***	−11.17***	−6.364***
	(−31.43)	(−35.08)	(−24.32)	(−16.53)
样本量	5 908	5 908	5 908	5 908
调整后的 R^2	0.37	0.37	0.30	0.13
F	$F=122.2$ $P=0.000$	$F=119.0$ $P=0.000$	$F=88.96$ $P=0.000$	$F=31.59$ $P=0.000$

注：*、**、*** 分别表示在 10%、5%、1% 的水平上显著，括号内为 t 值。本章下同。

其中，(1)、(2)、(3)、(4)列分别为专利申请量(lnpatent)、发明专利申请量(lnpatent_i)、实用新型申请量(lnpatent_u)、外观设计申请量(lnpatent_d)的回归结果，考虑到文章篇幅有限，未列入行业(ind)及年份(year)虚拟变量。结果证实：

(1)调整后的 R^2 分别为 0.37、0.37、0.30、0.13，F 值分别为 122.2、119.0、88.96、31.59，P 为 0.000，4 个模型整体有效，但模型(4)调整后的 R^2 及 F 值较小，模型拟合度不高，可能与中国上市公司整体外观设计申请数普遍偏低有关。

(2)政府补贴与技术创新呈正相关关系(回归系数分别为 21.49、24.07、14.77、16.40，$p<0.01$)，且在企业技术创新产出的专利类型中，政府补贴对发明专利的促进作用最大，表明对战略性新兴产业上市公司的政府补贴更多地激励了企业高质量的实质性创新行为(发明专利申请)。实证表明 H1 显著成立。

4.5.3.2　政府补贴与技术创新的延续性

为考察政府补贴是否具有延续性，本专题分别用 t-1、t-2、t-3、t-4 期的政府补贴及所有控制变量作为解释变量，构建回归模型。表 4.6 至表 4.9 分别为解释变量滞后 1 期、2 期、3 期、4 期的多元回归结果，本研究专题对行业(ind)及年份(year)变量进行了控制，该回归结果可以检验 H2(政府补贴对企业技术创新的正向影响具有延续性)的成立与否。其中，(1)、(2)、(3)、(4)列分别为专利申请量(lnpatent)、发明专利申请量(lnpatent_i)、实用新型申请量(lnpatent_u)、外观设计申请量(lnpatent_d)的回归结果，考虑到文章篇幅有限，未列入行业(ind)及年份(year)虚拟变量。

表 4.6 的回归结果表明：①调整后的 R^2 分别为 0.35、0.35、0.28、0.13，F 值分别为 91.45、90.86、66.49、25.23，P 为 0.000，4 个模型整体有效；②无论是以专利申请量(lnpatent)、发明专利申请量(lnpatent_i)、实用新型申请量(lnpatent_u)还是以外观设计申请量(lnpatent_d)作为衡量技术创新的因变量，政府补贴(gov_ lag1)与技术创新之间具有显著的正相关关系(系数分别为 18.87、20.68、12.89、16.00,且在 1%的水平上显著),H2 得证,即政府补贴对企业技术创新的正向影响具有延续性,且延续性至少为 1 年。

表 4.6　滞后 1 期的回归结果

变　量	(1)	(2)	(3)	(4)
	lnpatent	lnpatent_i	lnpatent_u	lnpatent_d
gov_lag1	18.87 ***	20.68 ***	12.89 ***	16.00 ***
	(11.48)	(12.33)	(6.50)	(9.51)
size_lag1	0.634 ***	0.682 ***	0.543 ***	0.336 ***
	(32.96)	(34.76)	(23.38)	(17.06)
age_lag1	−0.209 ***	−0.117 ***	−0.332 ***	−0.128 ***
	(−4.79)	(−2.63)	(−6.30)	(−2.86)
cash_lag1	0.002 39 **	0.003 31 ***	−0.000 488	0.001 97 *
	(2.10)	(2.85)	(−0.36)	(1.69)
lev_lag1	0.485 ***	0.223 *	0.914 ***	−0.227 *
	(3.88)	(1.75)	(6.06)	(−1.77)
liquid_lag1	−0.008 64 ***	−0.002 56	−0.015 1 ***	−0.011 1 ***
	(−2.76)	(−0.80)	(−3.98)	(−3.47)
re_lag1	0.011 1 ***	0.009 44 ***	0.009 86 ***	−0.002 06
	(4.71)	(3.93)	(3.47)	(−0.86)
tangi_lag1	−0.776 ***	−0.714 ***	−0.691 ***	−1.430 ***
	(−5.30)	(−4.78)	(−3.91)	(−9.54)
roa_lag1	1.047 ***	1.427 ***	−0.101	1.564 ***
	(2.83)	(3.79)	(−0.23)	(4.14)
常量	−11.17 ***	−12.89 ***	−10.47 ***	−6.146 ***
	(−24.93)	(−28.21)	(−19.36)	(−13.40)
样本量	4 544	4 544	4 544	4 544
调整后的 R^2	0.35	0.35	0.28	0.13
F	$F=91.45$ $P=0.000$	$F=90.86$ $P=0.000$	$F=66.49$ $P=0.000$	$F=25.23$ $P=0.000$

表 4.7 的回归结果表明:①调整后的 R^2 分别为 0.32、0.32、0.26、0.13,F 值分别为 68.29、69.13、50.44、23.01,P 为 0.000,4 个模型整体有效;②无论是以专利申请量(lnpatent)、发明专利申请量(lnpatent_i)、实用新型申请量(lnpatent_u)还

是以外观设计申请量(lnpatent_d)作为衡量技术创新的因变量,政府补贴(gov_lag2)与技术创新之间具有显著的正相关关系(系数分别为 18.86、19.03、14.07、16.63,且在 1% 的水平上显著),H2 得证,即政府补贴对企业技术创新的正向影响具有延续性,且延续性至少为 2 年。

表 4.7　滞后 2 期的回归结果

变　量	(1)	(2)	(3)	(4)
	lnpatent_d	lnpatent	lnpatent_i	lnpatent_u
gov_lag2	18.86***	19.03***	14.07***	16.63***
	(9.59)	(9.49)	(5.96)	(8.42)
size_lag2	0.606***	0.656***	0.515***	0.332***
	(26.84)	(28.52)	(19.01)	(14.63)
age_lag2	−0.162***	−0.080 4	−0.293***	−0.111**
	(−3.34)	(−1.63)	(−5.05)	(−2.28)
cash_lag2	0.002 58*	0.004 70***	−0.001 40	0.002 92**
	(1.95)	(3.48)	(−0.88)	(2.19)
lev_lag2	0.419***	0.243	0.828***	−0.227
	(2.89)	(1.64)	(4.75)	(−1.56)
liquid_lag2	−0.011 5***	−0.005 11	−0.017 1***	−0.011 7***
	(−3.46)	(−1.51)	(−4.31)	(−3.52)
re_lag2	0.006 95**	0.005 96**	0.005 59	−0.006 05**
	(2.43)	(2.04)	(1.63)	(−2.11)
tangi_lag2	−0.669***	−0.701***	−0.550***	−1.515***
	(−3.87)	(−3.98)	(−2.65)	(−8.72)
roa_lag2	1.998***	2.005***	0.919	2.617***
	(4.26)	(4.20)	(1.63)	(5.56)
常量	−10.81***	−12.44***	−10.10***	−6.250***
	(−20.75)	(−23.45)	(−16.17)	(−11.95)
样本量	3 585	3 585	3 585	3 585
调整后的 R^2	0.32	0.32	0.26	0.13
F	$F=68.29$ $P=0.000$	$F=69.13$ $P=0.000$	$F=50.44$ $P=0.000$	$F=23.01$ $P=0.000$

表 4.8 的回归结果表明:①调整后的 R^2 分别为 0.29、0.29、0.24、0.13,F 值分别为 46.41、47.36、36.08、17.21,P 为 0.000,4 个模型整体有效;②无论是以专利申请量(lnpatent)、发明专利申请量(lnpatent_i)、实用新型申请量(lnpatent_u)还

是以外观设计申请量(lnpatent_d)作为衡量技术创新的因变量,政府补贴(gov_lag3)与技术创新之间具有显著的正相关关系(系数分别为 23.46、25.43、15.34、19.19,且在 1%的水平上显著),H2 得证,即政府补贴对企业技术创新的正向影响具有延续性,且延续性至少为 3 年。

表 4.8 滞后 3 期的回归结果

变　量	(1)	(2)	(3)	(4)
	lnpatent	lnpatent_i	lnpatent_u	lnpatent_d
gov_lag3	23.46***	25.43***	15.34***	19.19***
	(8.79)	(9.41)	(4.82)	(7.15)
size_lag3	0.570***	0.608***	0.487***	0.328***
	(20.98)	(22.08)	(15.03)	(11.99)
age_lag3	−0.140**	−0.043 1	−0.266***	−0.095 4
	(−2.55)	(−0.77)	(−4.06)	(−1.73)
cash_lag3	0.006 27***	0.007 38***	0.002 99*	0.005 73***
	(4.12)	(4.80)	(1.65)	(3.75)
lev_lag3	0.489***	0.415**	0.878***	−0.255
	(2.86)	(2.40)	(4.30)	(−1.48)
liquid_lag3	−0.011 2***	−0.003 98	−0.017 0***	−0.010 8***
	(−3.17)	(−1.11)	(−4.03)	(−3.03)
re_lag3	0.003 76	0.004 03	0.002 23	−0.005 97*
	(1.08)	(1.14)	(0.54)	(−1.71)
tangi_lag3	−0.772***	−0.701***	−0.687***	−1.726***
	(−3.83)	(−3.43)	(−2.86)	(−8.51)
roa_lag3	1.352***	1.547***	0.474	1.970***
	(2.83)	(3.19)	(0.83)	(4.09)
常量	−9.846***	−11.31***	−9.528***	−6.174***
	(−15.78)	(−17.91)	(−12.80)	(−9.84)
样本量	2 663	2 663	2 663	2 663
调整后的 R^2	0.29	0.29	0.24	0.13
F	$F=46.41$ $P=0.000$	$F=47.36$ $P=0.000$	$F=36.08$ $P=0.000$	$F=17.21$ $P=0.000$

表 4.9 的回归结果表明:①调整后的 R^2 分别为 0.25、0.25、0.22、0.11,F 值分别为 30.66、30.58、25.17、12.15,P 为 0.000,4 个模型整体有效;②无论是以专利申请量(lnpatent)、发明专利申请量(lnpatent_i)、实用新型申请量(lnpatent_u)还

是以外观设计申请量（lnpatent_d）作为衡量技术创新的因变量，政府补贴（gov_lag4）与技术创新之间具有显著的正相关关系（系数分别为 21.91、24.97、13.00、16.68 且在 1‰的水平上显著），H2 得证，即政府补贴对企业技术创新的正向影响具有延续性，且延续性至少为 4 年。

表 4.9　滞后 4 期的回归结果

变　量	(1)	(2)	(3)	(4)
	lnpatent	lnpatent_i	lnpatent_u	lnpatent_d
gov_lag4	21.91***	24.97***	13.00***	16.68***
	(6.99)	(7.83)	(3.50)	(5.28)
size_lag4	0.551***	0.569***	0.465***	0.327***
	(16.19)	(16.44)	(11.54)	(9.51)
age_lag4	−0.084 7	−0.013 5	−0.183**	−0.107*
	(−1.32)	(−0.21)	(−2.41)	(−1.65)
cash_lag4	0.003 02	0.003 62*	−0.000 936	0.004 08**
	(1.61)	(1.90)	(−0.42)	(2.16)
lev_lag4	0.265	0.329	0.601**	−0.302
	(1.24)	(1.51)	(2.38)	(−1.40)
liquid_lag4	−0.016 6***	−0.008 54**	−0.023 3***	−0.012 1***
	(−4.31)	(−2.17)	(−5.10)	(−3.10)
re_lag4	−0.003 39	−0.001 56	−0.003 83	−0.008 33*
	(−0.75)	(−0.34)	(−0.71)	(−1.82)
tangi_lag4	−0.519**	−0.440*	−0.396	−1.576***
	(−2.06)	(−1.72)	(−1.33)	(−6.21)
roa_lag4	1.737**	2.061***	0.971	2.402***
	(2.52)	(2.93)	(1.19)	(3.45)
常量	−9.305***	−10.44***	−9.069***	−6.099***
	(−11.90)	(−13.12)	(−9.80)	(−7.74)
样本量	1 838	1 838	1 838	1 838
调整后的 R^2	0.25	0.25	0.22	0.11
F	F=30.66 P=0.000	F=30.58 P=0.000	F=25.17 P=0.000	F=12.15 P=0.000

表 4.10 是关键变量政府补贴在 t 期、t-1 期、t-2 期、t-3 期、t-4 期的回归结果，研究发现，无论是以专利申请量（lnpatent）、发明专利申请量（lnpatent_i）、实用新

型申请量(lnpatent_u)还是以外观设计申请量(lnpatent_d)作为衡量技术创新的因变量,政府补贴 gov 的回归系数在补贴后的 4 年内都在 1‰的水平上显著为正。结果表明,政府补贴对企业技术创新的激励效应具有延续性,且至少在企业收到政府补贴后的 4 年内持续有效。分析其原因,可能由于企业研发活动周期较为漫长,从政府补贴资金作为创新投入注入企业到专利技术产出有一定时期的延迟,特别是发明专利,高技术含量导致了发明专利从研发到申请的周期更加漫长。总的来说,政府补贴不仅显著激励了企业当年的技术创新产出,在未来几年内,这种激励效应仍将持续。

综上所述,H2 显著成立,认为政府补贴对企业技术创新的正向影响具有延续性,且至少延续 4 年。

表 4.10　政府补贴的延续效应汇总

变　量	(1)	(2)	(3)	(4)
	lnpatent	lnpatent_i	lnpatent_u	lnpatent_d
gov	21.49***	24.07***	14.77***	16.40***
gov_lag1	18.87***	20.68***	12.89***	16.00***
gov_lag2	18.86***	19.03***	14.07***	16.63***
gov_lag3	23.46***	25.43***	15.34***	19.19***
gov_lag4	21.91***	24.97***	13.00***	16.68***

4.5.3.3　基于不同产权性质的比较分析

国有企业与民营企业的资源禀赋、制度章程、外部环境等差异较大。是以,本研究展开对国有企业和民营企业异质性的比较研究,进一步剖析影响企业技术创新的公司治理因素。本研究专题借鉴温忠麟等(2005)的分组回归方法,分析产权性质的调节效应。

表 4.11 和表 4.12 分别为使用国有企业数据与非国有企业数据的多元回归结果。本研究专题对行业(ind)及年份(year)变量进行了控制,该回归结果可以检验 H3(相对于国有企业,民营企业中政府补贴对企业技术创新的正向作用更大)的成立与否。其中,(1)、(2)、(3)、(4)列分别为专利申请量(lnpatent)、发明专利申请量(lnpatent_i)、实用新型申请量(lnpatent_u)、外观设计申请量(lnpatent_d)的回归结果,考虑到篇幅有限,未列入行业(ind)及年份(year)虚拟变量。

表 4.11 的回归结果表明:①调整后的 R^2 分别为 0.42、0.42、0.34、0.24,F 值分别为 39.23、38.42、27.54、17.18,P 为 0.000,4 个模型整体有效;②无论是以专利申请量(lnpatent)、发明专利申请量(lnpatent_i)、实用新型申请量(lnpatent_u)还是以外观设计申请量(lnpatent_d)作为衡量技术创新的因变量,政府补贴(gov)与技术创新之间具有显著的正相关关系(系数分别为 18.04、17.11、16.72、18.50 且均在 1‰的水平上显著)。

表 4.11　国有企业回归结果

变　量	(1) lnpatent	(2) lnpatent_i	(3) lnpatent_u	(4) lnpatent_d
gov	18.04***	17.11***	16.72***	18.50***
	(7.89)	(7.32)	(6.26)	(8.09)
size	0.655***	0.674***	0.629***	0.359***
	(20.71)	(20.88)	(17.05)	(11.38)
age	−0.254**	−0.146	−0.582***	−0.014 2
	(−2.32)	(−1.31)	(−4.55)	(−0.13)
cash	0.005 22**	0.007 44***	0.001 31	0.001 90
	(2.41)	(3.36)	(0.52)	(0.88)
lev	−0.169	−0.484*	0.091 4	−0.224
	(−0.63)	(−1.78)	(0.29)	(−0.84)
liquid	−0.007 13	0.001 81	−0.010 9	−0.043 7*
	(−0.32)	(0.08)	(−0.41)	(−1.94)
re	0.011 0***	0.011 0***	0.006 81	−0.004 14
	(2.95)	(2.89)	(1.57)	(−1.11)
tangi	−1.336***	−1.177***	−1.247***	−1.894***
	(−5.28)	(−4.55)	(−4.22)	(−7.48)
roa	0.239	0.208	−1.185	3.392***
	(0.30)	(0.25)	(−1.25)	(4.19)
常量	−11.14***	−12.20***	−11.42***	−6.800***
	(−13.67)	(−14.67)	(−12.01)	(−8.35)
样本量	1 264	1 264	1 264	1 264
调整后的 R^2	0.42	0.42	0.34	0.24
F	$F=39.23$ $P=0.000$	$F=38.42$ $P=0.000$	$F=27.54$ $P=0.000$	$F=17.18$ $P=0.000$

表 4.12 的回归结果表明：①调整后的 R^2 分别为 0.29、0.28、0.23、0.07，F 值分别为 53.22、51.62、39.63、10.65，P 为 0.000，4 个模型整体有效；②无论是以专利申请量（lnpatent）、发明专利申请量（lnpatent_i）、实用新型申请量（lnpatent_u）还是以外观设计申请量（lnpatent_d）作为衡量技术创新的因变量，政府补贴（gov）与技术创新之间具有显著的正相关关系（系数分别为 23.75、27.95、13.28、14.76且均在 1%的水平上显著）。

表 4.12　民营企业回归结果

变　量	(1)	(2)	(3)	(4)
	lnpatent	lnpatent_i	lnpatent_u	lnpatent_d
gov	23.75***	27.95***	13.28***	14.76***
	(9.77)	(11.50)	(4.51)	(6.09)
size	0.659***	0.709***	0.514***	0.319***
	(25.68)	(27.63)	(16.50)	(12.47)
age	−0.248***	−0.187***	−0.339***	−0.103**
	(−5.28)	(−3.97)	(−5.95)	(−2.21)
cash	0.001 19	0.002 64**	−0.000 518	0.001 72
	(0.92)	(2.03)	(−0.33)	(1.33)
lev	0.405***	0.016 9	1.096***	−0.309**
	(2.79)	(0.12)	(6.21)	(−2.13)
liquid	−0.009 50***	−0.002 19	−0.013 3***	−0.009 81***
	(−3.04)	(−0.70)	(−3.52)	(−3.15)
re	0.007 68***	0.005 34*	0.008 53**	−0.003 46
	(2.60)	(1.81)	(2.38)	(−1.17)
tangi	−0.319*	−0.147	−0.530**	−0.902***
	(−1.79)	(−0.82)	(−2.45)	(−5.08)
roa	−0.236	0.423	−1.401***	−0.155
	(−0.59)	(1.05)	(−2.86)	(−0.39)
常量	−12.21***	−13.77***	−10.11***	−5.894***
	(−21.14)	(−23.84)	(−14.43)	(−10.24)
样本量	3 448	3 448	3 448	3 448
调整后的 R^2	0.29	0.28	0.23	0.07
F	$F=53.22$ $P=0.000$	$F=51.62$ $P=0.000$	$F=39.63$ $P=0.000$	$F=10.65$ $P=0.000$

　　表 4.13 反映了国有企业样本回归结果与民营企业样本回归结果的关键变量系数对比。结果表明：①当被解释变量分别为专利申请量（lnpatent）和发明专利申请量（lnpatent_i）时，国有企业的政府补贴的回归系数小于民营企业（18.04＜23.75；17.11＜27.95），这说明政府补贴对于民营企业专利申请数量（专利总量、发明专利和外观设计）的促进作用要大于国有企业，两者差异显著；②当被解释变

量为实用新型申请量(lnpatent_u)和外观设计申请量(lnpatent_d)时,国有企业的政府补贴的回归系数大于民营企业(16.72>13.28,18.50>14.76),这说明政府补贴对于国有企业实用新型申请数量和外观设计专利的促进作用要大于民营企业。

表 4.13　关键变量系数对比

变　量	(1)	(2)	(3)	(4)
	lnpatent	lnpatent_i	lnpatent_u	lnpatent_d
gov(国有企业数据)	18.04***	17.11***	16.72***	18.50***
gov(民营企业数据)	23.75***	27.95***	13.28***	14.76***

国内学者黎文靖和郑曼妮(2016)基于企业研发活动的不同动机,将其划分成实证性与策略性创新,认为实质性创新科技含量高,能够真正促进企业和产业技术升级;反之,策略性创新的实质则是政府政策的迎合,科技含量普遍较低。同时,他们按照中国专利法对专利类型的划分(发明专利、实用新型与外观设计),将申请发明专利视为实质性创新,将申请实用新型和外观设计专利视为策略性创新。

综合以上分析和回归结果,我们可以发现:相对国有企业,政府补贴对民营企业实质性创新的激励效应更为显著;而对于国有企业,政府补贴对策略性创新的激励作用更为显著。是以,可以认为相对于国有企业,民营企业中政府补贴对企业技术创新的正向作用更大,H3 显著成立。

4.5.3.4　研发投入中介效应检验

本专题基于"三步法"对研发投入的中介效应进行验证:首先,检验政府补贴对研发投入是否具有显著影响;其次,检验政府补贴对技术创新是否具有显著影响;最后,将政府补贴和研发投入同时纳入模型,检验两者的共同作用对于技术创新的影响,并观察第二步与第三步中政府补贴回归系数是否发生显著改变。

表 4.14 是以上回归结果归纳总结,考虑到篇幅有限,表格中未列入行业(ind)及年份(year)的回归结果。其中,第(1)列用于验证政府补贴对研发投入的影响,第(2)列用于验证政府补贴对技术创新产出的影响,第(3)列用于验证政府补贴和研发投入对技术创新产出的共同影响。回归结果表明:①调整后的 R^2 分别为0.20、0.37、0.39,F 值分别为 52.27、122.2、128.8,P 为 0.000,3 个模型整体有效;②政府补贴对中介变量研发投入有显著影响(回归系数为 0.609 且在 1% 的水平上显著);③政府补贴对被解释变量技术创新有显著的正向作用(回归系数为 21.49且在 1% 的水平上显著);④在模型中加入中介变量研发投入之后,政府补贴的回归系数由 21.49 降为 16.29,这一结果表明政府补贴对技术创新的正向作用部分被中介变量研发投入所吸收。研发投入在政府补贴与技术创新之间起到部分中介作用,H4 显著成立。而政府补贴对技术创新的作用机制,如政府补贴资金是否用于引进人才、改进管理等,进而促进专利技术产出,有待进一步验证。

表 4.14 研发投入中介作用检验结果

变 量	(1)	(2)	(3)
	rd	lnpatent	lnpatent
gov	0.609***	21.49***	16.29***
	(19.25)	(14.43)	(10.79)
rd			8.538***
			(14.14)
size	−0.002 09***	0.667***	0.685***
	(−5.96)	(40.31)	(41.96)
age	−0.002 78***	−0.214***	−0.190***
	(−3.34)	(−5.46)	(−4.93)
cash	0.000 104***	0.001 35	0.000 467
	(4.98)	(1.38)	(0.48)
lev	−0.000 928	0.345***	0.353***
	(−0.40)	(3.15)	(3.28)
liquid	−0.000 139**	−0.011 7***	−0.010 5***
	(−2.17)	(−3.90)	(−3.56)
re	0.000 154***	0.012 1***	0.010 8***
	(3.63)	(6.04)	(5.47)
tangi	−0.009 18***	−0.718***	−0.639***
	(−3.36)	(−5.58)	(−5.05)
roa	0.022 1***	−0.260	−0.448
	(3.17)	(−0.79)	(−1.39)
常量	0.061 6***	−12.10***	−12.63***
	(7.53)	(−31.43)	(−33.18)
样本量	5 908	5 908	5 908
调整后的 R^2	0.20	0.37	0.39
F	$F=52.27$ $P=0.000$	$F=122.2$ $P=0.000$	$F=128.8$ $P=0.000$

4.5.3.5 稳健性检验

为验证上述回归结果可靠与否,进行稳健性检验。本专题改变了核心变量政府补贴(gov)的衡量方式,用企业获取的政府补贴金额的自然对数表示。

表 4.15 为政府补贴与技术创新产出的多元回归结果。其中,(1)、(2)、(3)、(4)列分别为专利申请量(lnpatent)、发明专利申请量(lnpatent_i)、实用新型申请量(lnpatent_u)、外观设计申请量(lnpatent_d)的回归结果,考虑到文章篇幅有限,未列入行业(ind)及年份(year)虚拟变量的回归结果。

分析 R^2、F 值、p 值、回归系数及显著水平等重要参数可知,表 4.15 中的回归结果与表 4.5 中回归结果相同,说明政府补贴对技术创新(总专利申请数、发明专利申请数、实用新型申请数、外观设计申请数)具有显著的正效应,假设 H1 显著成立,上述研究结论稳健性较强。

表 4.15　政府补贴对技术创新的影响

变　量	(1)	(2)	(3)	(4)
	lnpatent	lnpatent_i	lnpatent_u	lnpatent_d
lngov	0.258***	0.281***	0.195***	0.183***
	(20.13)	(21.65)	(12.68)	(14.14)
size	0.430***	0.453***	0.390***	0.172***
	(21.99)	(22.88)	(16.60)	(8.73)
age	−0.207***	−0.110***	−0.341***	−0.115***
	(−5.37)	(−2.82)	(−7.34)	(−2.95)
cash	0.000742	0.00225**	−0.00136	0.000519
	(0.77)	(2.30)	(−1.17)	(0.53)
lev	0.357***	0.0548	0.869***	−0.132
	(3.32)	(0.50)	(6.72)	(−1.22)
liquid	−0.0103***	−0.00259	−0.0144***	−0.00999***
	(−3.46)	(−0.86)	(−4.05)	(−3.35)
re	0.0107***	0.00860***	0.00985***	−0.00111
	(5.45)	(4.33)	(4.17)	(−0.56)
tangi	−0.762***	−0.679***	−0.719***	−1.415***
	(−6.02)	(−5.30)	(−4.73)	(−11.08)
roa	−0.328	−0.0337	−1.253***	0.680**
	(−1.02)	(−0.10)	(−3.25)	(2.10)
常量	−11.03***	−12.51***	−10.39***	−5.580***
	(−29.13)	(−32.64)	(−22.83)	(−14.60)
样本量	5 908	5 908	5 908	5 908
调整后的 R^2	0.39	0.39	0.31	0.14
F	$F=132.7$ $P=0.000$	$F=130.3$ $P=0.000$	$F=93.45$ $P=0.000$	$F=34.66$ $P=0.000$

表 4.16 至表 4.19 分别为解释变量滞后 1 期、2 期、3 期、4 期的多元回归结果。其中,(1)、(2)、(3)、(4)列分别为专利申请量(lnpatent)、发明专利申请量(lnpatent_i)、实用新型申请量(lnpatent_u)、外观设计申请量(lnpatent_d)的回归结果,考虑到文章篇幅有限,未列入行业(ind)及年份(year)虚拟变量的回归结果。

分析 R^2、F 值、P 值、回归系数及显著水平等重要参数可知,表 4.16 中的回归结果与表 4.6 中回归结果相同,说明政府补贴对企业技术创新(专利申请总数、发明专利申请数、实用新型申请数、外观设计申请数)的正向影响具有延续性,且延续性至少为 1 年,假设 H2 显著成立,上述研究结论稳健性较强。

表 4.16　滞后 1 期回归结果

变　量	(1)	(2)	(3)	(4)
	lnpatent	lnpatent_i	lnpatent_u	lnpatent_d
lngov_lag1	0.248***	0.278***	0.176***	0.193***
	(15.60)	(17.20)	(9.12)	(11.77)
size_lag1	0.402***	0.422***	0.378***	0.155***
	(17.02)	(17.58)	(13.17)	(6.36)
age_lag1	−0.210***	−0.118***	−0.332***	−0.128***
	(−4.87)	(−2.69)	(−6.34)	(−2.90)
cash_lag1	0.001 58	0.002 40**	−0.001 06	0.001 34
	(1.40)	(2.10)	(−0.78)	(1.15)
lev_lag1	0.496***	0.234*	0.920***	−0.214*
	(4.02)	(1.86)	(6.13)	(−1.69)
liquid_lag1	−0.007 45**	−0.001 23	−0.014 2***	−0.010 1***
	(−2.40)	(−0.39)	(−3.78)	(−3.18)
re_lag1	0.010 4***	0.008 70***	0.009 40***	−0.002 70
	(4.47)	(3.68)	(3.33)	(−1.13)
tangi_lag1	−0.827***	−0.770***	−0.727***	−1.469***
	(−5.71)	(−5.23)	(−4.13)	(−9.85)
roa_lag1	0.978***	1.337***	−0.163	1.544***
	(2.68)	(3.61)	(−0.37)	(4.11)
常量	−10.06***	−11.65***	−9.685***	−5.258***
	(−22.61)	(−25.78)	(−17.91)	(−11.48)
样本量	4 544	4 544	4 544	4 544
调整后的 R^2	0.36	0.37	0.29	0.13
F	$F=97.67$ $P=0.000$	$F=98.82$ $P=0.000$	$F=68.59$ $P=0.000$	$F=27.24$ $P=0.000$

经过分析可知,表 4.17 中的回归结果与表 4.7 中回归结果相同,说明政府补贴对企业技术创新(专利申请总数、发明专利申请数、实用新型申请数、外观设计申请数)的正向影响具有延续性,且延续性至少为 2 年,假设 H2 显著成立,上述研究结论稳健性较强。

表 4.17　滞后 2 期回归结果

变　量	(1)	(2)	(3)	(4)
	lnpatent	lnpatent_i	lnpatent_u	lnpatent_d
lngov_lag2	0.210***	0.217***	0.161***	0.181***
	(11.56)	(11.75)	(7.38)	(9.93)
size_lag2	0.408***	0.452***	0.363***	0.160***
	(14.78)	(16.07)	(10.92)	(5.77)
age_lag2	−0.169***	−0.088 2*	−0.299***	−0.117**
	(−3.51)	(−1.80)	(−5.16)	(−2.42)
cash_lag2	0.002 08	0.004 18***	−0.001 79	0.002 49*
	(1.57)	(3.11)	(−1.13)	(1.87)
lev_lag2	0.428***	0.251*	0.834***	−0.218
	(2.97)	(1.71)	(4.80)	(−1.50)
liquid_lag2	−0.010 4***	−0.003 99	−0.016 3***	−0.010 8***
	(−3.14)	(−1.19)	(−4.11)	(−3.24)
re_lag2	0.005 59**	0.004 59	0.004 58	−0.007 27**
	(1.97)	(1.59)	(1.34)	(−2.54)
tangi_lag2	−0.716***	−0.750***	−0.586***	−1.555***
	(−4.16)	(−4.28)	(−2.83)	(−8.98)
roa_lag2	1.955***	1.947***	0.874	2.590***
	(4.20)	(4.11)	(1.56)	(5.53)
常量	−9.771***	−11.38***	−9.310***	−5.348***
	(−18.78)	(−21.48)	(−14.87)	(−10.22)
样本量	3 585	3 585	3 585	3 585
调整后的 R^2	0.33	0.33	0.26	0.14
F	$F=70.70$ $P=0.000$	$F=71.91$ $P=0.000$	$F=51.46$ $P=0.000$	$F=24.28$ $P=0.000$

经过分析可知,表 4.18 中的回归结果与表 4.8 中回归结果相同,说明政府补贴对企业技术创新(专利申请总数、发明专利申请数、实用新型申请数、外观设计申

请数)的正向影响具有延续性,且延续性至少为 3 年,假设 H2 显著成立,上述研究结论稳健性较强。

表 4.18 滞后 3 期回归结果

变 量	(1)	(2)	(3)	(4)
	lnpatent	lnpatent_i	lnpatent_u	lnpatent_d
lngov_lag3	0.193***	0.207***	0.147***	0.178***
	(9.06)	(9.60)	(5.77)	(8.34)
size_lag3	0.383***	0.407***	0.346***	0.156***
	(11.47)	(12.03)	(8.70)	(4.66)
age_lag3	−0.146***	−0.050 0	−0.271***	−0.101*
	(−2.67)	(−0.90)	(−4.15)	(−1.84)
cash_lag3	0.005 93***	0.007 03***	0.002 69	0.005 38***
	(3.90)	(4.57)	(1.48)	(3.53)
lev_lag3	0.484***	0.410**	0.871***	−0.263
	(2.83)	(2.37)	(4.27)	(−1.53)
liquid_lag3	−0.010 3***	−0.002 94	−0.016 4***	−0.009 97***
	(−2.91)	(−0.82)	(−3.89)	(−2.81)
re_lag3	0.001 62	0.001 71	0.000 843	−0.007 71**
	(0.47)	(0.49)	(0.20)	(−2.22)
tangi_lag3	−0.788***	−0.718***	−0.698***	−1.739***
	(−3.91)	(−3.52)	(−2.91)	(−8.61)
roa_lag3	1.384***	1.585***	0.457	1.957***
	(2.90)	(3.28)	(0.80)	(4.09)
常量	−8.762***	−10.15***	−8.740***	−5.208***
	(−13.96)	(−15.96)	(−11.68)	(−8.27)
样本量	2 663	2 663	2 663	2 663
调整后的 R^2	0.29	0.30	0.24	0.13
F	$F=46.68$ $P=0.000$	$F=47.57$ $P=0.000$	$F=36.63$ $P=0.000$	$F=18.08$ $P=0.000$

经过分析可知,表 4.19 中的回归结果与表 4.9 中回归结果相同,说明政府补贴对企业技术创新(专利申请总数、发明专利申请数、实用新型申请数、外观设计申请数)的正向影响具有延续性,且延续性至少为 4 年,假设 H2 显著成立,上述研究结论稳健性较强。

表 4.19　滞后 4 期回归结果

变　量	(1) lnpatent	(2) lnpatent_i	(3) lnpatent_u	(4) lnpatent_d
lngov_lag4	0.174***	0.182***	0.121***	0.165***
	(6.70)	(6.89)	(3.94)	(6.35)
size_lag4	0.383***	0.391***	0.349***	0.168***
	(9.25)	(9.27)	(7.14)	(4.05)
age_lag4	−0.092 7	−0.021 9	−0.188**	−0.114*
	(−1.45)	(−0.33)	(−2.48)	(−1.77)
cash_lag4	0.002 80	0.003 42*	−0.001 11	0.003 83**
	(1.49)	(1.79)	(−0.50)	(2.03)
lev_lag4	0.266	0.334	0.596**	−0.312
	(1.24)	(1.53)	(2.36)	(−1.45)
liquid_lag4	−0.015 7***	−0.007 48*	−0.022 8***	−0.011 4***
	(−4.06)	(−1.90)	(−4.99)	(−2.93)
re_lag4	−0.005 56	−0.004 14	−0.005 01	−0.009 78**
	(−1.23)	(−0.90)	(−0.94)	(−2.16)
tangi_lag4	−0.521**	−0.443*	−0.397	−1.576***
	(−2.07)	(−1.72)	(−1.33)	(−6.23)
roa_lag4	1.829***	2.208***	0.978	2.382***
	(2.65)	(3.14)	(1.20)	(3.44)
常量	−8.288***	−9.335***	−8.398***	−5.199***
	(−10.53)	(−11.63)	(−9.03)	(−6.58)
样本量	1 838	1 838	1 838	1 838
调整后的 R^2	0.25	0.25	0.22	0.12
F	$F=30.41$ $P=0.000$	$F=29.71$ $P=0.000$	$F=25.37$ $P=0.000$	$F=12.81$ $P=0.000$

表 4.20 是关键变量政府补贴在 t 期、t-1 期、t-2 期、t-3 期、t-4 期的回归结果，经分析可知，回归结果与表 4.10 中回归结果相同，结果表明，政府补贴不仅对未来

1 年的专利数量有激励效应,而且该激励效应至少可以持续 4 年。

表 4.20　政府补贴的延续效应汇总

变　量	(1)	(2)	(3)	(4)
	lnpatent	lnpatent_i	lnpatent_u	lnpatent_d
lngov	0.258***	0.281***	0.195***	0.183***
lngov_lag1	0.248***	0.278***	0.176***	0.193***
lngov_lag2	0.210***	0.217***	0.161***	0.181***
lngov_lag3	0.193***	0.207***	0.147***	0.178***
lngov_lag4	0.174***	0.182***	0.121***	0.165***

综上所述,H2 得证,即政府补贴对企业技术创新的正向影响具有延续性,且延续性至少为 4 年。上述研究结论稳健性较强。

表 4.21 和表 4.22 分别为使用国有企业数据与民营企业数据的多元回归结果。其中,(1)、(2)、(3)、(4)列分别为专利申请量(lnpatent)、发明专利申请量(lnpatent_i)、实用新型申请量(lnpatent_u)、外观设计申请量(lnpatent_d)的回归结果,考虑到文章篇幅有限,未列入行业(ind)及年份(year)虚拟变量的回归结果。

分析 R^2、F 值、p 值、回归系数及显著水平等重要参数可知,表 4.21 中的回归结果与表 4.11 中回归结果相同,说明在国有企业内,政府补贴对企业技术创新(总专利申请数、发明专利申请数、实用新型申请数、外观设计申请数)具有显著的正效应。

表 4.21　国有企业回归结果

变　量	(1)	(2)	(3)	(4)
	lnpatent	lnpatent_i	lnpatent_u	lnpatent_d
lngov	0.275***	0.288***	0.209***	0.291***
	(10.74)	(10.91)	(6.93)	(11.12)
size	0.422***	0.426***	0.449***	0.100***
	(11.34)	(11.09)	(10.26)	(2.63)
age	−0.153	−0.007 99	−0.497***	0.046 9
	(−1.36)	(−0.07)	(−3.76)	(0.41)
cash	0.000 709	0.002 28	−0.001 57	−0.001 91
	(0.34)	(1.07)	(−0.65)	(−0.91)
lev	−0.047 7	−0.386	0.288	−0.060 6
	(−0.19)	(−1.49)	(0.98)	(−0.24)
liquid	−0.019 7	−0.016 3	−0.015 9	−0.051 0**

续表

变　量	(1)	(2)	(3)	(4)
	(−0.97)	(−0.78)	(−0.66)	(−2.45)
re	0.012 0***	0.011 3***	0.008 36**	−0.005 31
	(3.49)	(3.19)	(2.07)	(−1.51)
tangi	−1.115***	−1.145***	−0.919***	−1.892***
	(−4.63)	(−4.60)	(−3.24)	(−7.67)
roa	1.073	0.741	−0.123	4.829***
	(1.38)	(0.92)	(−0.13)	(6.06)
常量	−10.85***	−11.89***	−11.27***	−6.003***
	(−13.16)	(−13.95)	(−11.60)	(−7.10)
样本量	1 264	1 264	1 264	1 264
调整后的 R^2	0.47	0.45	0.36	0.29
F	$F=44.98$ $P=0.000$	$F=42.89$ $P=0.000$	$F=29.90$ $P=0.000$	$F=22.09$ $P=0.000$

　　分析 R^2、F 值、P 值、回归系数及显著水平等重要参数可知,表 4.22 中的回归结果与表 4.12 中回归结果相同,说明在民营企业内,政府补贴对企业技术创新(专利申请总数、发明专利申请数、实用新型申请数、外观设计申请数)具有显著的正效应。

表 4.22　民营企业回归结果

变　量	(1)	(2)	(3)	(4)
	lnpatent	lnpatent_i	lnpatent_u	lnpatent_d
lngov	0.276***	0.311***	0.199***	0.156***
	(13.89)	(15.62)	(8.17)	(7.79)
size	0.354***	0.377***	0.270***	0.088 2***
	(11.75)	(12.47)	(7.31)	(2.91)
age	−0.226***	−0.182***	−0.284***	−0.094 1*
	(−4.50)	(−3.63)	(−4.62)	(−1.87)
cash	−0.000 00139	0.001 55	−0.001 75	0.000 613
	(−0.00)	(1.20)	(−1.10)	(0.47)
lev	0.529***	0.184	1.165***	−0.222
	(3.67)	(1.27)	(6.58)	(−1.53)
liquid	−0.007 47**	0.000 188	−0.013 2***	−0.008 56**

续表

变　量	(1)	(2)	(3)	(4)
	(−2.24)	(0.06)	(−3.23)	(−2.55)
re	0.008 00***	0.005 51*	0.010 2***	−0.002 87
	(2.79)	(1.92)	(2.89)	(−1.00)
tangi	−0.432**	−0.245	−0.636***	−1.078***
	(−2.45)	(−1.39)	(−2.95)	(−6.09)
roa	−0.195	0.548	−1.807***	−0.220
	(−0.42)	(1.17)	(−3.17)	(−0.47)
常量	−10.19***	−11.76***	−8.166***	−3.442***
	(−16.65)	(−19.17)	(−10.88)	(−5.59)
样本量	3 448	3 448	3 448	3 448
调整后的 R^2	0.26	0.26	0.21	0.05
F	$F=42.71$ $P=0.000$	$F=42.31$ $P=0.000$	$F=33.28$ $P=0.000$	$F=7.558$ $P=0.000$

表 4.23 反映了国有企业样本回归结果与民营企业样本回归结果的关键变量系数对比。分析 R^2、F 值、P 值、回归系数及显著水平等重要参数可知,结果与表 4.13 结果相同:①当被解释变量分别为专利申请量(lnpatent)和发明专利申请量(lnpatent_i)时,国有企业的政府补贴的回归系数小于民营企业;②当被解释变量为实用新型申请量(lnpatent_u)和外观设计申请量(lnpatent_d)时,国有企业的政府补贴的回归系数大于民营企业。以上结果说明,相对于国有企业,政府补贴更多地激发了民营企业实质性创新行为。因此,H3 成立,相对于国有企业,民营企业中政府补贴对企业技术创新的正向作用更大。上述回归结果稳健性较强。

表 4.23　关键变量系数对比

变　量	(1) lnpatent	(2) lnpatent_i	(3) lnpatent_u	(4) lnpatent_d
lngov(国有企业)	0.275***	0.288***	0.209***	0.291***
lngov(民营企业)	0.276***	0.311***	0.199***	0.156***

表 4.24 是基于"三步法"的回归结果总结,考虑到篇幅有限,未列入行业(ind)及年份(year)虚拟变量的回归结果。其中,第(1)列检验政府补贴对研发投入的影响,第(2)列检验政府补贴对技术创新产出的影响,第(3)列检验政府补贴与研发投入对技术创新产出的影响。分析 R^2、F 值、P 值、回归系数及显著水平等重要参数可知,表 4.24 的结果与表 4.14 回归结果相同,说明:①政府补贴对中介变量研发投入有显著影响;②政府补贴对被解释变量技术创新有显著的正向作用;③在模型

中纳入中介变量研发投入之后,政府补贴的回归由 0.258 下降为 0.219,政府补贴对技术创新的正向作用部分被中介变量研发投入所吸收。故研发投入起到部分中介作用,H4 得证,且上述结果稳健性较强。

表 4.24　研发投入中介效应检验结果

变　量	(1)	(2)	(3)
	rd	lnpatent	lnpatent
lngov	0.005 08***	0.258***	0.219***
	(18.30)	(20.13)	(16.82)
rd			7.805***
			(13.15)
size	−0.006 92***	0.430***	0.484***
	(−16.34)	(21.99)	(24.56)
age	−0.002 73***	−0.207***	−0.186***
	(−3.27)	(−5.37)	(−4.88)
cash	0.000 093 3***	0.000 742	0.000 014
	(4.46)	(0.77)	(0.01)
lev	−0.000 068 1	0.357***	0.358***
	(−0.03)	(3.32)	(3.37)
liquid	−0.000 104	−0.010 3***	−0.009 44***
	(−1.62)	(−3.46)	(−3.24)
re	0.000 114***	0.010 7***	0.009 81***
	(2.69)	(5.45)	(5.07)
tangi	−0.010 1***	−0.762***	−0.683***
	(−3.70)	(−6.02)	(−5.47)
roa	0.025 7***	−0.328	−0.529*
	(3.70)	(−1.02)	(−1.67)
常量	0.086 8***	−11.03***	−11.71***
	(10.59)	(−29.13)	(−31.07)
样本量	5 908	5 908	5 908
调整后的 R^2	0.20	0.39	0.41
F	$F=50.82$ $P=0.000$	$F=132.7$ $P=0.000$	$F=137.8$ $P=0.000$

4.5.4 研究结果分析

本研究专题使用政府补贴作为产业政策的代理变量,从实证层面探究中国战略性新兴产业政策对企业技术创新的影响及其作用机制。综合以上分析结论,将本研究专题涉及的研究假设检验结果汇总,见表4.25。

表 4.25 假设检验结果汇总

编 号	假 设	检验结果
H1	政府补贴对企业技术创新具有正向影响	成立
H2	政府补贴对企业技术创新的正向影响具有延续性	成立
H3	相对于国有企业,民营企业中政府补贴对企业技术创新的正向作用更大	成立
H4	研发投入在政府补贴对企业技术创新的作用中发挥中介效应	成立

本专题实证结论如下:

(1)中国战略性新兴产业政策对企业技术创新具有显著影响,政府补贴对企业技术创新具有正向影响(H1)。企业获得的政府补贴金额越大,企业的技术创新产出(专利申请)越多。以上结论不受产权性质、专利类型的影响。不管研究对象是国有企业还是民营企业,也不管所申请的专利是代表实质性创新的发明专利,还是代表策略性创新的实用新型和外观设计,政府补贴的激励作用始终存在,并且在企业技术创新产出的各种专利中,政府补贴对高技术水平的发明专利的促进作用最大。

(2)政府补贴对战略性新兴产业上市企业技术创新的正向影响具有延续性(H2),即政府补贴对企业技术创新的激励效应具有延续性,且至少在企业收到政府补贴后的4年内持续有效。此外,这一促进作用不仅适用于整体专利技术,同样适用于代表实质性创新的发明专利,以及代表实用新型和外观设计的策略性创新。

(3)产权性质在上述政府补贴的正效应中发挥调节作用,政府补贴对企业技术创新的影响具有异质性(H3)。具体来说,政府补贴对于民营企业技术创新的正效应大于国有企业,主要体现为政府补贴能够刺激民营企业产生更多的高技术水平实质性创新行为(发明专利申请量)。

(4)研发投入在政府补贴的激励效应中发挥部分中介作用(H4)。政府补贴的一部分通过作用于企业研发投入进一步影响企业的创新产出(整体专利申请、发明专利申请、实用新型申请和外观设计申请),研发投入部分吸收了政府补贴对企业创新的正向效应。

4.6 研究结论与贡献

4.6.1 主要研究结论

为了从实证层面验证政府科技资助对战略性新兴产业的企业技术创新是否有

效,本研究专题在战略性新兴产业范围内,选择了 2011—2017 年披露的政府补贴、研发投入以及企业技术创新等核心指标的上市公司为样本展开实证研究。本专题主要对以下研究问题进行了实证检验:①政府科技资助政策在促进企业技术创新方面是否有效? ②若有效,则有效性可以延续多久? ③政府科技资助政策的创新激励效果是否具有企业异质性? ④政府科技资助政策对企业技术创新的作用机制如何? 在度量政府科技资助政策的实施效果时,本专题采用政府补贴(gov)作为代理变量。在研究产权性质的调节作用时,本专题借鉴温忠麟等(2005)的分组回归方法,分别对国有企业样本与民营企业样本进行分组讨论,比较两组样本中政府补贴(gov)回归系数的差异。在进行稳健性检验时,本专题通过改变自变量政府补贴(gov)的衡量方式来检验回归结果是否稳健。基于前文理论分析与实证检验,得出以下研究结论。

4.6.1.1　政府补贴对企业技术创新的影响

实证回归结果证实,政府补贴能够显著促进企业各类型专利的申请数。因此,可认为中国战略性新兴产业政策在一定程度上有效,它具有激发企业技术创新的创新效应。对实证结果的理论机制展开分析,政府补贴可以通过两种途径改善企业技术创新:①基于资金获取效应,政府补贴直接为企业注入研发活动所需的资金;②基于信号传递效应,企业获得政府补贴便具备了"良好政府关系"、"政府扶持产业"或"创新能力较强"等标签,这些均向外部投资机构释放出积极的投资信号,帮助企业进一步获取外部资金并用于创新活动。

4.6.1.2　政府补贴对企业技术创新影响的延续性

实证研究证明政府补贴对企业技术创新产出的正向影响具有延续性,且延续性至少为 4 年。基于前文理论分析,直接机制是研发活动的较长周期导致了专利技术产出相对政府补贴涌入一段时期的延迟,特别是技术水平要求更高的发明专利,其从研发到申请需要的周期更长。同时,资源基础和信号传递理论认为政府补贴的涌入,一方面直接补充企业创新资金,另一方面外部融资约束得以缓解,资金的充足使企业持续性创新成为可能。

4.6.1.3　产权性质在政府补贴与企业技术创新之间的调节作用

分组回归结果表明,国有企业产权性质会削弱政府补贴对企业技术创新的激励效应,即相对于国有企业,民营企业中政府补贴对企业技术创新的正效应更大。委托-代理理论可以对该结果进行较好解释:基于多种原因,大股东与小股东之间的代理问题在国有企业中表现得更加严重,大股东"侵占"政府补贴的机会大大增加,导致政府补贴难以发挥创新激励。

4.6.1.4　政府补贴对企业技术创新的作用机制

回归结果证实了研发投入在政府补贴与企业技术创新之间的部分中介作用。政府补贴的一部分通过作用于企业研发投入进一步影响企业技术创新产出。这一现象的理论机制在于资金补充效应与信号传递效应。基于以上两种效应,政府补贴为企业带来了充足的资金支持,这在一定程度上规避了研发失败的风险,提升企业创新活动的自信心。因此,企业往往会增加在研发活动中的投入,进而促进企业技术创新成果(专利技术)的产出。

4.6.2 研究启示与建议

本研究专题通过实证研究验证了政府补贴、产权性质、研发投入以及企业技术创新之间的关系,基本证实政府科技资助政策对中国战略性新兴产业的企业创新存在激励效应。基于前文理论分析及研究结果,提出以下建议:

首先,鉴于实证研究结果在一定程度上证明了政府科技资助政策的有效性,因此在经济发展实践中,应该充分发挥政府科技资助政策的杠杆效应,有必要加大对具备创新能力及创新意愿企业的补贴力度,并对补贴资金的最终流向进行持续监督,积极引导企业的研发活动,特别是中国经济进入"新常态"以来,提高企业自主创新能力已成为转变经济增长方式的关键,如何通过政府科技资助政策加快产业技术升级变得至关重要。

其次,制定合理的政府科技资助政策,需要政府部门因地制宜,充分考虑到地区、行业、企业等的异质性。政府补贴政策的实施应该"因企而异"。基于前文分析可知,国有产权性质会削弱政府补贴的创新激励效应,策略性创新增加而实质性创新不足。是以,增加对民营企业的补贴力度,有助于加快提升企业自主创新水平,从而加快中国创新型国家的建设步伐。而国有企业更倾向于策略性创新这一结果也启发政府健全科技项目和成果的评估及评审机制、技术创新信用监督机制,在考核企业创新项目成果时,重点考核基于发明专利的一系列指标。

再次,制定和实施政府科技资助政策时,应注重与竞争政策相融合。政府科技资助政策的效果不应是限制所扶持产业的竞争,且已有研究表明政府科技资助政策在竞争性行业中的杠杆效应更大。因此,政府部门实施政府科技资助政策时,应充分鼓励竞争,从而使政府科技资助政策的创新激励效应得以充分发挥。

最后,对于企业而言,妥善利用政府补贴可以有效提升企业声誉,进一步弥补研发过程中的资金不足;基于本企业的战略发展目标慎重筛选补贴项目,避免盲目争取补贴而造成人力及资源浪费;真正利用政府补贴提高企业自主创新能力,形成企业的核心竞争力,并通过规模经济和技术能力提升追求长期经济效益、保持企业长期发展的动力。

第5章 政府科技资助对科技型中小企业创新持续性效果的影响研究[①]

5.1 问题的提出

在国家创新战略背景下,我国各类企业创新热情高涨。其中,科技型中小企业作为技术创新最活跃的群体之一,通常具有高创新性、高成长性等特点,在创新机制和创新效率上具有其他企业无法比拟的优势。为了促进科技型中小企业健康发展,我国各级政府制定并实施了一系列举措,其目的在于提高科技型中小企业的自主创新能力,而提高自主创新能力的重要途径之一是保持创新活动的持续性。与此同时,科技型中小企业普遍存在融资约束,当企业面临不同融资约束程度时,不同资助形式对企业创新持续性会产生怎样的影响?基于理论背景,国内外学者对技术创新进行了大量的研究,并取得丰富的研究成果。相比之下,关于企业创新持续性的研究比较少,尚处于探索起步阶段。自 Geroski 和 Van Reenen(1997)发表首篇关于技术创新持续性的论文以来,创新持续性问题受到越来越多学者的关注,并成为创新管理研究的重要方向。

由于技术创新存在"市场失灵"问题,世界各国利用政府科技资助对企业创新活动进行干预已成为推进国家创新发展的主要手段之一。然而,关于政府干预是否激励企业技术创新,学术界一直存在争议。早在 2016 年,国内学者林毅夫(2016)和张维迎(2016)两位教授对这个问题开展了激烈的讨论。林毅夫教授对政府干预企业创新持肯定态度,他认为政府的积极干预能够有效解决技术创新的外部性问题,并有利于协调基础设施的建设和完善,为企业提供良好的创新环境;而张维迎教授对政府干预企业创新持否定态度,他认为技术创新具有不确定性,在这种不确定性下实施政府干预会抑制企业创新和企业家精神。针对这一议题,学术界进行了大量的实证研究,也没有形成一致的观点,存在正向、负向和非线性 3 种不同的结果。在进行实证研究时,现有文献多从静态角度探讨政府科技资助对技

---

① 本章主要内容来自刘婷的学位论文《政府补助对科技型中小企业创新持续性的影响研究——基于融资约束的调节作用》。

术创新的影响,却忽视了技术创新的持续性问题。已有研究表明,企业的创新行为具有持续性,创新持续性体现了企业过去创新与现在创新之间的内在联系。关于政府科技资助与企业创新持续性的研究,仅李健等(2016)从平滑机制的研究视角,探讨了政府科技资助对创新投资的持续性影响,并进一步分析了企业内部股权集中度、产权性质和外部货币政策的情境效应。由于相关文献较少,现有研究并未考虑不同的政府科技资助方式对创新持续性的差异性,以及其他的调节效应,需要进一步展开研究。

基于此,本研究专题试图以科技型中小企业作为研究对象,对政府科技资助与科技型中小企业创新持续性之间的关系进行实证研究,进一步将政府科技资助分为财政补贴和税收优惠两种形式,探讨这两种补助形式对科技型中小企业创新持续性的异质性。与此同时,由于自身实力不足、融资渠道不畅、创新人才缺乏、管理水平低等问题,科技型中小企业在创新活动中存在诸多限制。其中,融资约束的问题尤为突出。由于资本市场的不完善以及信息的不对称,企业在开展创新活动的过程中都面临不同程度的融资约束,尤其对于科技型中小企业,"融资贵""融资难"的问题已经成为制约科技型中小企业进一步发展的关键因素。当科技型中小企业面临不同融资约束程度时,不同补助形式对科技型中小企业创新持续性又会产生怎样的影响?

通过以上分析,本研究专题以科技型中小企业作为研究对象,试图对其创新活动是否存在持续性进行判断,在此基础上,考察不同的政府科技资助方式对科技型中小企业创新持续性的差异性,以及融资约束的调节作用。本专题提出以下研究议题:

(1)科技型中小企业的创新活动是否具有持续性?

(2)不同补助方式对科技型中小企业创新持续性的影响存在怎样的差异?

(3)在融资约束的背景下,不同补助形式又将如何影响科技型中小企业创新持续性?

5.2 文献综述

5.2.1 企业创新持续性的相关研究

熊彼特创新理论最早提及创新的"持续性"问题。熊彼特首次提出创新模型Ⅰ,认为技术知识在企业间是自由流动的,任何企业均有机会获得自身所需的知识,而新进入者会带来突破性技术,对原有的生产技术和生产体系造成破坏,从而实现产品与技术的更新换代。根据"创造性破坏"的观点,创新的实质是构建一个全新的生产函数,且创新的过程往往是推倒重建性质的。到 20 世纪中期,熊彼特提出创新模型Ⅱ,认为技术知识具有一定的积累性,且随着知识不断积累,会形成一定的进入壁垒。持续性的创新活动有助于"创造性积累",而创新持续性的缺失往往与"创造性破坏"有关。然而,熊彼特并没有进一步对创新持续性的概念进行界定,直到 Geroski 和 Van Reenen 于 1997 年发表了一篇关于技术创新持续性的研究论文,创新持续性才引起国内外学者越来越多的关注,并逐渐发展成为创新管理领域的重要研究方向。

5.2.1.1　企业创新持续性的概念界定

目前,关于企业创新持续性的界定,国内外还未达成共识。部分学者从企业创新时间的持续性界定企业创新持续性。例如,Geroski 和 Van Reenen(1997)认为创新持续性是累积知识和改进技术相结合的并不断形成规模经济效益的动态过程,其内涵在于新的知识技术体系代替旧的知识体系。Suárez(2014)认为,创新持续性是一个对过去创新行为效果反馈与积累的过程,其本质是企业当前创新和过去创新呈正相关关系,且能够给企业带来持续性的创新收益。部分学者从企业前后期的创新倾向界定企业创新持续性。例如,Malerba 和 Orsenigo(1999)从条件概率的角度出发,将创新持续性界定为企业在 t 年进行创新的情况下,在 $t+1$ 年继续进行创新的概率。Peters(2009)在 Malerba 和 Orsenigo 的基础上,对创新持续性的概率进行拓展,他认为创新持续性是指企业在 t 年进行创新的情况下,在 $t+s$ ($s=1,2,3\cdots$)年继续进行创新的概率,创新延续时间越长,持续性越好。Clausen 等(2012)从状态依赖性的角度,认为如果过去的创新活动能够显著增加企业未来开展创新活动的概率,则企业的创新活动具有持续性。国内学者夏保华(2003)对企业创新持续性给出了相同的解释,他从辩证法与条件论出发,认为若企业后续的创新行为受前期的创新行为影响,则企业的创新活动具有持续性。还有学者将企业创新持续性视为企业的一种动态能力。例如,向刚(2005)基于熊彼特创新理论,认为创新持续性是指企业在一个相当长的时期内,对产品技术、组织管理等方面的持续性投入,并持续不断地实现创新经济效益的能力。Boer 等(2006)认为企业创新持续性是企业渐进式创新与突破式创新持续地相互作用与有效结合的能力。

5.2.1.2　企业创新持续性的判断

在研究企业创新持续性问题之前,首先需要对微观企业的创新活动是否真实存在持续性进行判断。从理论角度,熊彼特创新理论认为,创新是一个不断积累技术知识的过程,"创造性积累"使企业的创新活动可能具有持续性特征。而 Aghion 和 Howitt(1992)认为,"创造性破坏"会使企业的创新状态不断更替,先前的创新企业可能不再继续创新,而先前的未创新企业开始创新,企业的创新活动不具有持续性特征。有学者进一步从实证角度对以上两种截然不同的观点进行验证。多数学者基于不同国家、不同行业数据的实证研究证实了"持续性"观点。Huang 和 Yang(2010)基于 1990—2003 年台湾制造业数据证实企业的创新活动具有较高的状态依赖性,从而支持了企业创新持续性的假设。Angela 和 David(2013)基于 1990—2008 年西班牙制造业企业数据,研究表明企业创新投入和创新产出均具有持续性,且企业过去创新在很大程度上决定了企业当前创新水平。苏棣芳等

(2016)基于 2003—2012 年中国制造业上市公司数据的研究表明,中国制造业企业存在创新持续性,且高技术企业的创新持续性高于低技术企业。何郁冰等(2017)基于 2006—2014 年中国制造业上市公司数据,研究表明无论是创新投入(研发经费)还是创新产出(专利申请量)均存在持续性。进一步发现,对于高技术企业,创新投入和创新产出的持续性均显著,而对于低技术企业,创新产出的持续性显著,而创新投入的持续性不显著。部分学者对不同创新类型的持续性进行研究,如 Tavassoli 和 Karlsson(2015)基于 2002—2012 年瑞典企业数据,将企业创新分为产品创新、流程创新、营销创新和组织创新。研究表明,除了营销创新,其他类型的创新均具有持续性,且产品创新的持续性最强。

还有学者认为,企业的创新活动不存在持续性或具有"双峰"特征。Geroski 和 Van Reenen(1997)基于英国制造业企业数据,以企业连续拥有专利成果的年数衡量技术创新持续性,研究表明大多数企业不存在创新持续性。Raymond 等(2010)基于 1994—2002 年荷兰制造业企业数据,将企业分为高技术企业和低技术企业,研究表明只有高技术企业存在创新持续性,过去创新产出强度会影响高技术企业当前的产出强度。Peters(2009)基于 1994—2002 年德国制造业和服务业企业数据,研究表明 90% 的创新企业保持创新状态,而 84% 的非创新企业保持非创新状态。Antonelli 等(2012)基于 1998—2006 年意大利制造业企业数据,研究表明创新企业与非创新企业具有较强的维持现有状态的倾向,也就是说创新企业在下一期很有可能继续创新,而非创新企业在下一期继续保持不创新状态。

5.2.1.3 企业创新持续性的影响因素

关于企业创新持续性的影响因素,国外学者进行了大量的实证研究,并取得了丰硕的研究成果。通过文献梳理,这些影响因素可以大致分为内部因素和外部因素两类。内部因素包括与企业创新相关的直接影响因素,如研发投入(强度)(Raymond et al. ,2010;Le Bas, Poussing. ,2011)、组织创新(Haned,2011;Tavassoli, Karlsson,2015)等,以及间接影响因素,如企业规模(Peters,2009)等。外部因素包括市场竞争程度(Peters,2009;Le Bas, Poussing. ,2011)、知识外部性与专利保护、融资约束(鞠晓生 等,2013)等。Raymond 等(2010)的研究表明,研发投入强度越大,企业未来创新活动的绩效越高,且创新持续性越强。Antonelli 等(2012)的研究表明,R&D 投入与创新持续性显著正相关,以 R&D 为基础的创新行为的持续性最强。Le Bas 和 Poussing(2011)利用 probit 模型的研究表明,组织创新是企业创新持续性的决定因素,且研发投入强度与企业创新持续性正相关。Peters(2009)的研究表明,随着企业规模的扩大,企业开展持续创新的概率也随之增加,员工规模在 500 人以上的大型企业开展持续创新的概率显著大于员工规模在 10 人以下的小型制造企业开展持续创新的概率。

Clausen 等(2012)以挪威工业企业 1995—2004 年数据为基础,证明了企业创新战略差异是企业持续创新概率的重要决定因素。

国内学者苏棋芳等(2016)基于 2003—2012 年中国制造业上市公司面板数据,利用动态随机 probit 模型,以专利申请量衡量企业创新的研究表明,中国制造业企业的创新活动具有持续性,企业年龄、企业规模和企业资本密集度对企业创新持续性显著正相关,而企业利润对企业创新持续性的影响不显著。段海艳(2017b)基于1985—2016 年中国上市公司数据,以持续专利时间、数量以及持续发明时间、数量作为企业持续创新的代理变量构建多元线性回归模型,研究表明公司规模与企业创新持续性正相关,企业盈利能力和债权融资水平对企业创新持续性的影响不显著,股权集中度、机构持股以及高管激励对企业创新持续性的影响存在异质性。还有学者从平滑机制的角度,探究了持有现金(Brown,Petersen,2011)、营运资本(鞠晓生 等,2013)、政府补助(李健 等,2016)、高管持股(乐怡婷 等,2016)等对企业创新持续性的影响。

5.2.1.4　企业创新持续性的驱动力

在此基础上,学者们提出成功者更成功效应、沉没成本效应和动态收益递增效应以解释企业创新持续性的内在驱动力。

第一,成功者更成功效应。Mansfield(1971)认为,企业前期的创新成功能够显著提高未来创新成功的可能性。根据熊彼特创新理论,创新的目的在于获得经济效益。企业能否实现经济效益是检验企业创新是否实现以及实现程度的唯一准则(向刚,2005)。同理可知,企业能否实现经济效益的持续增长是检验企业创新持续性是否实现以及实现程度的唯一准则。从资源角度,创新是企业获得竞争优势的重要来源,而这种竞争优势会随着模仿者的进入而逐渐消失,持续创新是企业获得长期竞争优势的有效途径。已有研究表明,企业前期的创新成功,尤其是研发创新成功能够提高进入壁垒,最终使少数越来越成功的企业占据行业统治地位并获得持续的竞争优势(Antonelli et al. ,2012;Tavassoli,Karlsson,2015)。此外,技术创新具有内生增长性(Aghion,Howitt,1992;Flaig,Stadler,1994),前期的创新成功能够为企业带来超额利润,使企业具有进一步创新以继续获取超额利润的强烈动机(Cefis,Ciccarelli,2005)。从融资角度,创新本身的高私密性、高风险性以及收益不确定等特点限制了企业通过外源融资获得创新资金的可能性。企业开展创新活动主要依靠内部融资,而内部资金有限且不稳定,企业创新可能因资金链断裂而失败(Hall,2002;鞠晓生 等,2013)。企业前期的创新成功所带来的超额利润作为企业内源融资的重要来源之一,有利于提高企业的内源融资能力(Antonelli et al. ,2012),为企业持续创新提供充足的资金保障,这在一定程度上提高了企业未来创新的成功概率。

第二,沉没成本效应。Peters(2009)认为,企业创新投入的部分固定费用一经投入通常无法收回,属于沉没成本,企业为避免沉没成本的损失更倾向于继续进行研发投入。当企业过去投入的费用越多,企业保持创新持续性的可能性越大。从整个研发周期来看,通常情况下,企业前期投入资金多,之后逐渐减少。若企业继续创新,企业开展创新活动的成本将逐渐减少。相反,若企业停止创新,企业将承担高额的机会成本。相比之下,企业保持创新持续性更符合企业利益最大化的目标。此外,相比一般投资活动,创新活动的关键特征之一是创新产出难以"存储"(Hall,2002),体现在企业的创新投入主要用于无形资产,通常50%以上用于支付高级研发人员的工资(鞠晓生 等,2013)。企业的创新成果多表现在无形资产,以新技术、新知识的形式存在于研发人员的人力资本之中,企业最终经济利益的实现也需要研发人员的参与。若研发人员流失,不仅人力资本投入变成沉没成本,企业的经济利益也会遭受重创。为了留住这些研发人员,企业也倾向于保持创新持续性。

第三,动态收益递增效应。Nelson 和 Winter(1982)认为,知识的累积性导致企业的创新活动具有较高的状态依赖性。多数学者认为,企业的现有创新由过去创新决定,创新持续性反映出企业过去创新与现有创新之间存在内在联系。鉴于此,学者将企业过去创新对现在创新的促进效应称为"状态依赖性",并将状态依赖性视为企业创新持续性的来源(鲍新中 等,2016)。此外,企业创新也是一个学习的过程,根据 Cohen 和 Levinthal(1990)的吸收能力理论,企业从过去的创新中获得的知识积累、经验等能够为现有的创新提供借鉴。知识积累越多,学习能力越强,企业越有可能提高创新活动成功的概率,从而提高企业创新活动的持续性水平。已有研究表明,企业以往的经验积累、高校等研究机构提供的通用知识对企业创新持续性存在促进作用(Suárez,2014;Angela,David,2013)。

5.2.2 政府科技资助与企业创新的相关研究

技术创新具有高投入、高风险,只有大企业才能承担创新活动所带来的成本和风险,并享受创新活动所带来的超额利润。而众多中小企业因资源、能力不足,难以实现技术创新。为了平衡大中小企业的利益,政府有必要对企业创新进行积极干预,以促进社会经济均衡发展。此外,由于创新活动具有正外部性,产生"知识溢出",导致企业的创新成果容易被其他企业共享。如果政府不对企业创新进行积极干预,创新企业将丧失开展创新活动的主动性和积极性,导致整体创新投资规模低于社会最优水平(Arrow,1962)。因此,政府有必要对企业创新进行积极干预,以修正市场失灵。

5.2.2.1 政府科技资助对企业创新的影响

关于政府科技资助与企业创新之间的关系,学者们进行了大量的实证研究,尚未形成统一的观点,存在"促进论"和"抑制论"两种观点。总的来说,学者普遍认同政府科技资助对企业创新的必要性,认为政府科技资助有利于激励企业增加研发投入,从而提高企业的创新绩效。Hamberg(1996)以接受过美国国防部资助的厂商为研究对象,结果表明政府科技资助有利于厂商增加研发支出。Czarnitzki 和 Licht(2006)的研究表明,政府补贴的资金注入提高了企业的营业外收入,有利于降低企业创新投入的成本和风险,从而刺激企业增加自身的创新投入。解维敏等(2009)基于 2003—2005 年中国上市公司数据的研究表明,政府的 R&D 补助刺激了企业的 R&D 支出。在知识产权保护制度不健全时,政府有必要加大对企业创新的支持力度,推动企业进行自主创新。白俊红(2011)基于 1998—2007 年中国大中型工业企业数据,研究表明中国政府的 R&D 补助能够显著促进企业创新投入与产出。路春城和昌慧(2019)的研究表明,政府科技资助对制造业的研发投入具有显著的激励效应,但存在明显的门槛效应。Lerner(1999)最早证实了研发资助的"信号效应",研究表明接受小型企业创新研究(small business innovation research,SBIR)计划资助的企业更容易吸引风险投资者,从而显著提高企业雇佣水平和销售增长率。他认为,信息之间的不对称、资本市场的不完善以及研发项目本身的不确定使研发项目存在融资困难。选择性的研发资助为申请企业传递了质量保证的信号,这个"信号"有利于缓解企业与外部投资者之间的信息不对称,使创新企业更容易获得创新资源,进而促进企业创新。郭玥(2018)基于 2008—2015 年沪深 A 股上市公司的研究表明,创新补助显著促进企业研发投入和实质性创新,尤其对于民营企业、处于成长期企业以及高管具有研发背景的企业,而非创新补助对企业创新无显著影响。研究也验证了政府科技资助的信号传递机制——在政府技术审查能力和项目监管能力满足一定条件时,政府科技资助通过向外界传递信号有利于争取更多的社会资源。夏清华和何丹(2019)基于 2012—2016 年沪深 A 股上市公司的研究表明,政府研发补贴能够释放积极的信号,帮助企业获取外部创新资源,从而有效促进企业创新。

还有学者认为,政府科技资助的资金注入会对企业创新产生挤出效应。Goolsbee(1998)的研究表明,政府 R&D 补助增加了研发资源的需求,导致研发资源价格上涨,企业因研发成本的增加转向非研发活动,降低了整体的 R&D 投资水平。Wallsten(2000)的研究表明,企业规模越大,企业开展创新活动越频繁,企业获得的研发资助越多,但研发资助对企业 R&D 产生挤出作用,进而降低行业整体 R&D 水平。余明桂等(2010)基于民营企业的研究表明,与地方政府建立政治联系的民营企业获得更多的财政补贴,而这部分财政补贴与企业绩效负相关。地方政府对财政补贴的支配权,滋生企业的寻租行为,尤其是在制度不健全的地方,这种行为更为严重。地方政府基于政治联系的财政补贴支出扭曲了创新资源的有效配置,进而降低了整个社会的福利水平。毛其淋和许家云(2015)基于 1998—2007 年中国工业企业数据的研究表明,政府补贴强度存在一个"适度区间",只有适度的补贴才能够显著激励企业新产品创新。企业通过"寻补贴"获得的高额度补贴对新产品创新存在抑制作用。李万福等(2017)剔除非 R&D 补助噪声,对企业自主投资和政府创新补助进行区分,研究表明,尽管政府科技资助与企业总体 R&D 投资存在正相关,但挤出企业自主投资。章元等(2018)基于 2001—2012 年中关村高新技术企业,将创新分为自主创新和购买引进新技术,研究发现政府科技资助对企业自主创新存在明显的"挤出效应",政府科技资助对企业的短期创新活动具有显著的激励效应,而对长期创新的影响不显著。

随着创新研究的不断深入,学术界由关注创新的边际绩效转向关注企业持续创新绩效。由于我国对企业持续性的研究还处于起步阶段,政府科技资助与企业创新持续性的实证研究还比较匮乏。李健等(2016)基于2007—2014年中国A股制造业企业数据的研究表明,企业创新投资活动存在外部融资约束,政府科技资助作为一种外部融资满足了企业创新融资的需求,有助于缓解企业面临的外部融资约束从而平滑创新投资的波动性,推动企业创新持续性。研究进一步表明,企业的股权集中度会弱化政府科技资助对企业创新持续性的正向影响,且这种影响对于非民营企业和货币政策紧缩时期更显著。

5.2.2.2 不同补助形式对企业创新的影响

由于我国现有的政府科技资助种类繁多,不同补助形式对企业创新影响的大小和方向可能存在差异性。在学术界,政府科技资助可以分为以财政补贴为主的直接补助和以税收优惠为主的间接补助两类。财政补贴是指政府通过财政支出直接向企业注入资金,具体包括财政无偿性资金、财政贴息、财政奖励性资金。税收优惠是指政府对纳税人应纳税款给予部分减少或全部免除,表现为不予以征收,或者先征后退,按照其缴纳税款的一定比例给予返还。财政补贴和税收优惠之间存在本质差异,主要体现在:第一,财政补贴的资金来自政府部门,财政补贴不仅需要经过烦琐的申请手续,还对资金的用途进行限制。而税收优惠为企业节省的资金是企业"自己的钱",企业可以自由使用,此时这笔资金可能用于创新项目以外的其他项目。第二,财政补贴采取事前激励的方式,符合补贴条件的企业均可能获得一定的财政补贴。因此,财政补贴具有确定性。而税收优惠采取事后激励的方式,企业只有将创新成果转化为产品或服务,取得利润之后才能从税收优惠中获得节税资金。因此,税收优惠具有不确定性。

为了进一步理清政府科技资助与企业创新之间的关系,学者进一步探讨了不同补助形式对企业创新的影响。在理论方面,柳光强(2016)基于信息不对称理论,从逆向选择、道德风险和激励错位三个方面阐述了财政补贴和税收优惠的差异性。周燕和潘遥(2019)基于交易费用的研究表明,相比税收减免,财政补贴从政策制定和影响市场两个方面增加交易费用。产生这种差异的原因在于财政补贴会在一定程度上扭曲市场的竞争准则,而税收减免需企业产品或服务先经过市场的检验。在实证方面,邹洋等(2016)基于深圳证券交易所创业板上市公司的数据发现,政府补贴和税收优惠均能够促进企业研发活动,且政府补贴对企业研发投入的激励效应更大。王旭和何玉(2017)基于2007—2014年制造业上市公司数据的研究表明,政府补贴仅对小规模企业的研发投入产生促进作用。税收优惠能够显著缓解企业的融资约束,进而促进企业增加研发投入,且其激励效应对于大规模企业更大。李子彪等(2018)基于高新技术企业数据,比较政府补贴、高新技术企业税收减免、研发加计扣除税收减免三种激励政策的差异性。研究表明,高新技术企业税收减免对创新绩效的激励效应最强,其次是研发加计扣除,最后是政府补贴。进一步发现,三种激励政策对私营企业的激励效果优于国有企业。贾春香和王婉莹(2019)基于 2014—2016 年创业板高新技术企业数据的研究表明,财政补贴对研发投入、创新绩效具有激励作用,而税收优惠对研发投入、创新绩效具有抑制作用。

5.2.3　融资约束与企业创新的相关研究

创新活动是一个持续而复杂的过程,需要大量资金的长期投入。政府科技资助资金有限,远远不能填补企业开展创新活动的资金缺口。因此,企业创新需要金融体系的有效支撑,企业创新持续性在很大程度上取决于企业的融资能力。然而,融资约束是制约世界各国企业发展的一个普遍性难题,尤其对于中小企业,即使在金融资源丰富、中小企业支持体系完善的发达国家也面临着融资难、融资贵的问题(郭田勇,2003)。

5.2.3.1　融资约束的概念界定

根据企业的融资结构理论,企业融资是一种以资金供求为形式的资源配置过程,资金从盈余部门流向赤字部门,资金由储蓄转化为投资的形式、手段、途径和渠道。在市场经济中,企业融资只有两种方式:内源融资和外源融资。根据 MM(Modigliani 和 Miller)理论,在完美的资本市场中,企业内部融资和外部融资可以完全替代,企业的投资决策只取决于企业的投资需求,而不受资金的限制,因而不存在融资约束问题。然而,现实中完美的资本市场并不存在,金融体系不完善、信息不对称、交易成本等因素导致内部融资和外部融资并不可以完全替代,因而面临融资约束。

根据已有研究,融资约束可以从广义和狭义两个角度进行界定。从狭义的角度,Myers 和 Majluf(1984)基于信息不对称理论,考虑到交易成本,认为由于信息不对称的存在,内部融资和外部融资因融资环境的不同而产生差异,外部融资成本远高于内部融资成本。企业在选择资金时,依赖于成本低的内部融资,当内部融资不能满足企业发展需求时,产生融资约束问题。从广义的角度,Fazzari 等(1988)的研究发现,企业的融资约束与市场的不完全性相关,现实中的金融市场不可避免存在各种风险和不确定性,加上信息传递的迟滞和偏误,企业不可能永远及时、准确地掌握市场发展的动态变化。因此,市场中的所有企业均面临不同程度的融资约束问题。

5.2.3.2　创新活动的融资约束问题

根据产业组织理论,相比一般的投资活动,创新活动是一个需要持续较长时间、不断投入的具有连续性的过程。因此,从理论上讲,企业的创新活动不仅存在融资约束,而且融资约束水平更高。大多数学者通过大量的实证研究也证实了企业创新融资约束的存在,为进一步研究融资约束与企业创新的关系奠定了基础。Hall(1993)的研究表明,创新活动本身周期长、风险高,再加上创新信息的商业保密性造成的信息不对称抑制了企业的融资,融资约束与创新投入之间存在显著的负相关关系。Petersen(1994)的研究表明,由于资本市场的不完善,科技型中小企业的创新投资主要依靠内源融资,企业 R&D 支出对内部现金流较为敏感,即科技型中小企业的创新活动存在融资约束。Harhoff(1998)基于德国制造业企业数据的研究表明,制造业企业的创新活动存在融资约束,且小型企业的创新活动面临的融资约束水平更高。Brown 和 Petersen(2009)的研究表明,企业的研发投入对内部资金和外部股权融资均表现出较强的敏感性。在中国情景下,鞠晓生等(2013)的研究证实中国非上市工业企业存在创新融资约束。顾群和翟淑萍(2014)将企业研发投资分为探索式创新和开发式创新,研究表明探索式创新面临的融资约束更严重,原因在于探索式创新具有更高的风险和不确定性。由于融资约束的存在,探索式创新主要依靠内部资金,其次是股权融资;而对于开发式创新而言,股权融资是获取创新资金的首选。刘春玉(2014)基于 2007—2011 年中国上市公司数据的研究表明,由于信息不对称和低抵押品价值,研发投资面临着严重的融资约束,且非国有企业和高技术企业的融资约束程度更高。

5.2.3.3 融资约束对企业创新的影响

关于融资约束与企业创新之间的关系,多数学者认为,融资约束对企业创新具有抑制作用。Fazzari 等(1988)基于德国中小企业数据的研究表明,融资约束抑制了企业创新。Bond 等(2005)基于英国和德国 1985—1994 年企业数据的研究表明,融资约束对企业的创新投入具有抑制作用。Brown 和 Petersen(2009)以美国高科技行业企业数据的研究表明,融资约束对企业创新投资的持续性产生抑制作用。张杰等(2012)的研究表明,现阶段我国金融体制改革并没有缓解民营企业的融资约束,融资约束对民营企业的研发投入存在显著的抑制作用。康志勇(2013)基于中国制造业数据,研究了融资约束、政府支持与企业创新之间的关系,结果表明融资约束对企业研发活动具有抑制作用,政府支持(财政补贴)的加入有利于缓解融资约束对企业创新的抑制作用。周开国等(2017)基于 2012 年世界银行中国企业调查数据的研究表明,融资约束对于企业自身研发以及协同研发活动均存在抑制作用,且当企业面临的产品市场竞争越激烈时,融资约束的抑制效应越明显。

还有学者认为,融资约束并不会抑制企业创新。Almeida 等(2011)的研究表明,融资约束能够使企业更好地发挥自身的优势,专攻于熟悉的专业领域,从而提高企业的创新绩效。Baker 等(2014)的研究表明,在资源有限的情况下,企业会更加充分利用已有的资源,以提高创新成功的概率。路春城和吕慧(2019)基于2009—2016 年中国制造业上市公司数据,以现金流作为融资约束的代理变量,研究表明融资约束与企业研发投入之间存在"倒 U 形"关系。当企业现金流小,即企业的融资约束程度高时,融资约束对企业创新具有抑制作用;当企业现金流大,超过既定的门槛值,即企业的融资约束程度低时,融资约束对企业创新具有促进作用,此时,增加现金流反而会挤出企业的研发投入。

5.2.4 文献述评

通过对国内外相关文献的回顾,笔者认为关于政府科技资助与企业创新的研究,还存在较大的发展空间。

第一,熊彼特的创新理论提出了创新对于经济发展、社会进步的重要意义。随着创新实践的不断发展,创新活动更加复杂动态,企业的创新活动逐渐表现出持续性特征,研究创新持续性问题对于企业的创新发展具有重要意义。目前,学术界主要关注创新的边际绩效,却忽视了企业持续创新绩效,创新持续性的研究需要更多的理论支撑。

第二,国外学者基于不同国家、不同行业数据,从研发投入、专利申请、创新类型等多个视角证实了企业创新持续性的存在性。相对而言,国内学者对企业创新持续性的判断主要集中在制造业企业,缺乏对其他行业的研究。在中国,科技型中小企业是推进经济增长的重要力量,在创新效率方面具有其他企业无法比拟的优势,其创新活动更有可能表现出持续性特征。从实证角度对科技型中小企业是否存在创新持续性进行判断,可进一步丰富相关研究。

第三,自 Geroski 和 Van Reenen 于 1997 发表一篇关于技术创新持续性的论文,国外学者对创新持续性问题进行了大量的研究,并取得了丰硕的研究成果。相对而言,国内对创新持续性的研究还处于起步阶段,相关的实证研究还比较匮乏。在中国情境下,政府科技资助对企业的创新活动具有重要影响。政府通过对创新企业进行补助,激励企业开展创新活动,从而提高自主创新能力。而保持企业创新持续性是提高企业自主创新能力的重要途径。研究政府科技资助对企业创新持续性的影响,符合现实要求,具有一定的研究价值。

第四,创新失灵为政府干预创新活动提供了重要的理论依据。政府科技资助作为政府激励企业创新重要的政策工具,在世界各国都具有广泛的应用。然而,在学术界关于政府科技资助与企业创新的影响存在"促进论"和"抑制论"两种截然不同的观点。可能的原因是多数学者并没对不同补助形式进行区别,对研究结论造成一定的干扰。因此,有必要对不同补助形式的激励效应进行独立研究。

第五,现有文献主要对政府科技资助与企业创新、融资约束与企业创新进行单独研究,却很少研究政府科技资助、融资约束和企业创新三者之间的关系。当前,中国正处于经济转轨的时期,金融制度有待进一步完善,融资约束问题普遍存在。在融资约束背景下,研究政府科技资助对企业创新持续性的影响,具有重要意义。

5.3　研究假设

5.3.1　企业创新持续性

关于"企业创新是否存在持续性"这一问题,国外学者基于不同的创新指标、不同的创新类型、不同行业均证实了企业创新持续性的存在。多数学者将"状态依赖性"视为企业创新持续性的来源,而企业创新的"状态依赖性"意味着企业过去创新能够显著提高企业未来创新的可能性。何熙琼和杨昌安(2019)基于 2007—2015 年中国 A 股上市公司数据的研究表明,中国企业的创新具有持续性。何郁冰等(2017)基于 2006—2014 年中国制造业上市公司数据,从创新投入和创新产出两个维度证实了中国制造业企业的创新活动具有持续性。苏桂芳等(2016)基于 2003—2012 年中国制造业上市公司数据的研究表明,中国制造业企业存在创新持续性,且高技术企业的创新持续性高于低技术企业。

科技型中小企业这类群体通常具有较强的创新驱动力,通过持续创新提高自主创新能力,有利于科技型中小企业建立起长期的竞争优势,进而在激烈的市场竞争中生存下来。因此,对于科技型中小企业,保持创新持续性已经逐渐成为一种必然的趋势。此外,国家针对科技型中小企业完善并落实相关创新政策,有效地解决了科技型中小企业在创新过程中面临的诸多障碍,从而为科技型中小企业创新持续性提供了有力的保障。这些创新政策能够有效激发科技型中小企业对外部环境的"状态依赖性",从而使企业保持较高的创新持续性(何熙琼,杨昌安,2019)。

基于以上分析,本研究专题提出以下假设:

H1:科技型中小企业的创新活动具有持续性。

5.3.2　财政补贴与创新持续性

企业能否保持持续创新在一定程度上取决于国家或地区的激励政策,财政补贴作为政府激励企业创新的常见手段,在文献中也被称为"政府补贴"或"政府补助"。实际上,从学理的角度,政府补助是一个比财政补贴更广的综合性概念,不仅包括财政补贴,还涵盖了税收减免等其他补助形式。为了避免混淆,本研究专题分别对财政补贴和税收优惠进行研究。

财政补贴作为一种直接的补助方式,学术界主要从资源的角度考察财政补贴对企业研发投入的激励效果,尚未得到统一的观点。财政补贴可以视为企业的冗余资源,直接增加了企业的营业外收入和其他收益,进而提高了企业的利润水平。政府直接向企业提供财政补贴,为企业的创新活动承担了部分经济风险,从而降低了企业对研发活动的风险预期(王刚刚 等,2017)。企业获得财政补贴越多,企业的风险承担能力越强,则企业越有可能从事创新活动。此外,财政补贴具有无偿性,企业将这笔资金用于研发降低了企业的创新成本,并在一定程度上补偿了企业因技术外溢所带来的私人利益损失,使企业的创新活动变得有利可图,进一步提高了企业持续创新的动力和意愿。

除了财政补贴本身对企业创新的激励,财政补贴还可以向外界传递积极"信号",从而对企业创新产生额外的激励。政府的支持有利于减少企业与外部投资者之间的信息不对称:第一,政府在筛选补贴对象、识别研发项目时具有信息优势、能力优势和独立性。作为与企业经营无关的独立第三方,政府能够组织相关领域的技术专家和行业精英对补助企业的研发水平、创新潜力以及创新项目的市场价值与潜在风险等进行客观评估。与此同时,由于政府能够集中大量补助企业的相关创新信息,而企业也更愿意向政府提供更多的创新细节,因此具有信息优势。第二,创新产出作为无形资产,难以从财务数据中反映出来,增加了外部投资者对各阶段的创新产出的监管难度。政府会对获得政府补助企业的创新活动进行持续的监管,在一定程度上规避了企业潜在的"道德风险"问题。若获得财政补贴的企业表现出无效率或低效率的创新行为,该企业可能会失去继续享受财政补贴的机会。第三,企业获得财政补贴能够向外界释放出企业与政府之间保持良好政治联系的信号。在中国,良好的政企关系为企业提供一种制度合法性,更容易向外部投资者传递企业经营稳健的信号。企业获得财政补贴向外部投资者提供了一种隐性担保,外部投资者出于对政府的信任给予这些企业更多的信心,从而使企业更容易获得外部投资者的支持,为企业创新持续性提供长效的激励。

基于以上分析,本研究专题提出以下假设:

H2:财政补贴与科技型中小企业创新持续性正相关。

5.3.3　税收优惠与创新持续性

与财政补贴相比,目前,学术界对税收优惠的研究比较少,主要原因在于税收优惠难以量化。在研究中,税收优惠常与财政补贴合并处理,统称为财税政策或政府补助。然而,在政策设计时,财政补贴政策和税收优惠政策存在本质差别,导致它们在企业层面的激励效应也有所不同。因此,本研究专题对税收优惠进行单独的研究。

税收优惠作为一种间接补助形式,直接体现为企业应纳税额的减少,通过降低企业创新产品或服务所承担的税负,间接减少企业研发活动产生的成本,从而激励企业创新。首先,税收优惠有利于为企业的创新活动提供持续的资金支持。当企业的创新活动达到一定阶段,税收优惠能够为企业带来节税资金,企业可以将这笔资金投入到下一阶段的创新活动之中,从而形成良性循环。其次,税收优惠有利于激发企业的自主创新。企业能否获得税收优惠,完全取决于企业的创新产品或服务能否经得起市场的考验,在这个过程中,企业具有更多的主动权,企业可以结合自身情况和税收优惠政策制订更为合理的创新计划(戴晨,刘怡,2008)。此外,以税收为基础的创新政策符合市场要求(Hall,Van Reenen,2000),能够有效避免政府过度干预造成的"政府失灵"。最后,税收优惠能够发挥信号效应,减少企业与外部投资者之间的信息不对称。与财政补贴类似,享受税收优惠的企业往往也需要满足一定的条件。高新技术企业认定是科技型中小企业税收优惠的重要组成部分。在进行高新技术企业认定时,企业需满足产品类型、科技人员占比、研发投入等方面的要求才有资格享受相应的税收减免。具备高新技术企业认定意味着创新企业具有较强的创新能力,从而吸引外部投资者的支持。

基于以上分析,本研究专题提出以下假设:

H3:税收优惠与科技型中小企业创新持续性正相关。

5.3.4 融资约束的调节效应

创新活动的融资约束主要是由信息不对称所致。创新活动具有正外部性,企业为了保护自身的利益一般不会向外界透露过多的创新信息,导致外部投资者难以对创新项目的质量进行有效评估。此外,创新活动各阶段的产出主要以无形资产的形式存在,进一步加大了外部投资者的监管难度。创新活动的融资市场类似"柠檬"市场,外部投资者不仅要考虑创新本身的高风险、高不确定性,还要考虑创新企业潜在的道德风险行为。其他投资活动,外部投资者往往对创新投资要求更高的风险溢价,以满足既定的回报率。因此,创新活动通常面临更高的融资约束。

科技型中小企业以技术创新为主要经营活动,融资约束的存在严重阻碍了科技型中小企业的创新发展。首先,融资约束增加了企业的创新成本和风险,导致企业缺乏持续创新的活力。企业开展创新活动,尤其是持续创新需要大量的资金支持,对于科技型中小企业而言,自身的资金有限,创新资金主要来自外部融资,而创新活动的外部融资成本远大于内部融资成本,使科技型中小企业的创新活动无法顺利开展。即使企业继续开展创新活动,融资约束抑制的外部资金的可获得性,使从事创新的企业面临着因资金链断裂导致创新失败的风险,难以保持创新持续性。其次,融资约束影响了企业创新的投融资决策。根据融资约束理论,融资约束高会导致企业投资决策偏离最优选择,降低企业的投资效率(连玉君,苏治,2009)。当企业面临融资约束高时,企业不得不放弃一些净现值为正的创新项目,导致创新投资不足。最后,融资约束影响了企业对创新类型的选择。当企业面临高融资约束时,中小企业会选择通过模仿或购买的方式获取新技术、新知识,而不会选择自主创新(苏桔芳 等,2016)。提高自主创新能力是科技型中小企业建立长期竞争力的关键所在,而创新持续性是企业提高自主创新能力的重要途径之一。若科技型中小企业以模仿或购买为主,则企业进行持续创新的可能性将减少。

从资源角度,当科技型中小企业面临高融资约束时,财政补贴作为科技型中小企业创新资金的主要来源,能够直接作为科技型中小企业开展创新活动的启动资金,企业只需承担少量资金即可保证创新活动的开展,这有利于激励企业增加研发投入。此外,财政补贴能够更好地引导高融资约束的科技型中小企业开展高质量的创新活动,从而提高创新能力。若获得财政补贴的企业表现出无效率或低效率行为,该企业可能会失去继续享受财政补贴的资格。高融资约束的科技型中小企业对财政补贴的依赖性强,会按照计划高质量地完成创新项目,以获得政府更多的财政支持。当科技型中小企业面临低融资约束时,企业具有广泛、廉价的资金来源,能够保持较高的研发投入水平。财政补贴只占研发投入的小部分,对研发投入的激励作用有限。

从信号角度,高融资约束意味着科技型中小企业与外部投资者之间信息不对称程度高,财政补贴能够有效缩短这种信息差距,使这些企业更容易获得外部投资者的支持。财政补贴往往设置一定的门槛,只有符合相关条件的企业才能获得财政补贴的支持。相比外部投资者,政府在筛选补贴对象、识别创新项目上更具有优势,而企业也更愿意向政府提供更多的创新细节,以保证决策的准确性。财政补贴为科技型中小企业提供了隐性担保,外部投资者出于对政府部门的信任,更愿意向这些企业提供资金支持。此外,企业获得财政补贴之后,政府会对企业的创新活动进行持续的监管,在一定程度上规避了企业潜在的"道德风险"问题。相对而言,低融资约束意味着科技型中小企业与外部投资者之间信息不对称程度低,财政补贴的"信号效应"作用不明显,因而并不能明显提高企业的创新水平。

基于以上分析,本研究专题提出以下假设:

H4:在高融资约束背景下,财政补贴对科技型中小企业创新持续性的激励效应更大。

相对而言,税收优惠对企业创新持续性主要通过间接给企业提供资金支持,从而刺激企业增加研发投入,提高企业的自主创新能力。首先,税收优惠主要用于解决市场结构所造成的研发投入与创新动力不足问题(郑绪涛,2009)。在我国,税收优惠更多的是一种普适性创新政策,对特定行业内所有开展创新活动的企业进行激励,具有公平、透明、非歧视的特点(程华,2006)。也就是说,税收优惠对科技型中小企业创新持续性的激励效应与企业具体的特征无关。其次,税收优惠作为一种事后激励,其激励效应与创新活动的阶段密切相关。创新活动一般可以分为三个阶段:研发阶段、成果转化阶段和产业化生产阶段,税收优惠主要在成果转化阶段和产业化生产阶段对企业创新产生激励效应(邓子基,杨志宏,2011)。而税收优惠所带来的节税资金无法作为企业初始创新投入的一部分,因而其对研发阶段的激励效应有限。由于成果转化阶段和产业化生产阶段的资金需求相对较少,融资约束对税收优惠与科技型中小企业创新持续性之间的关系影响也相对较少。最后,税收优惠政策需严格按照税收法律执行,并经国家税务总局等多个部门审批通过。因此,税收优惠一旦实施,短期内不会发生太大的变化。也正因为如此,政府对税收优惠的可控性也较弱,无法根据企业的实际情况做出及时反应。

基于以上分析,本研究专题提出以下假设:

H5:在不同融资约束背景下,税收优惠对科技型中小企业创新持续性的激励效应无明显变化。

本研究专题研究假设汇总见表 5.1。

表 5.1　研究假设汇总

序　号	假设内容
H1	科技型中小企业的创新活动具有持续性
H2	财政补贴与科技型中小企业创新持续性正相关
H3	税收优惠与科技型中小企业创新持续性正相关
H4	在高融资约束背景下,财政补贴对科技型中小企业创新持续性的激励效应更大
H5	在不同融资约束背景下,税收优惠对科技型中小企业创新持续性的激励效应无明显变化

综上所述,本研究专题的研究重点是政府补助对科技型中小企业创新持续性的影响。为了探究这个问题,本研究专题首先对科技型中小企业的创新活动是否具有持续性进行判断,在此基础上,分别考察财政补贴和税收优惠对科技型中小企业创新持续性的作用机理,并进一步对融资约束的调节作用进行检验。在中国情境下,借鉴相关领域的理论和实证研究构建理论模型,如图5.1所示。

图 5.1　理论模型

5.4　研究设计与方法

5.4.1　样本选择与数据来源

目前,关于科技型中小企业的概念,国内外学者并未形成统一的认识。国外文献将科技型企业称为高技术企业。"高技术"是由"high technology"直译而来,最早出现在《高格调技术》一书中,指新型技术、新型产品和随之而来的技术革新。高科技企业指从事高新技术产品的研发、设计、生产、销售,并以高技术人才为主的企业。关于中小企业的划分,主要从一些定量指标,如营业收入、资产总额、员工人数等方面进行界定。不同国家的标准有所不同,如日本、加拿大、新加坡等大多数国家以企业的年销售收入界定企业规模,而英国则以企业的员工人数界定企业规模。然而,国外并没有明确界定科技型中小企业的概念,国外文献更多地将科技型中小企业表述为高新技术中小企业,将"科技型"与"中小企业"相结合,意指从事高新技术产品的研发、设计、生产和销售的中小企业。

2017 年 5 月,科技部、财政部和国家税务总局制定《科技型中小企业评价方法》(以下简称《评价办法》)对科技型中小企业进行统一的界定,并对科技型中小企业的具体认定标准进行了明确规定。根据《评价方法》,我国科技型中小企业是指依托一定数量的科技人员从事科技研发活动,取得自主知识产权并将其转化为高新技术产品或服务,最终实现可持续发展的中小企业。我国对于科技型中小企业的评定也从"科技型"和"中小企业"两个维度入手。在规模方面,要求企业满足企业职工人数不超过 500 人,年销售收入和资产总额不超过 2 亿元。在科技方面,主要通过综合评价和直接认定两种方法进行界定,其中综合评价是从科技人员指标、研发投入指标和科技成果指标给企业进行评分,科技型中小企业必须满足综合评价值不低于 60 分且科技人员指标得分不为 0 的条件。2018 年,我国建成全国科技型中小企业信息服务平台和全国科技型中小企业信息库,旨在进一步规范科技中小企业的管理。

由于我国在 2017 年 5 月才对科技型中小企业进行明确界定,且划分标准较为严苛,许多企业很难同时满足科技型中小企业的所有条件。虽然科技部正式建立了全国科技型中小企业信息库,但目前对科技型中小企业专项统计工作开展时间短,相关数据比较少。因此,本研究专题结合"科技型"和"中小企业"两个方面,将中小板和创业板上市公司中高新技术企业作为科技型中小企业的近似代替,研究区间为 2015—2018 年。根据《高新技术企业认定管理办法》的规定,高新技术资质认定有效期为 3 年,3 年之后企业需重新进行资质认定。基于各种原因,部分企业在有效期满之后不能及时完成新一轮的资质认定,难以保证 4 年时间内高新技术资质的有效性。因此,本研究专题将 2015—2018 年内中小板和创业板具备过高新技术资质认定的上市公司作为研究对象。为了保证数据完整、统计口径一致,同时避免异常值、"壳价值"等对实证研究的干扰,手动剔除金融类企业、ST 企业和 *ST 企业以及核心指标缺失的企业,最终筛选出 753 家企业,共 3 012 个观测值。

5.4.2　变量测量

5.4.2.1　因变量——企业创新持续性

现有文献主要采用专利与重要创新产出指标、研发投入指标和问卷调查数据(如 CIS 数据库)三类指标衡量企业的创新活动(鲍新中 等,2016)。在研究企业创新持续性问题时,多数学者采用新产品产值或专利申请量将企业创新分为"0/1"两种状态,以企业滞后 1 期的创新绩效对企业当期的创新状态是否存在影响,以及影响程度对企业创新持续性进行测量。这种做法的缺陷在于:第一,企业的专利申请量呈现"间断式"特点,难以有效地对企业创新持续性进行判断;第二,企业的创新状态分为"0/1"过于简略,难以掌握关于企业创新投入或产出的更多细节;第三,这种做法虽然考虑了企业创新持续性的"动态性"特征,但忽视了企业创新持续性的"累积性"特征,存在一定的局限性。因此,本研究专题借鉴 Triguero 和 Córcoles (2013)、何郁冰等(2017)的研究,构建一个独立的研究变量作为企业创新持续性的代理变量。在指标的选取上,本研究专题采用研发投入衡量企业创新绩效,并结合环比增长率和年份合并的方法对企业创新持续性进行测量。具体来说,企业第 t 年的企业创新持续性等于企业第$(t-1)$年与第 t 年研发投入之和与企业第$(t-1)$年与第$(t-2)$年之和,再乘以第$(t-1)$年与第 t 年之和。具体计算公式如下:

$$\text{Innov}_{it} = \frac{\text{Rd}_{it} + \text{Rd}_{i,t-1}}{\text{Rd}_{i,t-1} + \text{Rd}_{i,t-2}} \times (\text{Rd}_{it} + \text{Rd}_{i,t-1})$$

式中,Innov_{it} 代表企业 i 第 t 年的企业创新持续性;Rd_{it} 代表企业 i 第 t 年的研发投入额;$\text{Rd}_{i,t-1}$ 代表企业 i 第$(t-1)$年的研发投入额;$\text{Rd}_{i,t-2}$ 代表企业 i 第$(t-2)$年的研发投入额。一方面,这种做法直接采用企业前后期的研发投入额对企业创新持续性进行判断,符合创新持续性的"动态性"特征;另一方面,这种做法采用年份合并的方法对研发投入额进行改进,符合创新持续性的"累积性"特征,并且进一步保证了数据的平稳性和客观性。

5.4.2.2 自变量——政府补助

2006 年财政部发布《企业会计准则第 16 号——政府补助》(CAS16)对政府补助的概念进行界定,并要求企业对政府补助的类型和金额进行披露。然而,我国的政府补助按照不同的标准,种类众多,企业财务报表中所披露的政府补助是一个总额,且企业对于政府补助的会计处理也存在差异。2017 年 5 月国家修订了《企业会计准则第 16 号——政府补助》,并要求从 2017 年 6 月 12 日开始实施。与旧准则相比,新准则最大的变更在于进一步扩大了政府补助的范畴(刘啸尘,2017)。在财务处理上,与资产相关的政府补助既可以继续采用总额法进行核算,也可以采用净额法进行核算。与收益相关的政府补助,计入损益的具体项目不仅包括"营业外收入",还包括"其他收益"。新准则规定政府补助准则的变更按照未来适用法进行,对于新准则的变化无需对以前年度进行追溯调整。由于本研究时间为 2015—2018 年,对于适用旧准则的 2015—2016 年政府补助总额选取上市公司财务报表附注中"营业外收入"中的"政府补助"金额,而对于适用新准则的 2016—2018 年政府补助总额选取上市公司财务报表附注中的"营业外收入"与"其他收益"中的"政府补助"金额之和。

为了避免不同补助方式对实证结果的干扰,本研究专题进一步将政府补助分为财政补贴和税收优惠,借鉴柳光强(2016)、周燕和潘遥(2019)等学者的研究,将政府补助总额减去企业收到的税费减免、税费返还等税收优惠部分与企业总资产之比作为财政补贴的衡量指标;将企业收到的各项税费返还/(企业收到的各项税费返还+支付的各项税费)作为税收优惠的衡量指标,以进一步区别财政补贴和税收优惠的激励效果。

5.4.2.3 调节变量——融资约束

由于公司面临的融资约束程度是不可观察的,因此学者通过构建融资约束指标对企业的融资约束程度进行定量分析。目前,融资约束指标可以分为两类:

一类是以 Fazzari 等(1988)为代表的单指标分组法,通过选取能够体现企业融资约束的单个指标对总样本的融资约束高低进行分类。股利支付率、公司规模、利息保障倍数、债券评级等都可以作为衡量企业融资约束程度的单一指标。

另一类是以 Lamont 等(2001)为代表的多指标分组法,主要包括 KZ 指数、WW 指数和 SA 指数三种。①KZ 指数。Lamont 等(2001)利用次序 Logit 回归法,选取现金流比率等五种企业财务指标构造了衡量融资约束的 KZ 指数。②WW 指数。Whited 和 Wu(2006)使用 GMM 法同时结合欧拉方程,选取企业的现金流及股利支付、公司资产以及规模构造了衡量融资约束的 WW 指数。③SA 指数。Hadlock 和 Pierce(2010)采取财务报告中较为稳定的两个变量:企业年龄和企业规模构造了衡量融资约束的 SA 指数。

KZ 指数、WW 指数和 SA 指数常被用来衡量企业的相对融资约束程度。由于 KZ 指数和 WW 指数在计算过程中均包括不同的内生金融变量,如现金流和杠杆等,这些金融变量与融资约束之间存在相互决定的关系,会引起严重的内生性问题。相比 KZ 指数和 WW 指数,SA 指数的优势在于:①计算简单,且 SA 指数比较稳健;②SA 指数中不包括具有内生性的金融变量,避免内生性问题。在中国情境下,KZ 指数涉及的托宾 Q 值和股票价格存在争议,并不适用于中国企业,而 SA 指数对衡量我国企业的融资约束程度具有良好的特性(鞠晓生 等,2013)。基于以上分析,本研究专题采用 SA 指数,具体计算方式如下:

$$SA\ 指数 = -0.737 \times Size + 0.043 \times Size^2 - 0.04 \times Age$$

式中,Size 为企业规模(单位为百万元)的自然对数;Age 为企业成立时间长短。SA 指数越大,企业面临的融资约束程度越高。本研究专题设置 0/1 虚拟变量,用 Fc 代表融资约束。当 SA 指数大于中位数,Fc=1,即企业融资约束高;当 SA 指数小于中位数,Fc=0,即企业融资约束低。

5.4.2.4　控制变量

为了保证实证结果的真实有效,本研究专题借鉴了已有的相关实证研究,最终选取了企业规模、企业年龄、企业盈利能力、资产负债率、经营现金流和企业成长性作为控制变量。这些变量虽然不是本研究专题的研究变量,但可能对企业创新持续性产生影响。

(1)企业规模。已有研究表明,企业规模对企业创新持续性产生影响(Peters,2009;Huang,Yang;2010;段海艳,2017a)。此外,企业规模还会对政府补助的获取以及激励效果产生影响。本研究专题采用企业总资产的自然对数作为企业规模的衡量指标。

(2)企业年龄。企业在不同的生命周期采取不同的战略,创新活动作为科技型中小企业的主要经营活动,企业年龄会影响企业的创新行为和创新持续性。本研究专题采用企业成立年限取自然对数作为企业年龄的衡量指标。

(3)企业盈利能力。企业盈利能力越强,企业更有可能将多余的内部资金投入企业创新活动之中,从而有利于企业创新持续性。本研究专题采用 Roa 作为企业盈利能力的衡量指标。Roa 为公司的资产回报率,用净利润和企业总资产的比值表示。

(4)资产负债率。资产负债率被用来衡量企业的财务杠杆,反映企业的资本结构和偿债能力。资产负债率对企业的投融资活动产生影响,进而影响企业创新持续性。资产负债率用企业总负债与总资产的比值表示。

(5)经营现金流。企业创新需要大量、持续的资金作为支持,经营现金流作为企业内部现金的主要来源直接影响到企业创新持续性。本研究专题采用经营活动现金流量净额与企业总资产的比值表示。

(6)企业成长性。本研究专题采用当年营业收入和上一年营业收入的差额与上一年营业收入的比值表示。

本研究专题研究变量汇总见表5.2。

表 5.2 研究变量汇总

变 量		符 号	计算方法	数据来源
因变量	企业创新持续性	Innov	(本两个年度研发投入/上两个年度研发投入)×本两个年度研发投入	CSMAR 数据库
自变量	财政补贴	Sub	(政府补助总额－企业收到的税费减免、税费返还等)/总资产	CSMAR 数据库
	税收优惠	Tax	企业收到的各项税费返还/(企业收到的各项税费返还＋支付的各项税费)	CSMAR 数据库
调节变量	融资约束	Fc	虚拟变量	CSMAR 数据库
控制变量	企业规模	Size	总资产的自然对数	CSMAR 数据库
	企业年龄	Age	企业成立年限取自然对数	CSMAR 数据库
	企业盈利能力	Roa	净利润/总资产	CSMAR 数据库
	资产负债率	Lev	企业当年总负债/总资产	CSMAR 数据库
	营业现金流	Cf	经营活动现金流量净额/总资产	CSMAR 数据库
	企业成长性	Growth	(当年营业收入－上一年营业收入)/上一年营业收入	CSMAR 数据库
	年份	Year	虚拟变量,根据不同的年份设置相应的变量 Year($i=1,2,3$)	CSMAR 数据库
	行业	Ind	虚拟变量,根据不同的行业设置相应的变量 Ind($i=1,2,\cdots,15$)	CSMAR 数据库

5.4.3 研究模型

在研究企业创新持续性问题之前,首先需要对科技型中小企业是否存在创新持续性进行判断。由于在构建模型时,自变量中包含了因变量的滞后项,属于"动态面板数据"。与静态面板数据模型相比,动态面板数据模型的误差项 ε_{it} 由两个部分构成,分别是个体效应 μ_i 和异质性差异 v_{it},三者之间的关系表示为 $\varepsilon_{it} = \mu_i + v_{it}$。由于因变量的滞后项与个体效应相关,因此存在内生性问题。若采用静态面板数据模型的普通最小二乘法、广义最小二乘法或极大似然估计法进行参数估计,会导致有偏的估计值。为了解决这个问题,本研究专题拟采用 Arrelano 和 Bond (1991)提出的广义矩估计法,即 GMM 方法。在实际操作中,广义矩估计(GMM)方法存在差分 GMM 和系统 GMM 两种形式,两种形式均可在一定程度上解决内生性所引起的估计偏差,且由于 GMM 对扰动项的分布信息没有过多要求,且允许随机误差项异方差和序列相关的存在,相比其他参数估计方法,这两种形式所得到的参数估计值更符合实际情况,因此结果比较稳健。考虑到差分 GMM 的弱工具变量影响,本研究专题拟采用系统 GMM,进一步提高参数估计的效率。

鉴于此,本研究专题构建 GMM 模型(1),以研发投入额作为企业创新绩效的衡量指标,判断企业的创新活动是否具有持续性,以验证 H1。

$$\mathrm{Rd}_{it} = \alpha + \beta_1 \mathrm{Rd}_{it-1} + \beta_2 \mathrm{Size}_{it} + \beta_3 \mathrm{Age}_{it} + \varepsilon_{it} \tag{1}$$

式中,Rd_{it} 表示企业 i 第 t 年的研发投入额,即因变量;Rd_{it-1} 表示企业 i 第$(t-1)$年的研发投入,即滞后 1 期的因变量;Size_{it} 和 Age_{it} 分别表示企业 i 第 t 年的企业规模和企业年龄,属于控制变量;ε_{it} 表示随机误差项。

在对企业创新持续性进行初步判断之后,本研究专题将企业创新持续性作为因变量,构建多元线性回归模型探讨不同政府补助方式对企业创新持续性的影响,以及融资约束的调节作用。为了分别检验财政补贴、税收优惠这两种补助方式对企业创新持续性的影响,本研究专题构建模型(2)和模型(3),以验证 H2和 H3。

$$\mathrm{Innov}_{it} = \alpha + \beta_1 \mathrm{Sub}_{it} + \beta_2 \mathrm{Size}_{it} + \beta_3 \mathrm{Age}_{it} + \beta_4 \mathrm{Roa}_{it} + \beta_5 \mathrm{Lev}_{it}$$
$$+ \beta_6 \mathrm{Cf}_{it} + \beta_7 \mathrm{Growth}_{it} + \sum \mathrm{Year} + \sum \mathrm{Ind} + \varepsilon_{it} \tag{2}$$

$$\mathrm{Innov}_{it} = \alpha + \beta_1 \mathrm{Tax}_{it} + \beta_2 \mathrm{Size}_{it} + \beta_3 \mathrm{Age}_{it} + \beta_4 \mathrm{Roa}_{it} + \beta_5 \mathrm{Lev}_{it} + \beta_6 \mathrm{Cf}_{it}$$
$$+ \beta_7 \mathrm{Growth}_{it} + \sum \mathrm{Year} + \sum \mathrm{Ind} + \varepsilon_{it} \tag{3}$$

式中,Innov_{it} 表示企业 i 第 t 年企业创新持续性;Sub_{it} 和 Tax_{it} 分别表示企业 i 第 t 年财政补贴和税收优惠;Size_{it}、Age_{it}、Roa_{it}、Lev_{it}、Cf_{it}、Growth_{it} 分别表示企业规模、企业年龄、企业盈利能力、资产负债率、营业现金流、企业成长性;$\sum \mathrm{Year}$ 表示时间效应;$\sum \mathrm{Ind}$ 表示行业效应;ε_{it} 表示随机误差项。

为了检验融资约束在政府补助与企业创新持续性之间的调节效应,探究不同融资约束程度是否对企业创新持续性存在差异,本研究专题借鉴方杰等(2015)关于调节效应的检验方法,构建模型(4)和模型(5),以验证 H4 和 H5。

$$\mathrm{Innov}_{it} = \alpha + \beta_1 \mathrm{Sub}_{it} + \beta_2 Fc_{it} + \beta_3 \mathrm{Sub} \times Fc_{it} + \beta_4 \mathrm{Size}_{it} + \beta_5 \mathrm{Age}_{it} + \beta_6 \mathrm{Roa}_{it}$$
$$+ \beta_7 \mathrm{Lev}_{it} + \beta_8 \mathrm{Cf}_{it} + \beta_9 \mathrm{Growth}_{it} + \sum \mathrm{Year} + \sum \mathrm{Ind} + \varepsilon_{it} \tag{4}$$

$$\mathrm{Innov}_{it} = \alpha + \beta_1 \mathrm{Tax}_{it} + \beta_2 Fc_{it} + \beta_3 \mathrm{Tax} \times Fc_{it} + \beta_4 \mathrm{Size}_{it} + \beta_5 \mathrm{Age}_{it} + \beta_6 \mathrm{Roa}_{it}$$
$$+ \beta_7 \mathrm{Lev}_{it} + \beta_8 \mathrm{Cf}_{it} + \beta_9 \mathrm{Growth}_{it} + \sum \mathrm{Year} + \sum \mathrm{Ind} + \varepsilon_{it} \tag{5}$$

式中,Innov_{it} 表示企业 i 第 t 年企业创新持续性;Sub_{it} 和 Tax_{it} 分别表示企业 i 第 t 年财政补贴和税收优惠;Fc_{it} 表示企业 i 第 t 年融资约束程度,属于 0/1 虚拟变量;Size_{it}、Age_{it}、Roa_{it}、Lev_{it}、Cf_{it}、Growth_{it} 分别表示企业规模、企业年龄、企业盈利能力、资产负债率、营业现金流、企业成长性;$\sum \mathrm{Year}$ 表示时间效应;$\sum \mathrm{Ind}$ 表示行业效应;ε_{it} 表示随机误差项。

5.5 实证结果与分析

5.5.1 描述性统计分析

本研究专题首先对实证研究模型中涉及的各变量进行描述性统计,包括各变量的最大值、最小值、均值和标准差。具体结果见表5.3。

表5.3 描述性统计

变 量	最大值	最小值	均 值	标准差	观测值
Innov	20 300 000 000	243 000	335 000 000	815 000 000	3 012
Sub	0.158	0	0.005	0.007	3 012
Tax	0.948	0	0.184	0.2	3 012
Size	25.994	19.206	22.024	0.851	3 012
Age	2.996	2.639	2.848	0.087	3 012
Roa	0.275	−1.648	0.03	0.087	3 012
Lev	1.685	0.017	0.373	0.177	3 012
Cf	0.372	−0.354	0.04	0.062	3 012
Growth	55.044	−0.982	0.282	1.267	3 012

资料来源:作者绘制

根据表5.3,本研究专题共获取3 012个有效观测值。具体来说,企业创新持续性(Innov)的变化幅度非常大,最大值为20 300 000 000,最小值为24 300,标准差为815 000 000,这说明不同企业之间对研发活动的重视程度不同。财政补贴(Sub)的最大值为0.158,最小值为0,标准差为0.07,这说明政府对于科技型中小企业的财政支持比较均衡。税收优惠(Tax)的最大值为0.948,最小值为0,标准差为0.2。由于企业获得税收优惠的程度取决于企业创新产品或服务的销售情况,因此间接反映了不同企业之间创新能力的差异性。除了企业成长性(Growth),其他控制变量的标准差在0到1之间,说明样本企业的财务特征具有一定的相似性,这也间接说明本研究专题对科技型中小企业的筛选具有合理性。

由于因变量企业创新持续性(Innov)是根据研发投入额计算而来,属于绝对值指标,而自变量财政补贴(Sub)和税收优惠(Tax)是相对值指标,两者之间存在较大的差异,对参数估计造成一定的干扰。为了消除变量之间的量纲关系,使数据具有可比性,本研究专题对所有变量进行标准化处理。

5.5.2 相关性分析

为了检验各变量之间是否存在多重共线性问题,本研究专题对所有变量进行了Pearson相关性分析。具体结果见表5.4。

表 5. 4　相关系数矩阵

	S_innov	S_Sub	S_Tax	S_Size	S_Age	S_Roa	S_Lev	S_Cf	S_Growth
S_Innov	1								
S_Sub	0.079***	1							
S_Tax	0.138***	0.042**	1						
S_Size	0.458***	−0.044**	0.008	1					
S_Age	0.144***	0.033*	0.075***	0.335***	1				
S_Roa	0.063***	−0.003	−0.108***	0.073***	−0.078***	1			
S_Lev	0.177***	−0.003	0.063***	0.485***	0.179***	−0.260***	1		
S_Cf	0.042**	0.039***	0.005	−0.036*	0.053***	0.259***	−0.165***	1	
S_Growth	0.277***	0.082***	0.064***	0.108***	−0.01	0.075***	0.051***	−0.005	1

注：S 开头为标准化数据。*、**、*** 分别表示在 10%、5%、1% 的水平下显著，本章下同。

根据表 5.4,从整体看,被解释变量与解释变量、控制变量均在 1% 水平上显著,初步说明模型设定的合理性。从部分看:

(1)所有变量之间的相关系数均未超过共线性的门槛值 0.7(Lind et al.,2002),且大部分变量之间的相关系数未超过 0.3,这说明实证模型主要变量之间不存在显著的相关性,因而不会引起严重的多重共线性问题。

(2)因变量企业创新持续性(S_innov)与本研究的两个自变量财政补贴(S_Sub)以及税收优惠(S_Tax)在 1% 水平上显著相关,相关系数分别是 0.079 和 0.138,初步判定财政补贴和税收优惠对企业创新持续性存在显著的激励作用。

5.5.3 实证分析

5.5.3.1 企业创新持续性的存在性检验

根据企业创新持续性的定义,若企业过去的创新能够显著促进企业现有的创新,则说明企业的创新活动存在持续性。因此,本研究专题考察企业滞后 1 期研发投入额对当期研发投入额的影响,根据滞后 1 期投入额的系数大小及显著性对企业创新持续性是否存在进行检验。由于该模型涉及滞后 1 期的因变量,相关变量的时间跨度为 2014—2018 年,因此本研究专题采用系统 GMM 方法进行参数估计,具体结果见表 5.5。

表 5.5　GMM 模型实证结果

变量符号	回归系数	标准差	Z 值	P 值
L. S_Rd	1.272***	0.065	19.47	0.000
S_Size	0.078**	0.031	2.51	0.012
S_Age	−0.020***	0.006	−3.20	0.001
常量	0.111***	0.007	15.67	0.000
Sargan 检验 P 值	0.3481			
AR(2)检验 P 值	0.3371			
工具滞后期	1			
工具变量数	12			
观测值	3 012			

根据表 5.5,在控制了企业规模和企业年龄之后,企业滞后 1 期的研发投入额与当期的研发投入额的回归系数为 1.272,$P=0.000$,这说明在 1% 的显著性水平下,企业的研发投入表现出明显的持续性特征。

为了验证 GMM 结果的有效性,本研究专题进行了 Sargan 检验和序列相关检验,其中 Sargan 检验用于模型是否存在过度识别,序列相关检验用于检验扰动项是否存在自相关。从表 5.3 的结果可知,Sargan 检验和 AR(2)检验的 P 值分别为 0.3481 和 0.3371,均大于 0.05,这说明工具变量有效且扰动项不存在序列自相关,GMM 结果有效。因此,H1 成立。

5.5.3.2　财政补贴对企业创新持续性的影响

在判断企业的创新活动存在持续性之后,本研究专题对财政补贴与企业创新持续性的关系进行了实证分析。通过豪斯曼检验,卡方值为 31.59, $p < 0.05$,确定使用固定效应面板数据模型。考虑到文章篇幅有限,未列入行业(Ind)和年份(Year)的详情,具体结果见表 5.6。

根据表 5.6, R^2 值为 0.2618, F 值为 79.77, P 值为 0.0000,说明模型整体有效。结果显示,财政补贴与企业创新持续性的回归系数为 0.044, $p < 0.01$,说明在 1% 的显著性水平下,财政补贴与企业创新持续性正相关,实证表明 H2 成立。

表 5.6　财政补贴对企业创新持续性影响的实证结果

变　　量	回归系数	标准差	t 值	P 值
S_Sub	0.044***	0.014	3.27	0.001
S_Size	0.302***	0.040	7.59	0.000
S_Age	−0.344	0.216	−1.59	0.111
S_Roa	−0.029**	0.013	−2.19	0.028
S_Lev	−0.101***	0.026	−3.87	0.000
S_Cf	0.025*	0.014	1.75	0.081
S_Growth	0.241***	0.011	21.34	0.000
常量	−0.369*	0.220	−1.68	0.094
Year	控制			
Ind	控制			
R^2	0.2618			
F 值	79.77			
Prob>F	0.0000			

5.5.3.3　税收优惠对企业创新持续性的影响

进一步,本研究专题对税收优惠与企业创新持续性的关系进行了实证分析。通过豪斯曼检验,卡方值为 46.35, $p < 0.05$,确定使用固定效应面板数据模型。考虑到文章篇幅有限,未列入行业(Ind)和年份(Year)的详情,具体结果见表 5.7。

表 5.7　税收优惠对企业创新持续性影响的实证结果

变　　量	回归系数	标准差	t 值	P 值
S_Tax	0.036***	0.011	3.29	0.001
S_Size	0.297***	0.018	16.47	0.000
S_Age	−0.395***	0.099	−4.00	0.000
S_Roa	0.003	0.009	0.31	0.760

续表

变　量	回归系数	标准差	t 值	P 值
S_Lev	-0.020	0.012	-1.65	0.100
S_Cf	$0.015**$	0.007	2.20	0.028
S_Growth	$0.053***$	0.018	3.01	0.003
常量	$-0.450***$	0.101	-4.47	0.000
Year	控制			
Ind	控制			
R^2	0.244 0			
F 值	72.59			
Prob$>$F	0.000 0			

根据表 5.7，R^2 值为 0.244 0，F 值为 72.59，P 值为 0.000 0，说明模型整体有效。税收优惠与企业创新持续性的回归系数为 0.036，$p<0.01$，说明在 1% 的显著性水平下，税收优惠与企业创新持续性正相关，实证表明 H3 成立。

通过对比表 5.6 和表 5.7 的回归结果，在相同的条件下，财政补贴的回归系数 0.044 大于税收优惠的回归系数 0.036，说明对于科技型中小企业，财政补贴对企业创新持续性的激励作用大于税收优惠。

5.5.3.4　融资约束的调节检验

为了考察不同融资约束程度下财政补贴对企业创新持续性的影响，本研究专题通过豪斯曼检验，卡方值为 102.90，$p<0.01$，确定使用固定效应面板数据模型对融资约束的调节作用进行检验。考虑到文章篇幅有限，未列入行业（Ind）和年份（Year）的详情，具体结果见表 5.8。

表 5.8　不同融资约束下财政补贴对企业创新持续性影响的实证结果

变　量	回归系数	标准差	t 值	P 值
S_Sub	$0.036**$	0.014	2.52	0.012
Fc	$0.132***$	0.034	3.92	0.000
S_Sub$\times$Fc	$0.074***$	0.028	2.69	0.007
S_Size	$0.314***$	0.040	7.90	0.000
S_Age	-0.293	0.216	-1.35	0.177
S_Roa	$-0.029**$	0.013	-2.17	0.030
S_Lev	$-0.099***$	0.026	-3.80	0.000
S_Cf	$0.026*$	0.014	1.84	0.066
S_Growth	$0.231***$	0.012	19.93	0.000

续表

变　量	回归系数	标准差	t 值	P 值
常量	-0.419^*	0.220	-1.90	0.057
Year	控制			
Ind	控制			
R^2	0.268 9			
F 值	68.85			
Prob$>F$	0.000 0			

根据表 5.8，R^2 值为 0.268 9，F 值为 68.85，P 值为 0.000 0，说明模型整体有效。财政补贴与融资约束的交互项 S_Sub×Fc 的回归系数为 0.074，$p<0.01$，说明在 1% 的显著性水平下，融资约束在财政补贴与企业创新持续性之间发挥了调节作用。回归系数为正，说明当企业面临的融资约束高时，财政补贴对企业创新持续性的激励效应更大，实证表明 H4 成立。

为了考察不同融资约束程度下税收优惠对企业创新持续性的影响，本研究专题通过豪斯曼检验，卡方值为 122.94，$p<0.01$，确定使用固定效应面板数据模型对融资约束的调节作用进行检验。考虑到文章篇幅有限，未列入行业（Ind）和年份（Year）的详情，具体结果见表 5.9。

表 5.9　不同融资约束下税收优惠对企业创新持续性影响的实证结果

变　量	回归系数	标准差	t 值	P 值
S_Tax	0.032^{***}	0.012	2.60	0.009
Fc	0.076^{***}	0.015	5.03	0.000
S_Tax×Fc	0.008	0.011	0.71	0.475
S_Size	0.299^{***}	0.018	16.67	0.000
S_Age	-0.356^{***}	0.099	-3.61	0.000
S_Roa	0.003	0.009	0.32	0.751
S_Lev	-0.019	0.012	-1.54	0.124
S_Cf	0.017^{**}	0.007	2.41	0.016
S_Growth	0.051^{***}	0.017	2.93	0.003
常量	-0.475^{***}	0.101	-4.72	0.000
Year	控制			
Ind	控制			
R^2	0.252 5			
F 值	63.25			
Prob$>F$	0.000 0			

根据表 5.9，R^2 值为 0.252 5，F 值为 63.35，P 值为 0.000 0，说明模型整体有效。税收优惠与融资约束的交互项 S_Sub×Fc 的回归系数为 0.008，融资约束在税收优惠与企业创新持续性之间不存在调节作用，实证表明 H5 成立。

5.5.4　稳健性分析

为了验证上述回归结果是否可靠，本研究专题改变了核心变量企业创新持续性的衡量方式，用专利申请量代替研发投入额进行稳健性检验。

表 5.10 显示了 GMM 模型的实证结果，根据滞后 1 期的专利申请量的系数大小及显著性对企业的创新活动是否存在持续性进行判断，相关变量的时间跨度为 2014—2018 年。

表 5.10　GMM 模型实证结果（专利申请量）

变量符号	回归系数.	标准差	Z 值	P 值
L. patent	0.765***	0.061	12.56	0.000
Size	20.722***	6.417	3.23	0.001
Age	−55.413***	20.864	−2.66	0.008
常量	−282.015***	89.504	−3.15	0.002
Sargan 检验 P 值	0.500 7			
AR(2)检验 P 值	0.726 7			
工具滞后期	1			
工具变量数	12			
观测值	3 012			

根据表 5.10，在控制了企业规模和企业年龄之后，企业滞后 1 期的专利申请量与当期的专利申请量的回归系数为 0.765，$P=0.000$，这说明在 1% 的显著性水平下，企业的专利申请量也表现出明显的持续性特征。

为了验证 GMM 结果的有效性，本研究专题进行了 Sargan 检验和序列相关检验，其中 Sargan 检验用于模型是否存在过度识别，序列相关检验用于检验扰动项是否存在自相关。从表 5.10 的结果可知，Sargan 检验和 AR(2)检验的 P 值分别为 0.500 7 和 0.726 7，均大于 0.05，这说明工具变量有效且扰动项不存在序列自相关，GMM 结果有效。H1 依然成立，上述研究结论稳健性较强。

在判断企业的创新活动存在持续性之后，本研究专题按照相同的方法，以专利申请量构建企业创新持续性的衡量指标。采用两年合并的方法，能够有效减少专利申请量"片段式"特征对实证结果的干扰。此外，企业之间专利申请量差异较大，导致计算出的企业创新持续性数据波动性较大，本研究专题对该指标进行对数处理。为了验证财政补贴与企业持续性之间的关系，本研究专题首先通过豪斯曼检验，卡方值为 14.37，$p<0.05$，采用固定效应面板数据模型，具体结果见表 5.11。

表 5.11　财政补贴对企业创新持续性影响的实证结果（专利申请量）

变　量	回归系数	标准表	t 值	P 值
Sub	7.808**	3.820	2.04	0.041
Size	0.471***	0.091	5.20	0.000
Age	1.433	4.805	0.30	0.766
Roa	0.391	0.297	1.32	0.188
Lev	0.493*	0.287	1.72	0.086
Cf	−0.537	0.437	−1.23	0.219
Growth	0.054***	0.017	3.14	0.002
常量	−10.411	13.256	−0.79	0.432
Year	控制			
Ind	控制			
R^2	0.153 8			
F 值	40.87			
Prob＞F	0.000 0			

根据表 5.11，R^2 值为 0.153 8，F 值为 40.87，P 值为 0.000 0，说明模型整体有效。结果显示，财政补贴与企业创新持续性的回归系数为 7.808，$p<0.05$，说明在 5% 的显著性水平下，财政补贴与企业创新持续性正相关，H2 成立，上述研究结论稳健性较强。

为了验证税收优惠与企业持续性之间的关系，本研究专题首先通过豪斯曼检验，卡方值为 12.53，$p＞0.05$，采用随机效应面板数据模型，具体结果见表 5.12。

表 5.12　税收优惠对企业创新持续性影响的实证结果（专利申请量）

变　量	回归系数	标准表	t 值	P 值
Tax	0.380**	0.157	2.42	0.015
Size	0.626***	0.048	13.07	0.000
Age	−1.796***	0.682	−2.63	0.008
Roa	0.523*	0.276	1.89	0.059
Lev	0.248	0.205	1.21	0.227
Cf	−0.324	0.390	−0.83	0.407
Growth	0.044***	0.016	2.69	0.007
常量	−4.698**	1.925	−2.44	0.015
Year	控制			
Ind	控制			
R^2	0.151 6			
Wald chi2(25)	650.55			
Prob＞chi2	0.000 0			

根据表 5.12，R^2 值为 0.151 6，卡方值为 650.55，P 值为 0.000 0，说明模型整体有效。结果显示，税收优惠与企业创新持续性的回归系数为 0.380，$p<0.05$，说明在 5% 的显著性水平下，税收优惠与企业创新持续性正相关，H3 成立，上述研究结论稳健性较强。

为了进一步检验融资约束的调节作用，本研究专题首先通过豪斯曼检验，卡方值为 15.20，$p>0.05$，采用随机效应面板数据模型，对其在财政补贴与企业创新持续性之间的调节效应进行实证检验，具体结果见表 5.13。

表 5.13　不同融资约束下财政补贴对企业创新持续性影响的实证结果(专利申请量)

变　量	回归系数	标准表	t 值	P 值
Sub	8.983**	3.712	2.42	0.016
Fc	−0.022	0.071	−0.32	0.752
Sub×Fc	13.422*	7.178	1.87	0.062
Size	0.641***	0.048	13.32	0.000
Age	−1.579**	0.717	−2.20	0.028
Roa	0.455*	0.274	1.66	0.098
Lev	0.254	0.205	1.24	0.215
Cf	−0.394	0.391	−1.01	0.314
Growth	0.037**	0.017	2.24	0.025
常量	−5.628***	2.071	−2.72	0.007
Year	控制			
Ind	控制			
R^2	0.152 4			
Wald chi2(25)	662.11			
Prob>chi2	0.000 0			

根据表 5.13，R^2 值为 0.152 4，卡方值为 662.11，P 值为 0.000 0，说明模型整体有效。财政补贴与融资约束的交互项 S_Sub×Fc 的回归系数为 13.422，$p<0.1$，说明在 10% 的显著性水平下，融资约束在财政补贴与企业创新持续性之间发挥了调节作用。回归系数为正，说明当企业面临高融资约束时，财政补贴对企业创新持续性的激励效应更大，H4 成立，上述研究结果的稳健性较强。

与此同时，考察融资约束在税收优惠与企业创新持续性之间的调节效应，通过豪斯曼检验，卡方值为 13.80，$p>0.05$，确定使用随机效应面板数据模型，具体结果见表 5.14。

表 5.14　不同融资约束下财政补贴对企业创新持续性影响的实证结果(专利申请量)

变　量	回归系数	标准表	t 值	P 值
Tax	0.436**	0.189	2.30	0.021
Fc	0.051	0.073	0.70	0.485
Tax×Fc	−0.122	0.222	−0.55	0.581
Size	0.628***	0.048	13.06	0.000
Age	−1.680**	0.720	−2.33	0.020
Roa	0.530*	0.277	1.92	0.055
Lev	0.247	0.205	1.20	0.229
Cf	−0.320	0.391	−0.82	0.413
Growth	0.044***	0.016	2.67	0.008
常量	−5.098**	2.077	−2.45	0.014
Year	控制			
Ind	控制			
R^2	0.150 9			
Wald chi2(25)	650.63			
Prob>chi2	0.000 0			

　　根据表 5.14,R^2 值为 0.150 9,卡方值为 650.63,P 值为 0.000 0,说明模型整体有效。税收优惠与融资约束的交互项 S_Sub×Fc 的回归系数为 −0.122,融资约束在税收优惠与企业创新持续性之间不存在调节作用,H5 成立,上述研究结果的稳健性较强。

　　综合以上分析结论,将研究假设的检验结果汇总,具体结果见表 5.15。

表 5.15　假设检验结果汇总

序　号	假设内容	检验结果
H1	科技型中小企业的创新活动具有持续性	成立
H2	财政补贴与科技型中小企业创新持续性正相关	成立
H3	税收优惠与科技型中小企业创新持续性正相关	成立
H4	在高融资约束背景下,财政补贴对科技型中小企业创新持续性的激励效应更大	成立
H5	在不同融资约束背景下,税收优惠对科技型中小企业创新持续性的激励效应无明显变化	成立

5.6 研究结论、贡献及启示

5.6.1 研究结论

为了探讨政府补助、融资约束与企业创新持续性之间的关系,本研究专题从中小板和创业板中筛选出科技型中小企业作为研究对象,选取 2015—2018 年财政补贴、税收优惠、研发投入、专利申请等核心数据披露完整的上市公司作为研究样本进行实证研究。本研究主要对以下三个问题进行解答:第一,科技型中小企业的创新活动是否具有持续性? 第二,不同补助方式对科技型中小企业创新持续性的影响存在怎样的差异? 第三,在融资约束的背景下,不同补助形式又将如何影响科技型中小企业创新持续性? 基于理论分析和实证检验,研究结论如下。

5.6.1.1 企业创新持续性的存在性

本研究以研发投入额作为创新活动的衡量指标,采用系统 GMM 进行参数估计,结果证实科技型中小企业的创新活动确实具有持续性。考虑到研发投入额并不能完全反映企业的创新活动,本研究专题以专利申请量作为创新活动的衡量指标,进行了稳健性检验。结果也证实了科技型中小企业的创新活动具有持续性这一结论。随着创新活动日益复杂化和动态化,保持创新持续性成为我国企业进一步发展的必然要求。在生产实践中,不乏在持续创新方面表现突出的优秀企业,为其他企业的创新实践提供了借鉴。国内学者苏桦芳等(2016)、何郁冰等(2017)基于中国制造业企业证实了创新持续性的存在性。段海艳(2017a)在梳理国内外企业创新持续性的相关文献时,发现已有研究主要以大规模企业作为研究对象,对中小企业的相关研究较少。相比大规模企业,一方面科技型中小企业开展创新活动的频率更高,且对技术创新水平的要求更大;另一方面科技型中小企业的"规模劣势"使其在创新过程中更容易受到创新资源不足的限制。研究科技型中小企业的创新持续性具有重要意义。在国家创新政策的支持下,科技型中小企业的创新活动可能表现出较高的持续性。针对这一问题,本研究专题借鉴了何郁冰等(2017)的研究方法,以科技型中小企业作为研究对象,与其他学者得出了一致的结论。对于科技型中小企业,无论是创新投入还是创新产出,均表现出较强的持续性。

5.6.1.2 不同补助形式对企业创新持续性的影响

本研究将政府补助分为财政补贴和税收优惠两种形式,分别对其激励效应进行检验。结果证实,无论是财政补贴还是税收优惠,均对科技型中小企业创新持续性有促进作用。财政补贴可以通过两种途径促进科技型中小企业创新持续性,从资源的角度,财政补贴作为创新资金,实际上分摊了企业创新过程中的风险和成本,使企业的创新活动变得有利可图,从而激励企业增加研发投入,开展更多、更持续的创新活动;从信号的角度,企业获得财政补贴意味着企业的创新能力、创新项目质量、发展前景等得到了政府的认可,并且对于获得财政补贴的企业,政府会进行持续的监管,进一步促进了企业创新成果的产出。相对而言,税收优惠对科技型中小企业创新持续性主要通过激发企业自主创新,为企业持续创新提供一个长期有效的环境。此外,部分税收优惠,如高新技术企业认定对企业自身的创新条件提出了要求,企业获得高新技术企业认定意味着企业具有较强的创新能力。因此,税收优惠也可以发挥信号效应,帮助企业获得外部投资者的资金支持。进一步对两者的回归系数进行对比可以发现,在相同的条件下,财政补贴对科技型中小企业创新持续性的激励效应更大。当前,中国企业并没有实现"自主创新"(何熙琼,杨昌安,2019),因此以激发企业自主创新为主的税收优惠对科技型中小企业创新持续性的激励效应不如财政补贴,这与许多学者关于财政补贴与税收优惠的比较研究结果相符。

5.6.1.3　融资约束在政府补助与企业创新持续性之间的调节作用

科技型中小企业普遍存在融资约束问题,本研究将科技型中小企业的融资约束水平分为高低两组,对其调节效应进行检验。结果显示,融资约束在财政补贴与科技型中小企业创新持续性之间发挥了调节作用。当科技型中小企业融资约束高时,财政补贴对企业创新持续性的激励效应更大,与梁彤缨等(2017)的研究结论一致。当科技型中小企业融资约束高时,企业的研发投入显著依赖于内源融资(顾群,翟淑萍,2011),此时,财政补贴能够显著增加科技型中小企业的内部资金,因而对科技型中小企业创新持续性的激励效应更大。与考察企业当期的创新绩效不同,企业创新持续性衡量了企业创新活动在某段时间内的综合表现,这在一定程度上避免了财政补贴可能产生的"挤出"作用。当科技型中小企业融资约束高时,企业依靠财政补贴开展持续的创新活动,企业会从长远利益出发,充分利用财政补贴提高自身的生存能力。相对而言,融资约束在税收优惠与科技型中小企业创新持续性之间调节作用不显著。可能的原因是,税收优惠对科技型中小企业创新持续性的激励效应主要发生在成果转化阶段和产业化生产阶段,而融资约束主要影响科技型中小企业研发阶段的投入水平。因此,融资约束对税收优惠与科技型中小企业创新持续性的关系的调节作用较少,导致结果不显著。此外,税收优惠更多地作为一种普适性政策,且通常具有稳定性,其对所有开展创新活动的科技型中小企业进行激励,具有公平、透明和非歧视的特点,对每个企业面临的融资约束程度不敏感。

5.6.2　研究贡献与启示

5.6.2.1　理论贡献

在国内外学者研究的基础上,结合本研究专题的研究结论,可能的理论贡献在于:

(1)现有文献探究了不同行业的企业创新持续性问题,却鲜有文献基于科技型中小企业的创新持续性问题进行研究。在中国情境下,科技型中小企业在开展创新活动中具有其他企业无法比拟的优势,具有较好的代表性。通过本研究,证实了科技型中小企业的创新活动具有持续性,并基于此开展了相关实证研究,进一步丰富了企业创新持续性理论。

(2)现有文献探究了影响企业创新持续性的诸多因素,却鲜有文献研究政府补助对企业创新持续性的影响。而在中国情境下,强调政府对企业技术创新的积极引导。通过本研究,证实了政府补助对科技型中小企业创新持续性具有显著影响,为研究企业创新持续性问题提供了新的视角。

(3)现有文献对政府补助与企业创新之间的关系存在"促进论"和"抑制论"两种观点,本研究专题从创新持续性的角度,证实了政府补助对科技型中小企业创新持续性的促进作用,且进一步发现,财政补贴和税收优惠对科技型中小企业的激励作用存在差异,为研究政府补助与企业创新的关系提供了新的思路。

(4)现有文献主要单独研究政府补助与企业创新的关系或融资约束与企业创新的关系,却很少有人研究政府补助、融资约束与企业创新三者之间的关系。通过本研究,证实了在不同融资背景下,政府补助对科技型中小企业创新持续性影响存在差异,为理解三者之间的关系提供了新的证据和论断。

5.6.2.2 实践启示

本研究专题在研究结论的基础上,结合科技型中小企业创新活动、政府补助和融资约束,提出以下几点建议,希望对相关实践有所启示。

首先,科技型中小企业应该更加重视创新活动的持续性。与传统企业相比,科技型中小企业的产品或服务往往具有更高的技术含量。创新是企业获得竞争力的关键,对于科技型中小企业而言,创新是企业生存与发展的动力与源泉。由于科技型中小企业普遍开展创新活动,一般的创新活动并不能使科技型中小企业建立长期的竞争优势,从而提高市场份额。科技型中小企业只有通过持续的创新活动不断提高自身的创新能力,才能在激烈的竞争中生存。科技型中小企业应结合自身发展的需求,从长远利益出发,保持研发投入的持续性,进而实现创新成果的持续性,使企业在不断的创新实践中健康成长。

其次,创新活动,尤其是持续的创新活动需要大量的资金支持,由于科技型中小企业的内部资金有限,政府补助对科技型中小企业的创新发展具有重要意义。科技型中小企业作为创新活跃群体,在提升科技创新能力、支撑经济可持续发展以及扩大社会就业等方面发挥着重要作用。为了更好地引导科技型中小企业增加研发投入,走自主创新道路,中央及地方政府加大对科技型中小企业的财政支持力度和税收优惠力度,为科技型中小企业直接或间接提供资金支持。鉴于本研究的实证结果,无论是财政补贴还是税收优惠,均对科技型中小企业的创新持续性具有显著的激励效应。政府应该针对科技型中小企业进一步完善相关政策设计,激发科技型中小企业的创新活力,使科技型中小企业能够更加频繁、更加持续地开展创新活动。与此同时,科技型中小企业应该充分、合理、高效地利用政府补助,把它真正用于企业的创新活动。更重要的是,通过政府补助拉动科技型中小企业自身的创新投入,并发挥信号作用,拓展外部融资渠道,为企业持续地开展创新活动提供长期稳定的资金供应。

最后,建立财政补贴和税收优惠的绩效评价体系,提高政府资源配置的效率和效果。鉴于本研究的实证结果,财政补贴与税收优惠的激励效应存在显著的差异。相比税收优惠,财政补贴对科技型中小企业创新持续性的激励效应更大;相比低融资约束的科技型中小企业,财政补贴对高融资约束的科技型中小企业的激励效应更大。因此,创新政策的实施应该"因企而异",通过建立财政补贴和税收优惠的绩效评价体系,并设立专门的评价机构,合理利用财政补贴和税收优惠,让创新政策能够切实发挥对企业创新的引导和支持作用。

第6章 政府科技资助与企业开放式创新模式研究

6.1 问题的提出

技术创新是企业取得竞争优势的关键来源,也是政府推动产业转型升级和社会经济发展的重要方式。企业创新活动的成果并不完全以实体产品的形态在市场上流动,还包括知识形态的创新成果,这类创新表现形式通常具有较强的创新溢出效应。带有溢出效应的研发创新成果既是一种私有产品,也是一种公共产品,对市场具有外部性,容易造成"市场失灵"现象。创新效率的提高和创新成果的产出通常需要其付出高额的人力资本和财务资本,而创新外溢减少了企业的收益回报,进而导致企业创新积极性和创新效率下降。因此,企业的创新研发互动需要政府进行有效干预,对创新资源进行合理配置,以提高创新效率。此外,企业的研发创新是一种高风险的活动,需要较高的资金投入,创新各个环节之间的彼此交互。即使企业实现了预期的创新目标,在转化为商业成果以取得创新收益的过程中也需要与多种创新资源进行交换,由于市场信息的不对称,企业在获取创新资源方面也面临着较高的成本和不确定性。新古典经济学理论为政府的创新资助政策提供了理论依据,该理论认为,政府对市场的干预可以在一定程度上缓解信息不对称程度,从而降低企业创新活动的风险。此外,由于企业技术溢出效应具有正外部性,这会导致市场自由交易机制失灵,因此也需要政府的介入。

政府科技资助是企业进行研发创新所需资金的一种来源途径,可以有效带动企业增加自身的研发投入,从而取得更多的创新成果(牛霄鹏 等,2018)。这种观点得到了大多数学者的认同。但是,政府的资助并不仅仅体现在资助经费和资助数量结果方面,更多的是一个包含了多个环节的过程,以往的研究忽略了政府科技资助过程中各个环节对企业创新活动的影响(夏文青,2009)。因此,运用过程的观点统筹考虑政府科技资助的各个环节可以有针对性地对政府科技资助的有效性进行分析,从而可以更加全面深入地探讨政府科技资助对企业创新活动的影响。

政府科技资助为企业的创新活动创造了良好的外部条件,企业通常会根据政府的相关政策来调整自身的创新决策。政府对企业的资助有效缓解了企业的资本约束,从而让企业有足够的资金从事相关的创新活动。当前,开放式创新模式逐渐成为企业创新的主流范式之一,其拓展了企业与市场进行沟通的途径。在该模式下,企业可以通过资源的流动来增强自身能力,既可以促进外部的创新资源流入企业,也可以向组织外部进行技术转让,从而实现和多方主体的动态合作(陈钰芬,陈劲,2009)。政府科技资助一方面可以向外部传递该企业资质良好、能力出众的信号,从而降低企业进行外部技术合作的阻碍;另一方面政府科技资助降低了企业创新活动的成本和不确定性,也增加了企业从事创新活动的资源,进而推动企业对内部资源整合和技术革新的进程。

对此,本研究专题基于以往学者的研究,将政策制定、执行过程以及实施结果作为政府科技资助的三个重要过程,分别探讨其对企业开放式创新模式(内向型开放式创新和外向型开放式创新)的影响效应。一方面,本研究专题可以有助于政府认识到其资助政策的各个环节如何影响企业的创新行为,为其科技资助提供针对性的建议;另一方面,本研究专题也可以对现有关于政府科技资助与企业创新研发活动的相关研究进行有益补充,对企业如何高效吸收政府资源、了解政府政策提供一定的启发和指导。

6.2　文献综述

6.2.1　政府科技资助的研究综述

6.2.1.1　政府科技资助对创新研发投入的影响

学术界对政府科技资助与企业创新活动之间的关系探讨还存在着分歧,主要围绕其对企业带来的积极影响和消极影响展开,即政府科技资助对企业创新活动中创新资源产出的"激励效应"和"挤出效应"。

"激励效应"基于降低企业创新成本和风险的角度,认为政府科技资助可以提高企业的创新研发投入,改善创新其资本结构,帮助企业获取其所需的创新资源,从而降低创新研发的风险(Yager,Schmidt,1997)。此外,由于政府的资助对象通常具有较好的发展潜力和资质,因此获得政府科技资助的企业可以吸引更多的外部投资(Kleer,2010)和创新资源。解维敏等(2009)基于中国上市公司数据,研究发现政府对企业进行资助补贴可以激励企业的创新行为。面临高投入、高风险的创新活动时,企业可以通过政府科技资助来获取更多的技术机会,降低成本,提高收益率。企业研发投入是政府科技资助和税收优惠对企业行为的直接影响路径,这种激励作用会进而促使企业增加 R&D 支出和创新投入(Guellec,2003)。当政府科技资助具备稳定性和长期性时,那么企业的研发投入会更高,激励效应更显著(陈钰芬 等,2012),这会提高企业的创新能力,并产出更多的创新性成果(郭玥,2018)。

"挤出效应"是指政府科技资助对企业的研发创新活动所产生的负面影响,使企业减少 R&D 投资。对企业所要从事的创新项目进行政府科技资助将减少企业自身对该项目的 R&D 投资,此时政府科技资助的作用仅仅是对企业研发支出的一种替代(许治,2006)。根据供求理论,当政府对企业创新活动进行资助时,市场上对 R&D 投入要素的需求就会上升,便会抬高这些要素的价格。因此,企业进行 R&D 投资的成本就会上升,从而减少这部分投资(解维敏 等,2009)。此外,政府资产补贴还面临着道德风险,企业可以释放进行研发创新的虚假信号信息,政府的事前审查和事后监管不到位会致使信号甄别能力下降,从而削弱政府科技创新资助对企业的"激励效应"(安同良 等,2009;郭玥,2018)。

除了政府科技资助对企业的影响效应的二元划分,学者们针对具体情境(如资助的适度性、周期性)进行了更细致的研究。毛其淋和许家云(2015)对政府补贴与中国制造业企业的产品创新间关系进行了实证分析,结果表明政府补贴存在一个合理的"适度区间"。不同强度的补贴会对企业的研发创新活动造成差异性影响,只有维持在适度范围内的政府补贴才会对企业创新产生正向影响效应,而高额度的补贴会严重削弱这种正向影响。从资源配置的角度看,这可能造成资源浪费(马文聪 等,2017)。翟海燕等(2015)对企业获得的政府科技补贴进行了短期和中长期的划分,研究发现政府科技补贴在短期内可以有效激励企业的研发投入行为,但是这种激励效应在中长期并不显著。此外,还有学者研究发现政府科技资助与企业研发投入之间并不存在相关关系,即不存在激励效应,也不存在挤出效应(Görg,Strobl,2005;Gonzále,Pazó,2005;Klette,Møen,2012)。

6.2.1.2 政府科技资助对创新效率的影响

虽然创新研发投入的增加能够带来一定的创新成果产出,但仅仅以企业 R&D 支出是否上升作为衡量政府科技资助的影响效果是不全面的。基于此,一些学者结合了企业研发投入和产出来探讨政府科技资助对企业创新效率的影响。

Choi 等(2011)研究发现,政府进行直接投资或税收优惠可以显著提升企业的创新效率。政府可以通过科技资助促进技术增长、推动企业创新能力发展,在增加企业研发投入的基础上能够促进企业创新效率的提高(Chang et al.,2006)。此外,对企业直接进行资金资助还可以提高新创产品产值并增加专利数量(郭研 等,2015),减轻企业进行融资的压力,对企业创新研发方向进行正确引导,从而促进企业创新效率的提高(郭晓丹 等,2011)。政府科技资助的优势还在于可以为企业创新资源的集聚提供多种渠道,降低企业面临的市场风险,提升企业的创新绩效(白俊红,李婧,2011)。Greco 等(2017)基于欧盟创新调查数据库将政府科技资助划分为欧洲基金、国家基金和地方基金三种,研究结果表明国家和地方的科技资助能够显著提高企业开放式创新效率。由于直接补贴属于事前激励,而税收优惠属于事后激励,虽然这两种不同的资助政策都对企业创新效率提升有促进作用,但是激励效应的大小存在差异。李敬(2018)的研究表明政府科技资助对创新效率的影响受企业规模大小的调节,当企业规模较大时,政府直接补贴对企业创新效率的提升越显著。

不同于上述学者的研究结论,也有学者对此提出了相反的观点,认为政府科技资助并没有促进企业创新效率的提高。税收可以看作企业创新活动取得成功的一种成本,有实证分析表明政府的科技资助仅仅促进了企业的创新研发投入,但企业的创新效率并未得到提高(熊维勤,2011)。政府的资助(包括直接补贴和税收减免)虽然对企业的创新研发投入具有显著正向影响作用,但对研发效率的影响并不显著(郑延冰,2016;陈庆江,2017)。创新活动是从技术研发到成果转化的一个统一过程,创新效率可以划分为两个阶段,邱兆林(2015)的研究结果表明政府科技资助对企业的研发效率和转化效率的影响均较小,即政府干预对企业创新效率的影响并不显著。

除了上述政府科技资助与企业创新效率间线性关系的探讨,Justo 和 Cristina(2011)的实证研究表明数额较小的资助补贴对企业创新效率的提升并不影响,只有资助数额达到一定规模时,创新效率才会显著提升,这表明政府科技资助与企业创新并非一种简单的线性关系。任保显和王洪庆(2019)基于中国高技术产业的研究也得出了类似的结论,政府科技资助在初期并不能显著促进企业技术效率的迅速提升,但是随着企业的逐步发展,补贴资助的激励效应逐渐上升,并达到创新效率的峰值。然而,随着政府 R&D 资助的进一步加大,企业创新效率又会下降,即它们两者之间表现为一种倒"U"形关系。

6.2.1.3　政府科技资助的作用机制

政府科技资助的作用机制主要包括创新补助的额外研发性(R&D additionality)和行为额外性(behavioral additionality)(郭玥,2018)。额外研发性关注政府科技资助对企业创新活动的直接影响,即探讨企业的无偿资金扶持是否提升了企业的创新效率和效益。行为额外性是指政府科技资助影响企业研发创新活动的间接路径,科技创新资助通常会对企业外部投资者传递积极信号,从而促进对企业创新活动的投资行为决策。政府创新补助的信号传递机制强调,企业获取政府的资助可以向外传递企业自身运营状况良好和企业绩效卓越的信号,帮助企业获取更多的外部投资进行创新研发活动(郭玥,2018)。

6.2.1.4　政府科技资助的方式

政府通常采用两种方式对企业科技创新活动进行资助,包括研究补贴资助和税收优惠,其中税收优惠包括直接税收优惠和间接税收优惠两种形式(张桂玲,左浩泓,2005)。不同的资助方式对企业研发投入的激励效应有所不同,直接税收优惠(免征、减征和优惠税率等)能最大限度地刺激企业 R&D 投入增加,降低了企业创新研发活动的利润风险。直接资助补贴(研究补贴和科技计划等)可以降低企业创新活动的总成本,其激励效应次之。间接税收优惠(税前扣除和投资抵免等)以降低企业科技创新边际成本的方式对企业研发投入产生正向影响,这种激励效应最弱(马文聪 等,2017)。资助补贴、税收优惠能否达成预期的目标,很重要的一点在于这种政策设计如何有效地影响企业层面的行为(柳光强,2016)。在信息不对称的情况下,企业追求的是经济利益最大化,而政府的资助和补贴往往要考虑到社会利益。此外,政府科技资助往往具有特定的行业倾向,从而造成一种不均衡的激励效应,又由于政府激励目标和企业发展目标部分不相容,由此造成了资助补贴和税收优惠差异化的激励效应(柳光强,2016)。

具体来看,政府科技资助补贴所带来的激励作用是一种事前效应,会直接增加企业的收入和投入,具有确定性、指向性和引导性;而税收优惠对企业的激励通常是事后效应,主要用于降低企业的税后成本,具有相对稳定性,企业对其有更大的使用自主性(柳光强 等,2015)。就企业创新活动而言,政府创新补贴包括:①研发补贴,即在企业研发阶段对其进行资助;②专利或知识产权补贴,即在企业申请专利时进行资助;③成果转化补贴,即在企业将研发成果商业化的阶段进行资助补贴(彭若弘,苏玉苗,2019)。一般而言,政府科技资助补贴会依据经济发展需要进行调整,对资助对象进行筛选、审查,并对资金使用情况进行监督,其本身具有较强的政策性和可控性,可以对企业的创新活动产生直接影响。但由于信息不对称的存在,以及财政资助存在的时滞情况,其对企业的激励效应可能存在着不确定性。相对于资助补贴,税收优惠的特点在于,它给予企业较大的自主使用权,企业可以根据自身需要及时将其投入相应的研发创新活动中,能动性更强(David,Hall,2000)。此外,税收优惠政策通常由财政部、税务总局乃至国务院制定,并依据相关的法律执行,因而具有更好的稳定性(柳光强,2016)。就资助补贴和税收优惠的激励效应而言,一些学者认为税收优惠给企业的创新活动产生的激励作用比资助补贴更强(戴晨,刘怡,2008;马文聪 等,2017);而另一些学者的研究表明,财政补贴通过直接增加企业的研发投入,其激励作用强于税收优惠(刘全清,2015)。

税收优惠、资助补贴激励的机制不同,以及企业发展阶段、产业类型、企业规模的差异,从而造成了两类资助方式在激励效应上存在差异。对于处于初创期的小型企业来说,资助补贴的激励更有效(Busom et al.,2014),如果企业处在成长期,那么税收优惠的激励作用更显著,而当企业的发展步入成熟期,则政府补贴的正向激励作用最强。在行业分布上,彭若弘和苏玉苗(2019)的研究表明,资助补贴对信息、软件和技术服务行业的激励作用普遍强于其他行业。此外,企业规模也是调节政府补贴与企业创新绩效间关系的一个重要变量,当企业规模较小时,资助补贴的激励作用强于税收优惠,而当企业规模逐渐变大时,资助补贴的激励效用会被削弱。

6.2.2 创新模式的研究综述

6.2.2.1 创新路径

企业的创新活动是一个连续、系统的过程,涉及研究、开发、生产和创新成果市场化等一系列复杂的活动。产学研合作协同和内部创新要素整合是企业获取技术优势和提高创新绩效的重要外部、内部途径。通过及时了解外部市场的信息,获取高校和科研院所的前沿知识和技术,企业可以降低研发创新的成本和风险。同时,基于技术创新和技术转化两阶段的内部资源要素整合可以促进企业创新能力的积累与提升,进而提高创新效率和绩效。

产学研协同是提升企业技术创新水平的外部途径,企业、高校和科研机构是产学研协同的三类核心主体。企业通常以获取其他两方的支持作为创新活动的外部支撑,以相应的合作规则和机制为基础开展相应的研发创新活动、信息获取和设备共享等,并对创新活动所带来的收益进行共享,以此推动企业技术进步(仲伟俊等,2009)。优势互补、互利互惠是产学研系统的原则和基础,通过合作,企业可以获得高校和科研机构的人才和技术优势,将其转化为经济效益,并与高校和科研机构共享收益回报,实现其与社会效益的统一。学术界就产学研协同对企业创新绩效的影响存在两种观点:负向效应和正向效应。持负向效应的学者们认为,由于产学研三类主体间的信息不对称,一方面,企业对科研机构研发成果的识别不足(杨以文 等,2012),另一方面,科研机构有可能隐瞒科研成果,这会导致彼此之间产生矛盾冲突,进而影响企业创新效率的提升。此外,高校与科研院所的研究成果以刊登学术期刊为主,这就导致企业在研究成果商业化的过程中遇到了阻碍(Hershberg et al.,2007)。但也有学者的研究为产学研对企业创新的正向影响效应提供了证据,企业研发人员可以通过与大型和科研机构的接触和合作获取有关创新的静默知识,了解前沿性技术(Schartinger et al.,2002)。研究机构的研究成果可以推动企业成长和发展,高校的人才培养为企业提供了创新活动所需的人力资源,产学研协同合作提高了创新研发的效率以及研发成果的转换率,提高了企业的创新绩效(宋丽梅,2020)。王保林和张铭慎(2015)对产学研协同对企业创新绩效的两类影响进行整合,发现两者之间存在一种倒"U"形关系,即适度的产学研合作可以帮助企业获取新知识并提高创新能力;但是随着合作的不断深入,企业和高校、科研机构之间的目标差异以及机构属性差异会削弱产学研协同所带来的正向效应,使得企业创新绩效下降。

企业除了可以通过产学研协同的外部途径来提高自己的创新绩效和效率,企业内部创新要素的整合协同也可以对创新行为进行解释。企业内部各要素之间通过非线性方式进行整合既是促进企业创新活动的一种文化氛围,也具有促进企业创新涌现的机制作用。协同学理论认为创新是企业内部各创新影响要素的整合,创新整合机制的形成将使企业形成一种自觉的组织创新行为(白俊红 等,2008)。中小型企业可以通过内部要素协同整合提升自身创新水平,各要素通过复杂的相互作用可以达到单个部分所不能达到的整体效果(聂婷婷,2015),在产品研发方面显著缩小与大企业的差距(Nieto,Santamaria,2010)。就内部要素整合对创新绩效的影响来看,大多数学者将其划分为与创新相关的核心技术要素和其他非技术支撑要素的协同整合。技术要素可以基于企业自身的科技研发和企业外部产学研的协同创新获得,企业内部关键的几类非技术要素包括组织要素、文化要素和市场要素(聂婷婷,2015)。具体而言,其包括战略的整体协同、组织文化的开放程度、科研技术的先进性和竞争性,组织结构的扁平化程度以及企业规章制度的柔性协调(贾生华 等,2005;陈光,2005;白俊红 等,2008)。市场要素也是推动创新绩效提高的关键因素,将研发活动与市场对产品或服务的需求有效整合是创新绩效提高的必然要求(陈劲,阳银娟,2012)。企业创新绩效的提升受到技术创新和组织创新的制约(郭斌 等,1997),即企业只有将技术要素和组织要素置于同一个平衡路径,兼顾两者的协同整合,才能推动企业的创新活动的发展(官建成,张爱军,2002)。企业创新文化差异也是造成企业创新表现不同的重要因素(Chapman,2005),创新文化氛围可以通过影响个体和团队的行为(Tung,Chang,2011),拓宽企业获取外部知识的渠道,促进企业内部的知识共享,从而对企业创新绩效的提高起到推动作用。可以看出,企业的创新活动是一个动态化、系统化的过程,强调各创新要素的整合协同,使创新在自觉行为的状态下涌现,提高企业创新活动的效率。

6.2.2.2 开放式创新模式

开放式创新模式已经演变为组织创新的一种新范式,Chesbrough(2003b)最早提出了开放式创新的概念。开放式创新认为,企业应该并且能够利用内外部的信息和市场渠道来获取和提高其创新能力和优势。开放式创新是一个将内外部信息融合在一起的一个平台、系统和架构(West,Bogers,2017)。Chesbrough(2003a)对开放式创新的定义是,开放式创新是一种分布式的创新过程,其基于组织边界的各种知识流管理,该模式可以为组织带来如何利用知识、信息流以提高创新成功率的构念(Chesbrough,2006)。从资源基础观的视角来看,开放式创新包括对内和对外两个方面,对内指的是企业积极整合内外部资源,从而为自身创新提供有利条件;对外指的是企业将自己所拥有的有价值的技术和知识与外部市场进行转让或交易,以此获得报酬。West 和 Bogers(2014)认为,开放式创新是一种系统化、整合化的创新行为,不同于各类创新活动的简单堆积。Carayannis 和 Meissner(2017)指出开放式创新是一个动态的复杂过程,由于各类知识的复杂性(市场、技术和用户等),使得该创新模式具备跨学科、跨地域、跨机构和跨时间的特征。

学术界普遍将开发式创新模式划分为两种:内向型开放式创新和外向型开放式创新。内向型开放式创新指的是企业积极获取外部的有价值资源,并将多种资源输入、整合到企业内部,通过自身的技术革新和组织管理来开展相关创新活动的过程。外向型开放式创新指的是企业将自身所具有的知识和技术与外部进行对接,运用自身的创新网络将其传递给其他组织进行商业化的过程,包括技术外部授权、技术衍生企业和技术服务等内容(Chesbrough,Crowther,2006)。此外,依据开放式创新的深度和广度,有学者对开放式创新模式进行了更细致的划分:基于市场的创新战略、基于社会群体的创新战略、基于网络的创新战略和合作创新战略。

目前,内向型开放式创新和外向型开放式创新作为开放式创新的两种类型,得到了学术界的普遍认可,也是最广泛的一种划分方式。此外,由于政府科技资助是本研究专题的研究变量之一,其为企业带来的是创新资源的流入,并向外部传递了相关的信号,符合以创新资源和知识流动方向的开放式创新模式划分。因此,本专题也选择了内向型开放式创新和外向型开放式创新的经典划分方式。

在开放式创新模式下,企业可以降低其自身资源的局限性,对外部资源进行积极探索以提高资源的利用效率,进而正向推动创新绩效的提升(王智新,赵景峰,2019)。刘娇(2018)认为,开放式创新模式提高了企业对外部创新资源的利用程度,在承接外部资源的时候,企业可以对已有的留存资源进行转化,提高其利用效率,通过内外部的资源碰撞,企业实施创新活动的能力得到提高。赵芬(2019)指出,开放式创新模式能够提高企业将知识资源商业化和知识管理的能力。此外,有一部分学者的研究表明,基于不同的企业知识吸收能力,内向型开发式创新与企业绩效之间表现出一种非线性的关系。周章庆(2018)的研究表明,就内向型开放式创新而言,在短期内会降低创新绩效,而长期来看,与创新绩效呈倒"U"形关系;就外向型创新而言,其对创新绩效的影响是一个先削弱后提高的过程。

有关开放式创新模式的动因研究较少,从过程的角度来看,开放式创新活动被视作包括了一系列活动的有机集合体。Lichtenthaler(2011)加强对知识的搜寻、融合以及利用可以推动资源的流动、整合和质变,进而提高开放式创新水平。当然,有目的的知识的流入与流出也可以促进开放式创新(Chesbrough,2010)。

对于开放式创新模式的测量,多数学者依据了 Chesbrough(2003a)的划分——内向型创新和外向型创新——来调整、设置开放式创新的题项。张振刚等(2015)在 Chesbrough(2003a)两维度划分的基础上,结合了国内企业的实际情况,建立了相关的解释模型,经过有效的修正和完善,得到了一份 10 题项且信效度良好的量表。此外,李显君等(2018)将开放式创新划分为创新理念和开放程度两部分,并设置了一个 14 题项的量表;陈艳和范炳全(2013)基于能力的视角将开放式创新模式划分为内部、外部发掘能力,内、外部保留创新成果的能力以及内、外部对所吸收创新资源的再开发能力。

本研究专题根据研究的需要以及过往学者的研究,借鉴了张振刚等(2015)修订和验证的开放式创新模型量表,该量表以 Hung 和 Chou(2013)等关于该领域的核心文献为基础,将开放式创新模式划分为内向型开放式创新和外向型开放式创新,共计 10 个题项,且具有较高的信效度。

6.2.3　构建高层管理团队社会网络的人力资源实践

高层管理(高管)团队(top management team,TMT)社会网络指的是,企业高管团队人员与内部员工和外部关键利益相关者所建立的关系系统,是获取即时、相关外部环境信息的重要来源(Collins,Clark,2003)。通常,经由高管团队社会网络所获取的独特资源可以为企业提供具有竞争优势的资源，尤其是对高新技术企业 (Barney，1991)，企业可以通过相应的人力资源实践支持活动来发展和维持高管团队的社会网络。Collins 和 Clark(2003)指出，构建社会网络的人力资源活动包括培训、激励和绩效考评等，这些因素都对高管团队的社会网络构建具有重要影响。

已有研究表明，与高管团队社会网络构建相关的人力资源实践活动可以显著提升企业高管团队所拥有的社会网络，促进企业高管人员与企业内外部利益相关者、合作伙伴建立关系。构建高管团队社会网络的人力资源实践本质上是为了丰富人力资源框架，蕴含"权变思想"(林亚清，赵曙明，2013)，是差异化人力资源系统的重要组成部分，这种实践系统可以帮助高管团队收集、整理那些推动企业柔性发展的信息(Mintzberg，1973)。此外，作为一种重要的企业资源，高管团队的社会网络需要组织层面的行为去推动，而与此相关的人力资源实践活动就是一种高效的投入。

高管团队社会网络的重要性已经得到了学术界和企业界的高度关注，高管团队的知识、经验、价值观、行为模式会通过战略决策的过程影响组织的行为和产出(李乾文 等，2012)，包括创新行为和模式(Bantel，Jackson，1989)、战略柔性(林亚清，赵曙明，2013)和组织变革(Grimm，Smith，1991)等。企业高管团队通过其在组织内部所处的尖端位置，能够通过对内外部关键信息的收集和再分配来影响组织的信息流(Collins，Clark，2003)，这种高管团队社会网络附带的信息结构和信息强度可以为组织带来竞争优势和更高绩效。

人力资源管理的实践活动是有效指导员工构建自身社会关系的有效工具，组织在高管团队建立内外部关系网络时提供相应的培训和资金支持能够为企业和员工带来双重价值(张少琛，2017)。组织如何为高管团队社会网络资源的建立和维护提供支持也显得十分重要。战略性人力资源管理相关研究表明，企业可以通过人力资源实践活动来创造和支持这类网络资源(Dunford et al.，2001)。Wiersma 和 Van Denberg(1999)也指出，人力资源实践是组织促进和管理员工所拥有的社会网络资源的一种重要方式。

对于构建高管团队社会网络的人力资源实践的测量，学术界以 Collinns 和 Clark(2003)发展的概念量表为权威，其认为构建网络的人力资源实践活动包括培训、绩效评估以及对帮助和鼓励团队成员构建网络的激励等。该量表共八个题项，且表现出了较好的信度(Cronbach's α 系数为 0.76)。林亚清和赵曙明(2013)在中国情境下进行相关研究时，以 Collins 和 Clark(2003)的量表为基础，并基于国内人力资源管理专家的评估和对相关企业的访谈后，对其中的部分条目进行了修改，以更适用于中国的情境。他们删除了其中的"高管团队成员相互指导如何与企业中其他成员保持良好的工作相关的人际关系"条目，并保留了其余的七个条目。

6.2.4　理论述评

政府科技资助历来都是学者们热衷研究的话题,其主要意义在于缓解市场上的信息不对称程度,降低企业进行相关创新活动的风险。学术界对政府科技资助与企业创新研发投入、创新绩效、创新效率之间的关系进行了广泛而深入的探讨,但仍未达成较为一致的意见,目前主要存在政府科技资助的"激励效应"、"挤出效应"和倒"U"形关系三种观点。政府科技资助之所以会对企业产生不同的影响结果,原因在于政府补贴的强度、补贴的周期不同等。此外,政府科技资助的不同方式也会对企业的创新活动产生不同的影响,仅从补贴的直接结果来看,资助补贴具有较强的确定性和指向性,而税收优惠对企业来说具有更高的自主性。企业所处的不同发展阶段、所在行业以及企业的规模大小等因素,这些都是造成政府科技资助不同方式产生不同程度激励效应的重要影响变量。

可以看出,就政府科技资助的直接结果对企业创新活动的影响来看,学者们已经从各类边界条件、多个视角出发进行了丰富的研究,其主要集中在创新绩效、研发投入和创新效率三个方面。但是,上述研究结果大多源于面板数据的直接分析,对企业创新的影响结果也停留在静态方面,缺乏政府科技资助与企业创新活动的动态性、过程化研究。对此,有学者从过程的视角对政府科技资助进行了阶段性划分,不仅仅考虑了政府科技资助的实施结果(资助的数量和经费),还对其进行了向前延伸,纳入了对政府科技资助的政策实施和执行结果的考量,开辟了政府科技资助相关研究的新视角。

就企业的创新路径而言,企业往往通过内部和外部两类途径进行研究开发和创新,包括产学研协同和内部创新要素整合两种方式。学者们运用协同理论对企业创新水平的提高以及创新行为进行了大量研究,并对推动企业创新的重要内部要素进行了分析和梳理,并发现将外部资源输入企业内部,进行高效的整合和协同,可以有效推进自身的创新水平。开放式创新作为一个新兴的创新领域,有关开放式创新的研究也呈逐年递增的趋势。开放式创新模式的特点可以概括为开放性、复杂性、反馈性和普遍性。开放式创新不仅仅包括从企业外部获取有价值的资源和信息,也包括将企业内部的技术进行外部化输出。

但是,对已有的文献进行梳理后发现,学术界对内向型开放式创新的关注较多,而对外向型开放式创新的研究较少。随着我国法律法规的完善,以及政府相关政策的制定和出台,我国企业在实践中越来越多地从事着外向型创新活动。此外,现有研究对企业对外的开放广度研究较多,但对开放模式的研究不够深入,多数研究着重探讨了企业与外部利益相关者的沟通,而有关企业对外部资源的获取并没有进行深入探讨。企业的创新模式不仅要关注其开放度,还要关注其对外界资源的吸收与转化,在本研究专题的研究中将内向型创新和外向型创新同时纳入了研究范畴。

构建网络的人力资源实践属于战略人力资源管理实践的范畴,以往的学者大多关注了针对员工的人力资源实践,而忽略了针对企业高管人员的人力资源实践。对已有文献进行阅读和梳理后发现,多数学者研究了构建高管团队社会网络的人力资源实践对企业建立内外部关系网络的重要作用,并且能够显著提高企业绩效。通常,构建高管团队社会网络的人力资源实践是一个长期、复杂的过程,内容涵盖了人力资源活动的各方面,并对企业的发展模型、战略方向等均产生了重要影响。

然而,社会网络以及关系网络在中国情境下具有其特殊的情境适用性,尤其是基于人情和关系的中国社会,发展和构建高管团队的社会网络不仅具有极其重要的价值,也是有效推进人力资源战略的重要部分。目前,关于此概念在国内的相关研究成果并不多,更多地探讨了其对企业绩效的影响,缺乏构建高管团队社会网络的人力资源实践在企业对内对外资源整合、信息获取过程中的作用研究。

政府科技资助涉及各个主体、多个流程,这其中的每个环节都会影响政府科技资助的有效性,并对企业的创新行为和活动产生影响。从影响结果来看,政府科技资助除了会直接对企业的研发投入和绩效产生影响,基于过程的观点认为,政府对企业的利好政策、经费资助还可以对企业的发展模式、创新行为产生推动作用,但还缺乏相关的实证研究。此外,就政府科技资助对企业的创新影响效应而言,鲜有研究从信号传递以及人力资源系统的角度对其进行分析,尤其是高管团队在政府资源转化为企业资源过程中的作用。因此,本研究专题借鉴已有学者的做法,将政府科技资助划分为政策制定、执行过程和实施结果三个阶段,分别探讨其对企业开放式创新模式的影响,并纳入构建企业高管团队社会网络的人力资源实践,从而为政府和企业的管理与实践提出可行的建议和对策。

6.3　研究假设

6.3.1　政策制定对开放式创新模式的影响

政府制定资助政策可以引导企业获取有利资源,带动企业创新活动,从而形成行业内良好的研发环境和竞争环境。由于政府的资助政策具有指导性和前瞻性,因此政府部门往往利用较丰富的数据资源和更开阔的眼界来为各行业各部门进行政策指导和帮助。此外,企业可以通过资助政策了解政府意愿,出于获取资源以及承担责任的动机,企业往往会尝试将自身的发展方向和社会发展方向相结合,而资助政策的制定是社会发展的一个指向性方向。企业可以通过研究分析政府科技资助政策,了解行业发展动态和方向,从而给自身更准确的定位,走在社会发展的前端。

开放式创新是一种企业有目的地利用内部和外部有价值的知识来加速内部创新、拓展外部市场范围的创新活动。该模式的一个核心特点是让企业外部资源流入企业以更好地服务内部创新,这里就需要同时考虑创新过程和创新活动中的利益相关者,在创新活动的不同阶段,实现与创新链中不同利益相关者角度、多方式的动态合作的技术创新。内向型创新和外向型创新是企业进行创新活动的两种战略途径,既要利用现有知识以提供更高质量的产品和服务,也要不断探索前进,产出新产品和新服务。两类创新的特点是对已有知识的巩固和立足于知识基础进行扩充。

但是,由于创新活动的技术风险、市场风险较大,基于规避风险的考虑,企业通常不愿意开发新的创新模式来进行技术创新。政府科技资助政策的完善性可以有效影响企业内部的资源配置,提高其研发效率,进而影响其创新决策活动。资助政策的激励作用可以刺激和推动企业进行创新活动,企业是创新活动的主体,但是开放式创新的整个过程需要多方面的协调来实现,市场、政府和企业都在其中发挥着重要作用。政府科技资助政策的完善性、持续性可以加强企业对市场机会的感知,缓解破坏性创新带来的压力,企业可以通过内向型创新来渐进性突破,进行价值创造。

此外,由于研发网络以及扩散知识的结构存在缺陷,政府可以通过制定政策引导市场和企业进行创新决策,克服市场失灵,培育技术创新能力,使得各相关主体聚焦于某创新领域,企业也将不再独立地、封闭化地开展研发创新,而是突破边界和约束,与其他利益相关者在互动互联中,实现资源的高效流动,使得创新目标得以实现。同时,企业也可以开辟新的市场,探索新的渠道,进行新技术的探索,从而推进外向型创新的开放创新模式。基于以上分析,本研究专题提出如下假设:

H1a:政府科技资助的政策制定对内向型创新模式具有显著正向影响。

H1b:政府科技资助的政策制定对外向型创新模式具有显著正向影响。

6.3.2　执行过程对开放式创新模式的影响

政府科技资助政策的执行过程也在企业创新模式的开发中起着非常重要的作用,虽然完善的资助政策能起到扫清不公平竞争、服务支持、资源、信息不平衡等障碍,但是值得注意的是,资助政策在其执行过程中可能存在政策弱化的倾向。当为企业创新活动提供一些服务时,如果缺乏有效的沟通或者未建立专门的资助部门,这就可能造成企业创新成本上升,创新资助的投入到账不及时,延长企业创新活动的周期。信息政策的不透明也会导致企业不能及时了解到相关信息,从而错失寻求政府科技资助的机会。所以,只有资助政策在良好执行的前提下,企业从政府获得的资助才能得到最大限度的发挥,企业的创新活动也能顺利进行。

内外部资源和内外部市场是开放式创新的两个核心要素,这要求企业综合利用内外部技术、产品和创意,并收集市场信息反馈给企业各个部门。由于开放式创新不再是一个简单、线性的过程,它涉及技术、学习、生产和需求等诸多要素的复杂的相互过程,在这个过程中,企业会与其他利益主体结成复杂的网络链接。资助政策的良好执行依赖于信息平台的通透程度,在现如今的市场背景下,各利益相关者对企业的经营活动拥有越来越多的话语权,利益相关者的积极参与显得十分重要。就企业而言,当政府信息平台通透时,企业能更好地了解其政策意愿,配合其政策执行。此外,资助政策的明确执行对象和资助对象可以保证政策执行的广度和深度,明确执行部门和流程,也可以大大减轻企业创新活动的成本。另外,政策资助的管理体制也是必要的,政府部门在制定政策后,如果能深入企业、深入项目,做好必要的事前评审、事中监督和事后考评等工作,可以确保资助的有效性。企业也可以在这个过程中,扩展自己的利益关系网络,通过政府获取更多的资源,提高开放性创新模式水平,获取更多异质性的资源,通过吸引更多创新相关者,以内外部知识的交互和融合来进行外向型开放式创新。同时,资助政策的良好执行还可以使得企业投入和资助投入形成一种良好的互动,政府科技资助的明确性以及监管性可以形成一种示范、引导和调整的作用,增强企业内部知识创造的动力和积极性,继续细化和改进已有项目,促进内向型开放式创新。基于以上分析,本研究专题提出如下假设:

H2a:政府科技资助的执行过程对内向型创新模式具有显著正向影响。

H2b:政府科技资助的执行过程对外向型创新模式具有显著正向影响。

6.3.3 实施结果对开放式创新模式的影响

政府科技资助政策的实施结果是指在政府科技投入的资助下,政府对企业的资助经费和企业执行政府科技资助项目数量的情况,也就是政府实际资助经费情况和执行政府科技资助项目的数量情况。基于降低企业创新成本和风险的角度,政府科技资助可以提高企业的创新研发投入,改善创新其资本结构,帮助企业获取其所需的创新资源,从而降低创新研发的风险。此外,由于政府的资助对象通常具有较好的发展潜力和资质,因此获得政府科技资助的企业可以吸引更多的外部投资(Kleer,2010)和创新资源。这种对外部的信号传递可以释放一种积极的信号,进而可以帮助企业构建创新网络,与网络成员共同研发、协助,在互动和联系中,创新资源的需求方能够将创新技术所存在的问题进行反馈,从而有利于企业开放式创新模式的形成。

创新战略是对企业在创新活动中采取的主要行为模式的概括性描述。内向型创新与外向型创新,是企业的两种性质不同的技术创新活动。外向型创新是指企业实施创新以转让自己的技术,需要跳出已有的知识框架,去学习新知识、探索新技术、搜索新渠道;内向型创新是指企业实施创新以满足现有的客户和既有市场的需求,需要对既有知识进行深入挖掘、提炼、再应用,去发现可以改良和提升的空间。

政府对企业进行资助补贴可以激励企业的创新行为。面临高投入、高风险的创新活动时,企业可以通过政府科技资助来获取更多的技术机会,降低成本,提高收益率,机会的增加可以为企业创新资源的集聚提供多种渠道,有利于企业探索更多的外部市场,获取外部资源,进行外向型创新。此外,内部创新要素整合是连接政府科技资助和企业创新活动的重要桥梁,企业内部各要素之间通过非线性方式进行整合既是促进企业创新活动的一种文化氛围,也具有促进企业创新涌现的机制作用。协同学理论认为创新是企业内部各创新影响要素的整合,创新整合机制的形成将使企业形成一种自觉的组织创新行为。政府的直接资助投入和项目资金数量可以缓解内部资金压力,让企业有更充足的资源和人力资本进行内部优化和整合,进行内部管理和建设,使创新在自觉行为的状态下涌现,让企业充分利用已有资源,对既有知识进行升级,从而推动内向型开放式创新水平。基于以上分析,本研究专题提出如下假设:

　　H3a:政府科技资助的实施结果对内向型创新模式具有显著正向影响。

　　H3b:政府科技资助的实施结果对外向型创新模式具有显著正向影响。

6.3.4　构建高层管理团队社会网络的人力资源实践的调节作用

　　高管团队被认为是影响企业员工的行为、整体绩效以及战略方向的重要因素,往往在组织内部发挥着核心领导的作用,会对企业战略的制定以及战略的落地执行产生重要影响。在信息化、网络化迅速发展的今天,企业已经和外部环境形成了动态的互动关系,其发展高度依赖外部环境,传统的针对高管的人力资源管理模式已经不能满足企业发展的需要。Collins 和 Clark(2003)在对人力资源管理系统的梳理和划分基础上,创造性地提出了构建高管团队社会网络的人力资源实践,该实践活动以发展和管理企业内高管团队的社会网络为主要目标,进而通过社会网络获取相应的资源,具体来说,实践内容包括拓展高管团队社会网络的培训、绩效评估和薪酬激励等措施(Collins,Clark,2003)。

　　企业通过构建正式和非正式的高管团队社会网络可以拓展高管团队的网络资源,培养高管团队的网络构建能力,从而可以帮助企业获取开放式创新所必需的知识资源、信息资源和物质资源等。信息理论(Galbraith,1973)指出,组织在面对外部环境变化时,为了减少不确定性并增加收益,需要通过相应的实践活动来收集和使用信息。高管团队往往在企业内部处于核心地位,把控着企业内部和外部的资源流动,可以对其进行有效识别和利用。

　　政府所制定的相关资助政策可以引导企业获取其需要的资源,完善的配套法规体系可以为企业的创新行为和活动扫清障碍,但是,在运用政府信息资源和资助资源的过程中,企业内部可能存在着冲突和分歧,从而弱化了政府科技资助对企业的积极影响。此外,缺乏柔性和网络构建的高管团队往往无法高效地联结政府资源、投资者资源、合作伙伴资源。此时,企业内部较高程度的构建高管团队社会网络的人力资源实践活动一方面可以帮助企业获取大量的外部信息,另一方面也可以对企业已有的内部信息资源进行开发,实现信息、资源的高效流动。在多个利益相关主体资源的互动过程中,企业可以突破边界和约束,开展更多的开放式创新活动。在较高水平的高管团队社会网络人力资源管理实践下,企业搜索信息和技术的成本降低,进行技术革新和商业化的途径增加,对政府科技资助资源的输入和输出具有放大效应,拓展了资源的运用范围和途径。

　　相反,如果企业构建高管团队社会网络的人力资源管理实践水平较低,那么企业对外部相关资源的接触数量、接触多样性和接触强度都会减少或降低，从而削弱了政府科技资助的积极效应。此外，低水平的高管团队社会网络构建表现为成员间较少的学习和交流，这阻碍了多样化知识的形成，缺乏统一的价值判断，进而削弱了对政府资源的运用能力。缺乏和多种利益相关者互动的社会网络无法提供更多的信息，也堵塞了企业对外技术转让、技术服务的途径，对企业的开放式创新活动造成损害。基于以上分析，本研究专题提出如下假设：

H4a：构建高层管理团队社会网络的人力资源实践显著调节政策制定与内向型创新模式间关系，即构建高层管理团队社会网络的人力资源实践水平越高，这一关系更强。

H4b：构建高层管理团队社会网络的人力资源实践显著调节政策制定与外向型创新模式间关系，即构建高层管理团队社会网络的人力资源实践水平越高，这一关系更强。

H4c：构建高层管理团队社会网络的人力资源实践显著调节执行过程与内向型创新模式间关系，即构建高层管理团队社会网络的人力资源实践水平越高，这一关系更强。

H4d：构建高层管理团队社会网络的人力资源实践显著调节执行过程与外向型创新模式间关系，即构建高层管理团队社会网络的人力资源实践水平越高，这一关系更强。

H4e：构建高层管理团队社会网络的人力资源实践显著调节实施结果与内向型创新模式间关系，即构建高层管理团队社会网络的人力资源实践水平越高，这一关系更强。

H4f：构建高层管理团队社会网络的人力资源实践显著调节实施结果与外向型创新模式间关系，即构建高层管理团队社会网络的人力资源实践水平越高，这一关系更强。

6.4 实证分析

6.4.1 变量测量

6.4.1.1 变量说明及测量量表

1. 政府科技资助量表

就政府科技资助对企业创新活动的影响研究，以往的研究基本只考虑了政府科技投入经费，忽略了政府科技资助的各个环节对企业创新行为和活动的影响。因此，本专题借鉴了夏文青（2009）对政府科技资助的维度划分，将政府科技资助看作一个包括政策制定、执行过程和实施结果在内的过程。其中，政策制定从企业的角度出发考察了三个指标：政策的鼓励性、法规制度的完善性以及政策实施的持续性。政府科技资助的执行过程是以政府部门为主体的过程,其执行力度和深度都十分重要,执行过程共包括五个指标:信息平台的通透性、政策执行对象的明确性、政策实施对象的明确性、政府部门的参与度以及政府部门的执行力度。政府科技资助的实施结果即资助的最终表现形式,其包括七个指标,分别是对企业 R&D 的资助、对企业 R&D 成果的资助、政府科技攻关项目的投入、R&D 科技基地建设补贴、R&D 人才培养资助、政府科技投入经费总额、政府参与项目数量。政府科技资助的各维度均表现出较好的信度,Cronbach's α 均大于 0.7。

2. 开放式创新模式量表

对开放式创新模式的测量,本研究专题借鉴了张振刚等(2015)开发的量表,其参考了 Chesbrough(2003a)、Chesbrough 和 Crowther(2006)、Lichtenthaler(2009)等学者的研究成果,并整合修订了 Sisodiya 等(2013)、Hung 和 Chou(2013)的相关量表,综合运用了结构化访谈、专家建议等方法不断修订与完善,最终得到了内向型开放式创新和外向型开放式创新模式的量表,共计 10 个条目,该量表的内部一致性系数为 0.865,内向型和外向型开放式创新的内部一致性系数分别为 0.847 和 0.8。因此,该量表具有较好的信度与效度。

3. 构建高层管理团队社会网络的人力资源实践量表

对构建高管团队社会网络的人力资源实践的测量,本研究专题借鉴了 Collins 和 Clark(2003)发展的概念量表,其得到了学术界的广泛认可和采用。林亚清和赵曙明(2013)在一项以中国情境为基础的研究中也借鉴了该量表,表明了该量表在我国的情境适用性。其共包括八个题项,分别为为高管团队提供专用经费,来发展工作相关的个人关系;高管团队成员接受培训,来发展和核心内部股东之间的私人关系;对高管团队成员的评估,主要基于其与其他部门员工建立关系的能力;高管团队经常讨论,与关键外部利益相关者发展个人关系的策略;为高管团队提供经济激励,来发展与关键内部员工的工作关系;在这个组织中,对高管团队成员的评估,是基于其与关键外部利益相关者建立关系的能力;在这个组织中,与关键外部利益相关者建立工作上的个人关系,是有激励政策支持的;针对如何与其他组织员工培养工作上的个人关系,高管团队成员之间会相互指导。

6.4.1.2　数据收集过程与分析方法

本专题的样本采集主要采用滚雪球抽样法来收集,主要通过我们所在学院的校友创办的企业以及校友在其担任高管职务的企业,还包括与所在地区相关政府部门有着合作关系的企业,调研范围包括福建、浙江、广东、江苏、上海、北京等地。问卷的发放方式主要包括两种,一种是到企业实地去发放纸质版问卷,另一种是通过网络发放电子版问卷。

为了保证数据的可靠性和多样性,本研究专题选择了多个行业、有获得政府科技资助的企业,每个企业均匹配一份问卷,由其 CEO 或高管人员填写。本次问卷调查所有的题项均采用五点制计分,从"1—非常不同意"到"5—非常同意",经过为期一个多月的调研,本研究一共调研了 251 家企业,共发放问卷 251 份,回收了 251 份,经过对填答不完整和连续重复选择同一项的问卷的剔除,最终得到了 238 份有效问卷,有效回收率为 94.8%。

6.4.1.3 样本描述性分析

1. 企业性质分布情况

本次调查样本中,国有企业 47 家,占比 19.75%,民营企业 170 家,占比 71.43%,三资企业 21 家,占比 8.82%,被调查对象的企业类型大多为民营企业,见表 6.1。

表 6.1 企业性质分布情况

特　征	类　别	样本数目	百分比/%
企业性质	国有	47	19.75
	民营	170	71.43
	三资	21	8.82
	其他	0	0

2. 企业成立年限分布情况

本次调查样本中,成立年限为 5 年以下的企业 5 家,占比 2.10%,成立年限为 5～10 年的企业 66 家,占比 27.73%,成立年限为 10～20 年的企业 129 家,占比 54.20%,成立年限为 20 年及以上的企业 38 家,占比 15.97%,见表 6.2。可以看出,被调查对象的企业成立年限大多为 10～20 年,其次为成立5～10 年的企业。

表 6.2 企业成立年限分布情况

特　征	类　别	样本数目	百分比/%
企业成立年限	5 年以下	5	2.10
	5～10 年	66	27.73
	10～20 年	129	54.20
	20 年及以上	38	15.97

3. 企业年销售收入分布情况

本次调查样本中,年销售收入为 500 万以下的企业 11 家,占比 4.62%,年销售收入为 500 万～3 000 万的企业 77 家,占比 32.35%,年销售收入为 3 000 万～1 亿的企业 91 家,占比 38.24%,年销售收入为 1 亿及以上的企业 59 家,占比 24.79%,见表 6.3。可以看出,被调查对象的企业年销售收入大多集中在 500 万到 1 亿之间。

表 6.3 企业年销售收入分布情况

特　征	类　别	样本数目	百分比/%
企业年销售收入	500 万以下	11	4.62
	500 万～3 000 万	77	32.35
	3 000 万～1 亿	91	38.24
	1 亿及以上	59	24.79

4. 企业研发投入占销售收入的比重分布情况

本次调查样本中,企业研发投入占销售收入的比重为 5% 以下的企业 23 家,占比 9.66%,企业研发投入占销售收入的比重为 5%～10% 的企业 109 家,占比 45.80%,企业研发投入占销售收入的比重为 10%～15% 的企业 85 家,占比 35.72%,企业研发投入占销售收入的比重为 15% 及以上的企业 21 家,占比 8.82%,见表 6.4。可以看出,被调查对象的企业研发投入在销售收入的比重大多集中在 5%～10%,在 10%～15% 的也占有较大比重。

表 6.4　企业研发投入占销售收入的比重分布情况

特　征	类　别	样本数目	百分比/%
企业研发投入占销售收入的比重	5% 以下	23	9.66
	5%～10%	109	45.80
	10%～15%	85	35.72
	15% 及以上	21	8.82

6.4.2　信度与效度分析

6.4.2.1　信度分析

信度分析是对量表指标的可靠性或者题项的稳定性和一致性进行检验,信度系数高,则说明量表的稳定性和可靠性较好。本研究专题的信度分析采用了 Cronbach's α 系数,Cronbach's α 系数高于 0.8,则说明量表信度高;如果 Cronbach's α 系数大于 0.7,也可以说明量表信度较高。

本研究运用 SPSS 18.0 统计软件对本研究量表进行 Cronbach's α 分析,分析结果表明(表 6.5):政府科技资助及其三个维度(政策制定、执行过程、实施结果)的 Cronbach's α 系数分别为 0.895(0.757、0.689、0.868),开放式创新模式及其两个维度(内向型开放式创新和外向型开放式创新)的 Cronbach's α 系数分别 0.667(0.431、0.568),构建 TMT 社会网络的人力资源实践的 Cronbach's α 系数为 0.754。所以,本次研究所采用的量表信度符合要求。

表 6.5　Cronbach's α 系数汇总

测量量表	维　度	项　数	Cronbach's α	Cronbach's α
政府科技资助	政策制定	3	0.757	0.895
	执行过程	5	0.689	
	实施结果	7	0.868	
开放式创新模式	内向型开放式创新	5	0.431	0.667
	外向型开放式创新	5	0.568	
构建 TMT 社会网络的人力资源实践	构建 TMT 社会网络的人力资源实践	8	0.754	0.754

注:$N=238$;** $p<0.01$,* $p<0.05$(双尾)。本章下同。

6.4.2.2 效度分析

效度分析是对量表的有效性进行检验,若问卷能较好地反映所调查的内容,则效度较高。本研究专题所选取的政府科技资助量表、开放式创新模式量表和构建 TMT 社会网络的人力资源实践量表均来自国际级权威期刊,且较为成熟,因而具有较高的内容效度。对于结构效度,采用探索性因子分析来检验,用 KMO 值来衡量,如果 KMO 值大于 0.7,则说明可以做因子分析。接着检验 Bartlett 球形值,若其达到 0.001 的显著水平,那么说明数据可以做因子分析。

本研究运用 SPSS 18.0 统计分析软件对收集到的 238 份有效问卷进行分析,KMO 和 Bartlett 的检验结果见表 6.6。

表 6.6 效度分析结果

变 量	KMO 值	Bartlett 球形检验			抽取因子个数	解释的总方差
		近似卡方	df	Sig.		
政府科技资助	0.917	1 339.79	105	0.000	3	56.506
开放式创新模式	0.719	269.28	45	0.000	3	49.204
构建 TMT 社会网络的人力资源实践	0.834	313.30	28	0.000	2	49.681

可以看到,政府科技资助的 KMO 值为 0.917,大于 0.7,开放式创新模式的 KMO 值为 0.719,大于 0.7,构建 TMT 社会网络的人力资源实践的 KMO 值为 0.834,大于 0.7,可见,本专题的三个变量完全达到了做因子分析的要求,同时它们的 Bartlett 球形检验结果显著(Sig. =0.000),也表明该因子适合做因子分析。

根据主成分分析,政府科技资助抽取出三个因子,解释量达到 56.506%;开放式创新模式经过主成分分析后,抽取出三个因子,解释量达到 49.204%;构建 TMT 社会网络的人力资源实践经过主成分分析后,抽取出两个因子,累计解释量达到 49.681%。因此,政府科技资助、开放式创新模式和构建 TMT 社会网络的人力资源实践均通过了探索性因子分析。

6.4.3 描述性统计分析

本研究采用 Liket 五点量表,分值范围为 1~5。利用 SPPS 18.0 对其进行描述性统计分析,各变量的均值、标准差及 Pearson 相关系数,并对政府科技资助的三个维度(政策制定、执行过程、实施结果)、开放式创新模式的两个维度(内向型开放式创新模式、外向型开放式创新模式)和构建 TMT 社会网络的人力资源实践进行相关性分析,数据分析结果见表 6.7。由表 6.7 可知:

政策制定和内向型开放式创新模式之间存在正相关关系($r=0.30$),和外向型开放式创新模式之间存在正相关关系($r=0.20$),和构建 TMT 社会网络的人力资源实践之间存在正相关关系($r=0.21$)。

表 6.7　描述性统计分析结果

变　量	均　值	标准差	1	2	3	4	5	6	7	8	9
1. 企业性质	1.89	0.52	—								
2. 成立年限	2.84	0.71	−0.15*	—							
3. 销售收入	2.83	0.86	−0.10	0.41**	—						
4. 研发比重	2.44	0.79	0.00	0.01	0.11	—					
5. 政策制定	3.73	0.73	−0.11	0.16*	0.23**	0.33**	—				
6. 执行过程	3.70	0.64	−0.10	0.11	0.19**	0.13*	0.61**	—			
7. 实施结果	3.43	0.73	−0.08	0.04	0.09	0.23**	0.55**	0.64**	—		
8. 内向型创新	4.06	0.42	.02	0.01	0.01	0.09	0.30**	0.40**	0.25**	—	
9. 外向型创新	3.81	0.55	0.11	−0.04	0.01	0.03	0.20**	0.22**	0.34**	0.48**	—
10. 构建 TMT 社会网络的人力资源实践	3.81	0.57	0.03	0.05	−0.03	0.06	0.21**	0.28**	0.20**	0.39**	0.47**

执行过程和内向型开放式创新模式之间存在正相关关系($r=0.4$),和外向型开放式创新模式之间存在正相关关系($r=0.22$),和构建 TMT 社会网络的人力资源实践之间存在正相关关系($r=0.28$)。

实施结果和内向型开放式创新模式之间存在正相关关系($r=0.25$),和外向型开放式创新模式之间存在正相关关系($r=0.34$),和构建 TMT 社会网络的人力资源实践之间存在正相关关系($r=0.20$)。

内向型创新模式和构建 TMT 社会网络的人力资源实践之间存在正相关关系($r=0.39$),外向型创新模式和构建 TMT 社会网络的人力资源实践之间存在正相关关系($r=0.47$)。

从 Pearson 相关系数可以看出,其结果与本研究的假设预期较为一致,资助政策的三个维度——政策制定、执行过程和实施结果——均和开放式创新模式的两个维度——内向型创新模式和外向型创新模式——具有正相关关系。此外,资助政策的三个维度——政策制定、执行过程和实施结果——也都和构建 TMT 社会网络的人力资源实践具有正相关关系。最后,开放式创新模式的两个维度——内向型创新模式和外向型创新模式——都与构建 TMT 社会网络的人力资源实践具有正相关关系。

因此,本研究专题将在后面的层次回归分析中进一步验证我们的假设。

6.4.4 假设检验

本研究采用层级回归分析法对假设进行检验,分别进行了政府科技资助政策的三个维度(政策制定、执行过程和实施结果)对开放式创新模式的两个维度(内向型创新模式和外向型创新模式)的回归,并对构建 TMT 社会网络的人力资源实践在政府科技资助各维度和开放式创新模式各维度之间的调节作用进行验证。

6.4.4.1 政策制定与内向型创新模式

由表 6.8 可知,首先,根据 F 检验的结果,政策制定与内向型创新模式之间的模型在 0.01 的水平上显著,说明回归模型具有意义。其次,根据标准回归系数,政策制定对内向型创新($M2$: $\beta=0.19$, $p<0.01$)具有显著正向影响。因此,H1a 获得支持。

表 6.8　层次回归分析结果 1

变　量	内向型创新			
	M4	M1	M2	M3
控制变量				
企业性质	0.02	0.04	0.03	0.03
成立年限	0.01	−0.01	−0.02	−0.02
销售收入	−0.00	0.03	−0.01	−0.01
研发比重	0.05	−0.01	−0.00	−0.00
自变量				

续表

变　量	内向型创新			
	M4	M1	M2	M3
政府资助之政策制定		0.19**	0.14**	0.14**
调节变量				
构建 TMT 社会网络的人力资源实践			0.25*	0.25**
交互项				
政策制定×构建 TMT 社会网络的人力资源实践				−0.01
R^2	−0.01	0.08	0.18	0.18
ΔR^2		0.09**	0.11**	0.00
F	0.52	5.03**	9.90**	8.45**
ΔF		22.86**	30.99**	0.04

6.4.4.2　政策制定与外向型创新模式

由表 6.9 可知,首先,根据 F 检验的结果,政策制定与外向型创新模式之间的模型在 0.01 的水平上显著,说明回归模型具有意义。其次,根据标准回归系数,政策制定对外向型创新(M6：$\beta=0.18$，$p<0.01$)具有显著正向影响。因此,H1b 获得支持。

表 6.9　层次回归分析结果 2

变　量	内向型创新			
	M8	M5	M6	M7
控制变量				
企业性质	0.11	0.13	0.10	0.10
成立年限	−0.04	−0.05	−0.07	−0.07
销售收入	0.03	0.00	−0.03	0.03
研发比重	0.02	−0.04	−0.03	−0.03
自变量				
政府资助之政策制定		0.18**	0.10**	0.10**
调节变量				
构建 TMT 社会网络的人力资源实践			0.44**	0.43**
交互项				
政策制定×构建 TMT 社会网络的人力资源实践				0.02
R^2	−0.00	0.04	0.24	0.23
ΔR^2		0.05**	0.19**	0.00
F	0.84	3.13**	13.18**	11.29**
ΔF		22.86**	30.99**	0.04

6.4.4.3 执行过程与内向型创新模式

由表 6.10 可知,首先,根据 F 检验的结果,执行过程与内向型创新模式之间的模型在 0.01 的水平上显著,说明回归模型具有意义。其次,根据标准回归系数,执行过程对内向型创新(M10: $\beta=0.19$, $p<0.01$)具有显著正向影响。因此,H2a 获得支持。

表 6.10 层次回归分析结果 3

变 量	内向型创新			
	M12	M9	M10	M11
控制变量				
企业性质	0.02	0.04	0.03	0.03
成立年限	0.01	-0.01	-0.02	-0.01
销售收入	-0.01	-0.03	-0.01	-0.02
研发比重	0.05	-0.01	-0.00	-0.00
自变量				
政府资助之执行过程		0.19**	0.14**	0.14**
调节变量				
构建 TMT 社会网络的人力资源实践			0.27**	0.27**
交互项				
执行过程×构建 TMT 社会网络的人力资源实践				$-0.06*$
R^2	-0.01	0.08	0.18	0.20
ΔR^2		0.09**	0.11**	0.02*
F	0.52	5.03**	9.90**	9.51**
ΔF		22.86**	30.99**	5.94*

6.4.4.4 执行过程与外向型创新模式

由表 6.11 可知,首先,根据 F 检验的结果,执行过程与外向型创新模式之间的模型在 0.01 的水平上显著,说明回归模型具有意义。其次,根据标准回归系数,执行过程对外向型创新(M14: $\beta=0.18$, $p<0.01$)具有显著正向影响。因此,H2b 获得支持。

表 6.11 层次回归分析结果 4

变 量	外向型创新			
	M16	M13	M14	M15
控制变量				
企业性质	0.11	0.13	0.10	0.11
成立年限	-0.04	-0.05	-0.07	-0.07
销售收入	0.03	0.00	0.03	0.02
研发比重	0.02	-0.04	-0.03	-0.03
自变量				

续表

变　量	外向型创新			
	M16	M13	M14	M15
政府资助之执行过程		0.18**	0.10**	0.11**
调节变量				
构建 TMT 社会网络的人力资源实践			0.44**	0.45**
交互项				
执行过程×构建 TMT 社会网络的人力资源实践				−0.07*
R^2	−0.00	0.04	0.24	0.25
ΔR^2		0.05**	0.19**	0.02*
F	0.84	3.13**	13.18**	12.27**
ΔF		12.14**	59.46**	5.32**

6.4.4.5　实施结果与内向型创新模式

由表 6.12 可知，首先，根据 F 检验的结果，实施结果与内向型创新模式之间的模型在 0.01 的水平上显著，说明回归模型具有意义。其次，根据标准回归系数，实施结果对内向型创新（M18：$\beta=0.14$，$p<0.01$）具有显著正向影响。因此，H3a 获得支持。

表 6.12　层次回归分析结果 5

变　量	内向型创新			
	M20	M17	M18	M19
控制变量				
企业性质	0.02	0.03	0.02	0.02
成立年限	0.01	0.01	−0.01	−0.01
销售收入	−0.00	−0.01	−0.00	−0.00
研发比重	0.05	0.02	0.02	0.02
自变量				
政府资助之实施结果		0.14**	0.10**	0.11**
调节变量				
构建 TMT 社会网络的人力资源实践			0.26**	0.26**
交互项				
实施结果×构建 TMT 社会网络的人力资源实践				−0.05*
R^2	−0.01	0.05	0.16	0.18
ΔR^2		0.06**	0.12**	0.02*
F	0.52	3.38**	8.72**	8.20**
ΔF		14.48**	33.29**	4.23*

6.4.4.6 实施结果与外向型创新模式

由表 6.13 可知,首先,根据 F 检验的结果,实施结果与外向型创新模式之间的模型在 0.01 的水平上显著,说明回归模型具有意义。其次,根据标准回归系数,实施结果对外向型创新(M22:$\beta=0.27$,$p<0.01$)具有显著正向影响。因此,H3b 获得支持。

表 6.13 层次回归分析结果 6

变 量	外向型创新			
	M24	M21	M22	M23
控制变量				
企业性质	0.11	0.14	0.11	0.12
成立年限	-0.04	-0.04	-0.06	-0.06
销售收入	0.03	0.01	0.04	0.02
研发比重	0.02	-0.04	-0.04	-0.04
自变量				
政府资助之实施结果		0.27 * *	0.21 * *	0.21 * *
调节变量				
构建 TMT 社会网络的人力资源实践			0.41 * *	0.42 * *
交互项				
实施结果×构建 TMT 社会网络的人力资源实践				-0.07 * *
R^2	-0.00	0.12	0.29	0.31
ΔR^2		0.12 * *	0.17 * *	0.02 * *
F	0.84	7.27 * *	17.08 * *	16.02 * *
ΔF		32.52 * *	57.31 * *	7.03 * *

6.4.4.7 构建 TMT 社会网络的人力资源实践的调节作用

首先,由表 6.8 和表 6.9 可知,根据模型 X 的数据分析结果,政策制定和构建 TMT 社会网络的人力资源实践的交互项对内向型创新(M4:$\beta=-0.01$,$p>0.05$)和外向型创新(M8:$\beta=0.02$,$p>0.05$)的影响并不显著。因此,H4a 和 H4b 未获得支持。

其次,由表 6.10 和表 6.11 可知,根据模型 X 的数据分析结果,执行过程和构建 TMT 社会网络的人力资源实践的交互项对内向型创新(M12:$\beta=-0.06$,$p<0.05$)和外向型创新(M16:$\beta=-0.07$,$p<0.05$)具有较为显著的负向影响效应。因此,H4c 和 H4d 未获得支持,但得到了与原假设相反的结果。

最后,由表 6.12 和表 6.13 可知,根据模型 X 的数据分析结果,实施结果和构建 TMT 社会网络的人力资源实践的交互项对内向型创新(M20:$\beta=-0.05$,$p<0.05$)和外向型创新(M24:$\beta=-0.07$,$p<0.01$)具有较为显著的负向影响效应。因此,H4e 和 H4f 未获得支持,但得到了与原假设相反的结果。

表 6.14 假设检验结果汇总

研究假设	结 果
H1a:政府科技资助的政策制定对内向型创新模式具有显著正向影响	支持
H1b:政府科技资助的政策制定对外向型创新模式具有显著正向影响	支持
H2a:政府科技资助的执行过程对内向型创新模式具有显著正向影响	支持
H2b:政府科技资助的执行过程对外向型创新模式具有显著正向影响	支持
H3a:政府科技资助的实施结果对内向型创新模式具有显著正向影响	支持
H3b:政府科技资助的实施结果对外向型创新模式具有显著正向影响	支持
H4a:构建高层管理团队社会网络的人力资源实践显著调节政策制定与内向型创新模式间关系,即构建高层管理团队社会网络的人力资源实践水平越高,这一关系更强	不支持
H4b:构建高层管理团队社会网络的人力资源实践显著调节政策制定与外向型创新模式间关系,即构建高层管理团队社会网络的人力资源实践水平越高,这一关系更强	不支持
H4c:构建高层管理团队社会网络的人力资源实践显著调节执行过程与内向型创新模式间关系,即构建高层管理团队社会网络的人力资源实践水平越高,这一关系更强	不支持
H4d:构建高层管理团队社会网络的人力资源实践显著调节执行过程与外向型创新模式间关系,即构建高层管理团队社会网络的人力资源实践水平越高,这一关系更强	不支持
H4e:构建高层管理团队社会网络的人力资源实践显著调节实施结果与内向型创新模式间关系,即构建高层管理团队社会网络的人力资源实践水平越高,这一关系更强	不支持
H4f:构建高层管理团队社会网络的人力资源实践显著调节实施结果与外向型创新模式间关系,即构建高层管理团队社会网络的人力资源实践水平越高,这一关系更强	不支持

6.5 结论与讨论

6.5.1 研究结论

6.5.1.1 政策制定对开放式创新模式的影响

本研究专题的假设检验结果表明,政府创新资助的相关政策制定对企业开放式创新模式的两个维度均有显著正向影响。政府往往拥有更丰富的信息,掌握市场的数据变化,在政策制定的过程中具有较强的前瞻性和指导性。企业可以通过对政府科技资助政策进行研读和分析,以此了解行业发展动态和方向,准确洞察外部的优势资源和创新机遇,从而拓展了外部资源流入企业内部的途径,有利于内向型创新模式的构建和发展。此外,政府科技资助政策的制定还表现在其政策的完善程度,不仅要针对大企业进行扶持,对中小企业也要进行资助,从而保证整个行业的良好发展。这时,企业进行技术和知识转让的效益也会提升,可以将自身的有价值资源通过社会网络传递给其他利益方,从而提高了外向型开放式创新水平。

6.5.1.2 执行过程对开放式创新模式的影响

本研究专题的假设检验结果表明,政府科技资助的执行过程对企业开放式创新模式的两个维度均有显著正向影响。政策信息平台的通透程度是政府科技资助政策良好执行的重要体现,这可以加强企业对政府科技资助意愿的了解,并更高效地配合政府的相关创新政策,企业就会更积极主动地投入相关的创新活动中。政府科技资助对象的明确性也可以最大化地保证企业对扶持政策的了解程度,使企业避免错过对相关资助的申请。政府部门构架的明确的资助资金管理体制可以对企业进行有效的监督和制约,促使其将资源运用在其规定的创新活动上,提高了国家、企业和公众结合程度,使得政府投入和企业投入形成了良性互动。在这个相互过程中,企业可以和多方利益主体形成网络链条,实现创新资源的输入和输出,对信息的高效获取也可以避免重复性创新,进而提高开放式创新的有效程度。

6.5.1.3 实施结果对开放式创新模式的影响

本研究专题的假设检验结果表明,政府科技资助的实施结果对企业开放式创新模式的两个维度均有显著正向影响。政府对企业进行的直接经费资助和资助数量情况能够对企业的发展和演变产生直接影响,一方面,随着企业接收到的资助资源越来越多,企业本身的风险承受能力就会提高,企业可以将资源更广泛地投入到风险较高的创新活动上,提高自身的内向型创新水平;另一方面,创新经费的扶持和资助数量的多少会对企业外部的利益相关者传递积极信号,即该企业拥有优质的政府资源,资信、资质普遍良好,这可以大大增加企业进行外部技术转移和技术合作的机会,从而提高了外向型开发式创新水平。

6.5.1.4 构建高层管理团队社会网络的人力资源实践的调节作用

本研究专题的假设检验结果表明,构建高层管理团队社会网络的人力资源实践在政策制定与开放式创新模式关系中未起到调节作用,但在执行过程与开放式创新模式关系中起到调节作用,在实施结果与开放式创新模式关系中起到调节作用。

政府科技资助政策的相关制定往往是根据区域或国家发展的需要来指定的,与国家或省市的战略发展方向所匹配。在这个过程中,政府部门会与外部的高校和科研机构进行交流和求证,以制定符合国情和区域发展状况的政策。然而,由于企业性质、类型以及规模的差异和复杂性,政府部门往往无法较好地与当地企业进行充分的交流和沟通,无法兼顾各个企业的差异性需求。因而,在政府制定相关的资助政策时,企业并没有保持对其相关政策的理解和跟进,往往在政策制定出来后才会去关注。这时,尽管企业在努力积极拓建自己的社会网络,但是由于资助政策在制定阶段的特殊性和独立性,企业往往无法参与其中,从而无法发挥企业内相关实践活动的积极作用。

首先,由于本研究专题所涉及的对象以中小型企业为主,这部分企业往往处于快速成长时期,企业资源相对紧缺,而构建高层管理团队社会网络的人力资源实践往往包括一系列的措施,比如培训、绩效和薪酬等。这类中小企业如果分配较多的资源在构建高层管理团队社会网络的人力资源实践方面,这势必会牺牲部分企业在整合内部资源、吸收转化外部资源方面的能力。

其次,针对高层管理团队而言的人力资源实践活动具有复杂性和长期性,是企业对高层管理团队社会网络这一重要资源进行投入的一种长期行为。从企业开始投入资源来构建高层管理团队的社会网络,到这种社会网络转化为组织获取信息的重要渠道资源,该过程往往需要一定的周期,并且需要组织成员进行高效的内外部互动。因而,构建高层管理团队社会网络的人力资源实践在促进企业将政府科技资助资源内化整合为企业创新资源时,可能需要一定的周期,这其中还存在着其他的中介变量作为这两者的桥梁。

对高层管理成员的绩效评估和考核是构建高层管理团队社会网络的人力资源实践的一项重要内容,这部分绩效内容往往是高层管理成员的非任务型绩效。如果考核和评估的强度和频率超过了一定的区间和范围,这可能会对高层管理成员带来工作压力和负面情绪。一方面,这会阻碍构建高层管理团队社会网络的实践活动,不利于企业构建完整、系统的战略性人力资源管理框架;另一方面,对高层管理团队的激励和考评策略具有较强的艺术性和科学性,如果领导团队对与其相关的培训和考核滋生负面情绪,那么其工作主动性、积极性就会下降。因此,一旦针对高层管理的绩效管理出现问题,会直接影响企业管理系统的运作,甚至阻碍内部的资源整合和研发创新,也降低了对外部关键资源的利用效能。

6.5.2　理论贡献

开放式创新水平对于企业进行内外资源的整合尤为重要,不仅能够推动企业的创新决策能力、提高创新战略水平,也有助于拓展对开放式创新理论的研究范式。本研究专题从政府创新资助的现实情况出发,将其资助过程划分为不同的阶段,分别从政策制定、执行过程和实施结果三个方面研究探讨了其对企业开放式创新模式的影响,对现有政府科技资助的相关研究进行了有益补充,具有重要的理论意义。

首先,本研究专题研究了政府科技资助的全过程对企业开放式创新模式的影响,从理论上讲,政府科技资助是一个从制定相关政策,到展开具体的落实执行,再到最终的经费扶持和项目资助的全过程。在政府科技资助的不同阶段,企业对资助程序和过程的了解和接受程度均有较大差异,这会直接影响企业对政府科技资助的接受程度和利用效率。本研究专题通过构建政府科技资助影响企业开放式创新模式的全过程模型,并运用系统的实证分析方法,从过程的视角解释了政府科技资助的不同阶段对企业创新模式的影响,完善了已有的相关研究。

其次,开放式创新模式是创新研究的一个崭新方向,其不仅对企业的绩效具有显著影响,也是企业创新决策和创新行为的外在体现。以往有关政府科技资助对企业创新的影响主要集中在创新绩效方面,而绩效是一个静态的结果变量,无法凸显企业有关创新决策和行为表现的方面。本研究专题突破了已有关于政府科技资助对企业创新影响的框架,从动态、过程的视角对企业的创新模型、决策乃至战略进行了探讨,并同时考虑了内向型开放式创新和外向型开放式创新,拓宽了政府科技资助对企业创新行为的影响研究。

最后,本研究专题考虑了构建高层管理团队社会网络的人力资源实践的调节作用,这有利于拓展战略性人力资源管理系统的相关研究。已有的关于企业创新模式、创新战略的研究往往以静态的资源基础观为理论依据,但有关企业创新行为和范式的构建与形成是一个内外联动的过程,尤其在考虑了政府科技资助的情况下,外部资源的输入和整合就显得极其重要。本研究专题将构建高层管理团队社会网络的人力资源实践考虑其中,从战略性人力资源管理的视角为企业吸收、转化外部资源,进行内部资源协同整合提供了新的视角,是对已有企业创新模式和战略人力资源管理研究成果的重要补充。

6.5.3 管理启示

首先,本研究专题的研究结果表明,政府科技资助的政策制定、执行过程和实施结果均对企业的开放式创新模式具有正向影响。因此,政府在决定对相关行业和企业进行资助时,要充分考虑资助的各个环节,在制定相关资助政策的过程中,考虑多个利益相关者的需求,并让他们参与其中。政策制定的完善性、针对性和激励性是资助政策的重要方面,政府特别要重视直接资助对象的需求和呼声,在制定政策和决策时要广泛听取企业界的意见和建议,这样既可以保证受资助对象对政府相关政策的理解和接受程度,也提高了资助的针对性和有效性,能够确保政府相关资助政策的连贯性和稳定性。

其次,政府科技资助的执行过程也是提高政府科技资助有效性的重要环节。在落实相关的资助政策时,政府可以建立完善的政策信息网络,并保证信息的透明和公开。此外,对于资助的对象,政府需要定期对其监督和走访,了解企业对资助经费的使用和落实情况,并在必要时为其提供咨询和帮助,确保政府和企业间的高效沟通和交流。政府也可以要求企业进行及时和必要的反馈,方便政府了解企业对政府科技资助经费的使用情况,包括使用周期、使用对象以及成果收益情况,从而加强政府部门对资助过程的监督,进而提升资助政策执行的力度和有效性。

　　最后,对企业来说,其实现创新发展的一个核心在于构建一个符合自身发展需求和资源情况的开放创新的模式。政府科技资助为企业从事相关的创新决策和创新模式的建立提供了相应的资源,并减少了一定的风险,企业需要充分利用好政府的资助资源。一方面,企业要做好内部资源的整合,利用获取政府科技资助的信号积极获取外部的信息、技术和资源,转化为自身的能力,并对外部流入的创新元素进行加工和消化,鼓励内部人员对其进行学习和整合,将其转变为自身的核心优势;另一方面,政府科技资助对企业的外向型开放式创新具有促进作用,这时,企业要在对自身资源评估的前提下,将无法进行商业化的创新资源继续外部化,通过政府的协助对其转让或出口。此外,企业也可以进行技术转让,增强与外部利益伙伴的合作关系,获得行业影响力和经济利益。

第 7 章 政府科技资助对企业创新过程的影响研究[①]

7.1 问题的提出

近些年来,我国政府科技投入的规模呈逐年上升趋势,对企业研发创新的扶持力度不断加大,越来越多的学者开始关注政府科技资助政策有效性的问题,其对企业的创新活动和行为产生了怎样的影响。政府科技资助可以有效缓解企业的资本约束,从而让企业有足够的资金从事相关的创新活动。政府科技资助一方面可以向外部传递该企业资质良好、能力出众的信号,从而降低企业进行外部技术合作的阻碍;另一方面政府科技资助降低了企业创新活动的成本和不确定性,也增加了企业从事创新活动的资源,进而推动企业对内部资源整合和技术革新的进程。政府科技资助作为企业进行研发创新所需资金的一种重要来源途径,有效地带动了企业增加自身的研发投入,从而取得更多的创新成果(牛霄鹏 等,2018),这种观点得到了大多数学者的认同。

但是,政府的资助并不仅仅体现在资助经费和资助数量结果方面,而更多的是一个包含了多个环节的过程,以往的研究忽略了政府科技资助对企业创新过程中的各个环节的影响(夏文青,2009)。政府的科技资助在政策制定阶段可能缺乏明确性、持续性和完善性,可能会让企业对创新研发产生顾虑,执行过程也会存在弱化政府科技资助的情况。因此,运用过程的观点统筹考虑政府科技资助对企业创新各个环节的有效性进行分析,从而可以更加全面深入地探讨政府科技资助对企业创新活动的动态过程的影响分析。

对此,本研究专题基于以往学者的研究,重点探讨政府的科技资助对企业创新过程中的创新决策、创新投入和创新产出的哪个环节更具有影响? 政府科技资助主要分为直接补贴方式如财政补贴和间接补贴方式如税收优惠,两种不同的方式对企业创新过程的影响又是怎么样的?

[①] 本章主要内容来自王静的学位论文《政府研发补助对企业创新过程的影响研究》。

本研究专题的研究意义包括：

(1)将企业的研发活动和创新过程细分为创新决策、创新投入和创新产出,更加具体地研究政府的科技资助政策对企业创新过程的影响,具有较强的理论价值。以系统的、全过程的框架开展研究,有利于为政府科技资助政策的制定提供参考,进而更好地激励和引导企业重视研发,提高技术创新水平。

(2)有助于揭示政府科技资助对企业技术创新的内在机理。由于创新活动比较复杂,目前关于政府科技资助对企业技术创新的影响机理尚不清楚,所以通过研究政府科技资助对创新决策、创新投入和创新产出的不同阶段的作用机理,有利于我们更清楚地认识这一过程。

7.2　文献综述

7.2.1　企业创新过程的界定

国际组织及各个国家都对研究与试验发展(R&D)进行了定义。根据 2019 年 4 月国家统计局关于印发《研究与试验发展(R&D)投入统计规范(试行)》的通知中第二章第八条的规定,R&D 指为增加知识存量(也包括有关人类、文化和社会的知识)以及设计已有知识的新应用而进行的创造性、系统性工作,包括基础研究、应用研究和试验发展三种类型。基础研究和应用研究统称为科学研究。技术创新具有创新过程不可分割性、创新收益非独占性和创新结果不确定性的特点(Arrow,1962)。

Hall 和 Bagchi-Sen(2002)在对地理位置进行充分考虑的情况下,以加拿大生物医药企业中的 74 家为例,充分研究了生物技术产业中 R&D 的投入力度和创新的产出以及创新的绩效。企业具备专利的数量在很大程度上取决于企业 R&D 的投入比例,加拿大之所以具备非常强大的创新能力,其主要原因在于其内部丰富的知识优势。对于创新而言,企业的管理程序是其最大的障碍,创新的主要动力是指 R&D 的资金投入和科技突破。

Mumford(2000)指出企业的创新过程是关键,对创新绩效进行研究的主要目的是将创新过程完美实现,以创造出有效的信息,进而对企业的创新结果进行充分的反馈。

创新绩效是创新活动的结果,反映了企业采取创新活动后的具体成果。企业经过创新活动的开展,实现了预期的市场利润,提高了其价值,为企业带来创新产出,形成了创新绩效(杨晔 等,2015;Zúniga-Vicente et al.,2014;Tzelepis,Skuras,2004;朱晋伟,梅静娴,2015)。

目前,多数文献研究政府科技资助对创新投入、创新产出(如专利)、创新绩效(如新产品、利润指标等)等方面的影响,但是企业面对一项新技术或新的研发项目,并不是直接决定为该项目投入多少,而是先进行评估决策。这个项目值不值得研发,是否要立项。如果立项着手研发的话,是采取自主研发,还是和科研机构、高校合作进行研发,哪类方式的成本更低且能使企业利益最大化。政府科技资助对企业技术创新产生引导作用的关键在于科技经费资助改变了企业技术创新的决策和行为(周海涛,张振刚,2016)。

企业的技术创新过程主要包含以下三个主要问题:一是企业要不要立项研发及采用何种方式研发?二是企业为该项目投入多少资金和人力资源进行研发?三是企业的创新产出怎么样?

在本研究专题中,为了探究政府科技资助对企业创新过程的影响,我们将创新过程划分为创新决策、创新投入和创新产出三个过程。其中,创新决策由企业研发立项决策的项目数、研发方式衡量;创新投入由研发投入的资金及其增长率、研发人员数量衡量;创新产出由人均专利申报数、发明类专利比率、发明类专利受批时间、专利平均研发投入衡量。

7.2.2 企业创新过程文献综述

学者们研究企业创新过程主要是从企业、行业和政府三个层面来分析。本研究专题在本章节将详细阐述企业和行业层面相关因素对企业创新过程的影响。

7.2.2.1 创新决策及其影响因素

创新决策是企业最谨慎的投资决策之一,因为创新具有投资金额大但创新收益不确定的特征。

1. 定义、内涵及衡量方式

周海涛和张振刚(2016)构建了企业创新决策基本模型,认为企业的技术创新决策主要考虑三个问题:一是企业是否进行技术研发活动的决策。若政府的科技经费资助能够弥补研发失败的期望损失与购买技术节省开支的差额时,企业会选择自主研发而非购买技术。二是选择研发组织方式的决策,独自研发还是通过产学研合作委托高校、科研机构进行研发。当政府科技资助能够弥补企业委托高校、科研机构研发造成的成本损失与研发成功率提高带来的收益时,企业会选择委托高校或科研机构进行研发。三是企业研发资源投入的决策。Hagspiel 等(2021)提出企业在进行创新决策时,需要考虑三个方面:①创新的时机;②如何处理现有的产品市场;③新产品的生产能力应该有多大。

马晶梅等(2020)将创新决策定义为研发强度和研发操纵。对于研发强度大于 0 的企业,则认为企业进行了创新,创新决策值为 1,否则为 0。对于存在研发操纵行为的企业,即研发强度分别处于 $[T, T+0.5\%]$ 和 $[T, T+1\%]$ 的区间时,则创新决策为 1,否则为 0。

刘新民等(2020)基于 CDM 模型讨论了客户质量对公司创新行为的作用。客户质量分为客户集中度和客户稳定性两个层面来探讨。创新行为分为创新决策、创新投入、创新产出,其中,创新决策由考察期内企业是否报告 R&D 支出来决定,如果报告则为 1,否则为 0;创新投入采用研发费用占主营业务收入的比重来衡量;创新产出由申请专利数的自然对数来衡量。

Qi 等(2021)将企业绿色创新决策分为技术创新和管理创新,并使用环境专利数据来衡量绿色技术创新(greentech)。

范高乐和叶莉(2020)将创新决策划分为技术创新行为和市场创新行为,其中,技术创新行为由技术开发费用和净利润的比值衡量,市场创新行为由销售费用与净利润的比值衡量。

以上学者对创新决策的分类,总结见表 7.1。

表 7.1　创新决策的分类

文献来源	变　量	衡量方法
周海涛和张振刚(2016)	企业创新决策基本模型	企业是否进行技术研发活动的决策
		选择研发组织方式的决策
		企业研发资源投入的决策
Hagspiel 等(2021)	创新决策要考虑的因素	创新的时机
		如何处理现有的产品市场
		新产品的生产能力应该有多大
马晶梅等(2020)	创新决策	研发强度大于 0,则值为 1,否则为 0
		研发强度处于 $[T, T+0.5\%]$,则值为 1,否则为 0
		研发强度处于 $[T, T+1\%]$,则值为 1,否则为 0
刘新民等(2020)	创新行为	创新决策:报告 R&D 支出则为 1,否则为 0
		创新投入:研发费用占主营业务收入的比重
		创新产出:申请专利数的自然对数
Qi 等(2021)	企业绿色创新决策	技术创新:环境专利数据
		管理创新
范高乐和叶莉(2020)	创新决策	技术创新行为:技术开发费用和净利润的比值
		市场创新行为:销售费用与净利润的比值

资料来源:课题组根据文献整理。

2. 内部影响因素

根据过往文献,企业内部对创新决策有影响的因素主要有:内源融资能力/盈利能力、外源融资能力/债务融资能力、融资约束、代理成本、研发操纵、吸收能力等。

根据融资来源的不同,Czarnitzki 和 Hottenrott (2011)的实证研究表明,相对于资本投资,内部资金对 R&D 投资的融资更具决定性。但也有研究表明,由于创新具有收益不确定性的特征,企业获取外源融资的能力对创新决策更重要(Hall,Bagchi-Sen,2002)。范高乐和叶莉(2020)将创新决策划分为技术创新行为和市场创新行为,研究盈利能力和债务融资能力对企业创新决策制定的作用与影响机理。研究发现,债务融资能力和盈利能力均对企业创新决策产生显著正向影响,即企业对实施技术创新行为和市场创新行为越有倾向;盈利能力正向调节了债务融资能力与企业创新决策之间的关系。

融资约束也对创新决策有重要影响。研发的本质即风险、不确定性和缺乏抵押品共同成为研发项目融资的障碍(Hall,Lerner,2010)。有研究表明,企业融资约束程度对创新决策的影响因创新资金来源的不同而存在差异(Sasidharan et al.,2015)。马晶梅等(2020)通过区分内、外源不同渠道的融资约束与创新决策的关系,研究发现,由于企业存在研发操纵行为,使得融资约束扭曲激励了企业的创新决策,而融资约束对企业创新起到了显著的刺激作用。该研究也证实了我国"高研发参与"与"强融资约束"并存的重要原因可能是研发操纵。刘胜强等(2015)研究了融资约束和代理成本对企业 R&D 的影响机理,研究发现融资约束与 R&D 投资显著负相关,代理成本与 R&D 投资显著正相关,即融资约束导致 R&D 投资不足,代理成本导致 R&D 投资过度。

此外,企业绿色创新决策涉及技术创新和管理创新。管理创新指引入和实施新的管理实践(Ali,Park,2016;Peeters et al.,2014),技术创新涉及产品、服务和生产技术(Arfi et al.,2018)。吸收能力强调吸收和整合外部知识的重要性(Lane et al.,2006),有助于企业吸收和应用市场知识(Aboelmaged,Hashem,2019;Darnall,Edwards,2006;Lichtenthaler,2009a,2009b)。Qi 等(2021)基于制度理论和吸收能力视角,利用中国上市公司的数据,发现吸收能力对制度压力与绿色技术创新之间的关系具有显著的调节作用。

3. 外部影响因素

影响创业决策外部因素主要有制度压力、客户质量、外资、科技园、竞合模式、企业进步状态等。

Qi 等(2021)发现制度压力对绿色技术创新和绿色管理创新具有异质效应。规制压力和模仿压力对企业绿色技术创新均有正向影响,模仿压力只对企业绿色管理创新的影响是正向的。

刘新民等(2020)研究发现,客户稳定性和客户集中度在影响企业创新投入与产出行为之间存在着一种"悖论",即客户集中度越高,企业创新决策及创新投入积极性越高,但企业创新产出越低;客户稳定性越高,企业创新决策及创新投入积极性越低,但企业创新产出越高,企业与客户的技术差距缓解了创新悖论。

刘斌等(2021)在讨论外资进入对中国企业创新的作用时,提出外资企业倾向于将高附加值的研发活动留在母公司,且分支企业直接利用母公司的技术,或仅从事生产和营销活动,这对子公司在东道国的创新活动产生不利影响。实证研究表明,企业层面的外资进入对于企业创新决策而言是不利的,但行业层面外资进入水平的提升对东道国企业的创新活动开展有所裨益。

Vásquez-Urriago 等(2014)对西班牙 22 个科技园区内企业的研究表明,科技园区对企业的创新决策和创新产出有很强的积极影响。大多数国家科技园区设立的研究都表明其是促进企业创新的有力政策工具,但基于不同国家、不同地理位置、不同创新政策模式、不同绩效衡量方法或者特定的实证分析工具等,可能得到不同的结果。

有许多学者通过模型仿真的方式分析企业创新决策的问题。王玉冬和张婷(2014)利用两阶段离散型期权博弈模型,基于不联盟合作、半联盟合作、全联盟合作三种竞合模式对寡头市场上两个生物制药企业创新投资决策进行研究。Hagspiel 等(2021)采用随机动态模型来分析活跃于成熟产品市场的企业的创新决策。通过确定技术进步状态的阈值来确定创新的时点,企业在创新后在处理现有产品的问题上可以选择"添加"、"替换"或"先添加后替换"的策略。

7.2.2.2　创新投入和创新产出及其影响因素

创新投入和创新产出在逻辑上具有较强的因果关系,因此许多学者在研究中会同时涉及创新投入与创新产出,故本小节将对影响创新投入和创新产出的外部因素、内部因素一起分析。

1. 外部影响因素

(1)产业政策。产业政策是国家或地方政府基于经济发展需求和特定社会目标而对产业的形成与发展进行干预的各项政策的总和。产业政策对企业创新投入和产出的影响既有正向的也有负向的。在产业政策支持的行业内,银行贷款、税收优惠、政府补贴等资源的引入会缓解特定行业的融资约束(黎文靖,李耀淘,2014;张新民 等,2017),促进创新(余明桂 等,2016;杨蓉 等,2018);但产业政策也引发了企业进行策略性创新,降低了资源配置,不利于创新水平的提高(黎文靖,李耀淘,2014;邢会 等,2019)。

(2)知识产权保护。加强知识产权保护可以通过以下方式促进企业创新:一是促进投资(Ushijima,2013);二是通过披露专利等方式降低企业内外部的信息不对称(Hussinger,Pacher,2019);三是通过专利保护发明的专有权(Aloini et al.,2017)。另外,知识产权保护也可能会抑制创新:一是知识产权保护降低了知识的外溢和模仿;二是可能导致垄断、降低市场竞争程度。这些因素会导致企业缺乏创新动力,抑制创新活动(程华,2000;胡明勇,周寄中,2001;Lamin,Ramos,2016)。知识产权保护水平与企业创新之间可能是非线性的关系。例如,Im 和 Shon(2019)的研究发现在产业技术模仿程度与产业创新活动之间、产业技术模仿程度与企业创新价值之间存在倒 U 形关系。

(3)金融发展。研究发现,地区金融发展水平与企业因 R&D 受到的融资约束成反比(Nitani Riding,2013)。地区金融科技的发展(李春涛 等,2020)可以降低银行和企业的信息不对称,减少信贷相关的审批程序,降低融资门槛,信贷市场(贾俊生 等,2017)能减缓融资约束,促进创新产出。此外,解维敏和方红星(2011)发现银行业市场化改革、地区金融发展也对研发投入有着推动作用,在融资约束较大的小规模企业和非国有企业中,这种推动效果最明显。

2. 内部影响因素

(1)融资结构和融资约束。许多学者研究与融资相关的活动对企业创新投入和产出的影响,主要分为融资方式、融资结构与融资约束。融资方式分为债务融资和股权融资。其中,债务融资的来源主要包括商业信用、银行贷款和企业债券;股权融资包括上市等其他股权融资类型。商业信用通过缓解企业的融资约束,促进企业的常规式创新投资,加大研发投入(张杰 等,2012;肖海莲 等,2014;袁玲 等,2020)。银行贷款需要还本付息,且通过订立合同确定贷款目的和资金用途,有着较严格的限制,因此民营企业较难获取融资,国有企业可以获得较低利率的贷款(李文贵,余明桂,2015;余明桂 等,2019)。对国有企业来说,银行贷款对促进研发投入具有促进作用;但对民营企业来说,银行贷款负向影响研发投入(张杰 等,2012)。债券也是公司融资的重要方式之一,企业债券的高流动性可以降低公司融资成本,期限长的特点可以保障为创新项目稳定地提供资金。债券融资可以显著地提高企业的创新绩效,并且融资规模越大,创新绩效越好(王伟楠 等,2018)。此外,集团内部资本市场也可以通过资金拆借,缓解研发的融资约束问题(贺勇,刘冬荣,2011)。若企业在缺少债务融资的情况下,主要的研发资金来源是股权融资和内部现金流(卢馨 等,2013)。张劲帆等(2017)与 Acharya 和 Xu(2017)认为首次公开募股(initial public offering,IPO)可以缓解融资约束,提升企业创新水平。但企业上市后,管理者面临短期业绩压力,则偏向于加大创新力度,选择低风险项目(Wies,Moorman,2015)。Wu(2006)认为上市提高了创新生产力,但创新质量下降了。Bernstein(2015)发现上市使研发核心人员离职,企业内部创新质量下降,吸引外部更多人才,促进内部创新向外部创新转变。融资约束也是学者关注创新投入和产出的一个重要因素。刘胜强等(2015)认为融资约束导致了 R&D 投资不足,与 R&D 投资显著负相关。Hall 等(2016)和 Cincera 等(2016)证明了在欧洲创新型企业中,融资约束和研发投资之间是负相关关系。

(2)产权性质。产权性质主要通过两种途径影响企业创新:一是通过影响资源获取能力影响企业的融资约束水平;二是代理成本影响企业的风险承担水平。

国有企业因有国有资本的保障,更容易获得信贷资源,融资约束水平较低(余明桂 等,2019;邓可斌,曾海舰,2014;Allen et al.,2005)。有研究表明,相比民营企业,国有企业进行了更多的研发创新活动(李春涛,宋敏,2010)。另外,国有企业产权不清晰,政府作为控股股东难以实施有效监管、国企高管晋升机制评价标准多元化(潘红波 等,2008;潘红波,余明桂,2011)、制度僵化等问题导致了较高的代理成本(李文贵,余明桂,2015),企业创新动力不足,创新效率低下(刘小玄,2000;姚洋,章奇,2001;周黎安,罗凯,2005),创新产出趋于降低(李永 等,2014;杨晔 等,2015),不如民营企业和外资企业(吴延兵,2012)。

(3)公司治理。学者们研究公司治理对企业创新的影响机制主要从股东、高管团队和股权激励三个角度来分析。股权集中度是影响企业创新的因素之一。冯根福和温军(2008)认为存在适度的股权集中度,最有利于企业技术创新,两者之间是"倒 U 形"关系。陆国庆等(2014)认为第一大股东持股比例对企业创新综合绩效具有正向影响。高管的人力资本和社会资本可以为研发创新创造更多的条件,是促进创新的重要推动力(Huarng,Yu,2011)。高管的人力和社会资本可以通过缓解融资约束进而促进企业创新,如高管的直接校友关系提高融资便利度(申宇 等,2017)、企业家的专业技能资本(褚杉尔 等,2019)。此外,民营企业高管的社会资本(陈爽英 等,2010)、CEO 丰富的职业经历(何瑛 等,2019)、拥有技术背景的企业家(李四海,陈旋,2014),这些特征也可以显著地提高企业研发投入水平。但也有研究表明,管理者从军经历会抑制企业的创新投入(邵剑兵,吴珊,2018)。股权激励与企业创新的关系主要有三种:促进、抑制和非线性。股权激励可以显著提高创新研发投入(Flammer,Bansal,2017;田轩,孟清扬,2018;朱琪,关希如,2019),但杨慧辉等(2018)认为该影响在控股股东积极监督治理时才会发挥作用。还有众多学者认为股权激励机制应设置长期承诺、保护和激励制度,高管将以更长期的视角选择研发投资项目,增加长期战略投资(Flammer,Bansal,2017)。徐长生等(2018)则认为股权激励不能促进企业创新绩效。徐宁(2013)与徐宁等(2019)证明了股权激励对企业创新投入的影响是非线性的。

(4)分析师关注。分析师通过走访、会议、调研等,将上市公司的信息传递给市场上的利益相关者,降低市场与企业的信息不对称问题,进而降低融资成本,缓解融资约束促进创新(Guo et al.,2019;余明桂 等,2017;陈钦源 等,2017)。企业的财务状况也是分析师关注的重点之一,这会给管理层带来短期业绩压力,放弃风险高、长期来看对企业收益好的项目,这种情况会阻碍企业的创新(He,Tian,2013)。

7.2.3　政府科技资助与企业创新文献综述

政府科技资助的范围涉及较广,学者们对其进行了不同的分类,见表 7.2。

表 7.2　政府科技资助分类

学　者	政府科技资助分类
Feldman,Kelley(2006)	研发补贴、财政补贴
Kang,Park(2012)	政府科技资助、税收减免
Shu 等(2015)	资金支持、税收减免、政府采购等
龙静,刘海建(2012)	宏观经济政策、财税政策、科技鼓励政策等

资料来源:课题组根据文献整理。

总体而言,政府科技资助分为以研发补贴为主的直接补助模式和以税收优惠为主的间接补助模式。政府科技资助是克服创新市场失灵的重要干预手段,发挥着重要的作用。政府科技资助的额度、补贴的方式都会影响企业的创新决策、创新投入和创新产出。学者们的研究已经形成了政府科技资助对企业创新具有"挤入效应"和"挤出效应"两类成熟的观点,挤入效应是指政府科技资助可以有效地缓解企业的融资约束问题(Howell,2017;解维敏 等,2009;雷鹏 等, 2015),从而增强企业研发的动力,加大研发投入;挤出效应是指政府科技资助的金额过大导致企业减少了原本的自主投资,或者将该部分补助挪作他用,替代了企业的资本投入,产生了挤出效应(李万福 等,2017)。也有学者认为政府科技资助对企业创新同时产生"挤入效应"和"挤出效应"。此外,政府科技资助还具有信号传递效应,可以向外部投资者传递该企业研发实力强、研发项目具有前景等良好的信号,降低信息不对称带来的逆向选择问题,增加企业的外部融资,缓解企业融资约束,加大创新。

7.2.3.1 政府科技资助特征对企业创新的影响

政府科技资助对企业创新效果的影响会受到补助额度的影响,许多研究表明政府科技资助对企业创新投入、创新产出和创新能力的影响存在一个最优区间,使得政府补贴的效果最显著。研究表明,在某一区间值时,既包括税收减免又包括政府补贴的财政政策对 R&D 投入、企业技术创新能力的影响都是正向的;在区间值之外,该影响表现出抑制作用(李苗苗 等,2014;毛其淋,许家云,2015)。

在补贴方式上,直接与间接补贴都能激励企业的 R&D 行为,间接补贴的效应比直接补贴更显著,税收优惠相比财政直接补贴对企业研发创新的激励效果更强(肖美凤 等,2012;戴晨,刘怡,2008;柳光强 等,2015;钱昇,武健,2007)。朱平芳和徐伟民(2003)指出,直接与间接补贴的互补效应以政府的税收减免为主;众多文献均认为税收优惠可降低企业研发成本,激励企业增大研发投入(Harris et al.,2009;娄贺统,徐浩萍,2009)和研发产出(Czarnitzki et al.,2011),并且对研发投入的长期激励效应要大于短期激励效应(Bloom et al., 2002;Guellec,2003)。

此外,由于政府与企业研发偏好不一致(肖文,林高榜,2014)、政府补贴的公有产权属性以及跟踪评估与监督机制缺失(余泳泽,2011)等,政府补贴没能够起到激励企业加强研发创新的作用,反而产生了挤出效应(Acemoglu et al.,2018)。

7.2.3.2 挤入效应和挤出效应

政府对企业技术创新行为进行干预的初衷是纠正市场失灵,鼓励企业增加技术创新投入。学者们通过研究政府科技资助支持与企业研发投入间的关系,Dimos 和 Pugh(2016)将实证结果总结为以下五种类型:挤入效应、无效应、部分挤出、全部挤出和超额挤出。本研究专题将主要结论分为以下三种关系:挤入效应、挤出效应和两者兼有的情况。

1. 挤入效应(互补效应)

政府科技资助对研发投入形成的挤入效应主要是指政府科技资助有利于弥补

创新过程中的市场失灵,激励企业增加研发投入,促进创新活动(Romano,1989)。

政府科技资助对研发投入形成挤入效应主要通过以下三种机制:一是政府科技资助可以降低企业的研发成本和研发风险;二是由于研发的外部性的存在,政府科技资助可以缩短私人收益和社会收益的差距(Yager,Schmidt,1997),增强研发动力;三是通过政府科技资助的选择性(Kleer,2010)和信号传递效应,向外部投资者传递政府支持该公司的研发实力、研发项目前景等信号,增强企业获得外部融资的可能,缓解因研发活动大额资金需求造成的融资约束。

吴武清等(2020)认为研发补贴对企业自主研发投入存在挤入效应,主要原因有以下两个:一是降低企业的融资障碍,研发补贴既可以发挥杠杆作用又可以发挥信号作用。与融资有关的补助如财政贴息体现了杠杆作用;通过信号传递作用,政府的补助也可以为企业吸引投资(Meuleman,De Maeseneire,2012)。这种情况下,研发补贴会克服融资约束、研发风险、外部效应等因素,对企业自主研发投入产生挤入效应。二是企业存在维系政企关系的压力。一方面,企业希望持续地从政府获得更多的补助和资源;另一方面,企业通过提高研发投入可以协助政府官员达成"研发经费投入强度"这一考核指标,一定程度上也能帮助政府官员提高地区的研发政绩。此外,部分研发补贴政策要求企业投入配套资金,因此在政府支持企业的研发投入项目就会自然地产生挤入效应。

国内外许多学者以不同国家的企业作为研究对象,都得出了相似的结论,即政府科技资助会诱发企业创新投入,对企业创新有激励效应。

许多学者以国外的企业作为研究对象,都得出了相似的结论,即政府科技资助不仅会诱发企业创新投入,也会增加创新产出(Bérubé,Mohnen,2009;Le,Jaffe,2015)。

此外,国内许多学者也积极关注中国政府研发补贴对企业研发创新的积极作用,也考虑了反腐败对其的影响。程华和王恩普(2009)、王俊(2010)的研究都发现了政府 R&D 补贴对企业研发产出有正向促进作用。许国艺等(2014)研究结果表明,政府研发补贴对民营企业和中等研发强度企业的研发投入促进效应更大。反腐行动压缩了政治关联的寻租合谋空间,企业将注意力更多地集中于研发投入,反腐促进了企业创新(党力 等,2015;徐细雄 等,2016)。

2. 挤出效应(替代效应)

政府科技资助的挤出效应主要是指因企业获得政府科技资助而减少了对创新的投入。根据学者研究,挤出效应的表现机制主要分为以下三种:一是政府科技资助资金替代了企业原本计划的自有资金的投入,或该受资助项目是企业原本自己打算投资的项目,则企业将这部分资金减少投入或挪作他用(解维敏 等,2009;白俊红,2011);二是企业利用政府与企业之间的信息不对称,进行策略性创新(黎文靖,郑曼妮,2016)和以成功申请政府补贴为导向的投资(安同良 等,2009;毛其淋,许家云,2015),产生了"逆向"的导向作用;三是政府科技资助影响研发资源市场的供求关系,政府的资助资金使得市场提高了对研发资源的需求,引起了价格的升高和企业研发成本的增加,最终企业可能因此选择风险更小、营利性更高的项目(Marino et al. ,2016;Boeing,2016;Goolsbee, 1998; Yu et al. ,2016;吴祖光 等,2013)。

吴武清等(2020)认为研发补贴存在挤出效应的根本原因是补助的供给金额超过了企业研发投入所需要的金额,分为两种情况:一种是补助规模合理,但企业研发投入动力不足;另一种情况是补助过度,额外获得的研发补贴会使企业减少自有资金的投入。若企业创新能力或创新意愿较低,一旦研发补贴超出其研发能力或意愿,则有可能仅使用研发补贴开展创新活动,而减少自有资金的投入,甚至将研发补贴挪作他用。

国内外许多学者通过研究各国的政府科技资助和企业研发活动的关系,发现政府公共资助与私人研发投资之间存在挤出效应,David 等(2000)发现约三分之一的文献支持该结论。Wallsten(2000)应用美国的样本研究发现,政府科技资助研发活动对企业研发投入存在完全挤出效应。Lichtenberg(1987;1988)、Wallsten(2000)利用美国数据,Görg 和 Strobl(2005)利用爱尔兰数据的研究却发现政府 R&D 资助在一定程度上挤出了企业的 R&D 投资,降低了行业整体的研发投入水平。国外学者 Higgins 和 Link(1981)、Görg 和 Strobl(2005),国内学者高宏伟(2011)、孙维章和干胜道(2014)都发现了政府科技资助对研发投入有显著的负向影响,存在挤出效应。此外,对于中国的国有企业样本,高宏伟(2011)发现政府减少补贴的政策能提高制造型、服务型国企的研发投入。孙维章和干胜道(2014)以IT 行业为研究对象,发现政府科技资助对研发投入的负面影响随着上市公司规模的增大而增大。

3. 同时存在挤入效应和挤出效应

学者们通过研究还发现了政府科技资助对企业创新投入的影响可能同时产生挤入效应和挤出效应。

吴武清等(2020)采用分位数回归方法重新构建研发投入指标,分析了 2007—2016 年 A 股上市公司研发补贴的实施效果。研究发现,研发补贴同时存在挤入效应和挤出效应,随着自主研发投入水平的提高,研发补贴的边际效应从不断减弱的挤出效应,逐渐转变为无效应,再逆转为不断增强的挤入效应,影响这一逆转效应形成的可能原因是企业内在创新动力与外部政治压力。

Lach(2002)利用 20 世纪 90 年代以色列制造业企业的研究数据,发现研发补贴对小企业具有挤入效应,对大企业具有挤出效应。研究结果表明,一个单位的NIS[①](以色列新谢克尔币)的政府科技资助可以让小公司增加 11 个 NIS 的自主研发投入,让大企业减少 0.23 个 NIS 的自主研发投入,但该负向影响在统计上不显著。

刘虹等(2012)发现政府 R&D 补贴对企业的激励效应和挤出效应呈"倒 U

---

① 根据国家外汇管理局公布的《各种货币对美元折算率(2021 年 1 月 29 日)》数据,1 美元=0.304 65 以色列新谢克尔币。

形",即存在一个最优补贴值。未达到最优补贴值之前,激励效应由显著促进到不断减弱,超过最优补贴值之后,挤出效应发生。

张宗益和陈龙(2013)研究了无滞后期和滞后 1 期条件下,政府直接补贴和间接补贴两种方式对整体战略性新兴产业内部研发投入的影响。研究发现,直接补贴对产业内部研发投入具有正相关的刺激诱导作用,而间接补贴则产生负相关的挤出效应。

7.2.3.3　信号传递效应

由于投资者和被投资者之间的信息不对称扭曲了最优资本配置并导致投资过程中的低效,当企业无法获得外部资本和不能利用可用的增长机会时,就会出现财务约束(Jensen,Meckling,1976;Stiglitz,Weiss,1981)。创新又会显著地增加企业与外部投资者的信息不对称,加剧企业的财务约束(Hall,1993;Brown,Petersen,2009;Bond et al.,2005)。而政府对企业研发创新的补助可以通过信号传递机制间接缓解企业融资约束。政府在提供补助之前,通过企业提交的项目信息进行比较、分析,最终选择符合国家产业政策、具有长期发展前景、能产生较高社会价值的项目进行支持,政府的肯定能够向投资者、银行等金融机构传递积极的信号,降低企业创新活动的信息不对称性和道德风险,从而加大企业获得金融市场支持的力度,有效地解决因资金不足或融资成本过高而不愿增加创新投入的困境。

许多学者发现政府科技资助的信号传递效应有助于企业债务融资(傅利平,李小静,2014;邢会 等,2019)和风险投资(傅利平,李小静,2014;邢会 等,2019;郭玥,2018)的增加,外界的关注与支持可以有效地缓解融资约束(陈璐 等,2019;石绍宾等,2017),促进企业创新。陈璐等(2019)还发现政府科技资助的信号传递效应主要体现在股权融资方面。Li 等(2020)研究了我国高新技术产业 469 家上市公司2009—2016 年的数据,发现研发补贴对企业短期债务融资和股权融资均有正向影响,但对长期债务融资无显著影响;还证明了研发补贴作为一个重要的信号机制,减少了信息不对称,影响不同类型的企业外部融资。

7.2.4　文献述评

目前,关于企业创新决策的讨论主要集中在定性的角度,分析创新决策要考虑的因素和问题。部分学者用是否报告 R&D 支出、研发强度、专利数等来衡量创新决策。

关于政府科技资助与企业创新关系的结论尚未达成一致,这仍是一个待检验的重要问题。大多数对于政府科技资助与企业创新此问题的研究焦点在于通过实证研究政府科技资助或税收优惠对企业创新投入、创新产出的影响,但对于政府科技资助如何影响企业创新决策的研究较少。

此外,由于企业微观数据可获得性的原因,部分关于创新决策的研究采用调查问卷的方式,但此种方式取得的微观数据的客观性存疑,可能是企业未经审计的财务数据,或提供的虚假数据。

企业的创新决策是企业开展研发投资活动的起点,企业对研发项目是否决定立项,设定预算,拨付专门的资金,研发的方式选择自主研发还是与高校、科研院所合作研发,都是企业研发活动的重要活动环节。因此,利用上市公司公开的权威客观的数据,研究政府科技资助对企业创新决策、创新投入及创新产出这一整个过程的影响,具有很强的学术价值和决策参考价值。

7.3 研究假设

7.3.1 政府科技资助与创新决策

如前文所述,企业技术创新投资决策需要考虑两大问题,一是研发组织方式的选择,二是技术是否立项的决策。其中,研发组织方式的选择会影响企业对该项目的立项决策。

在企业研发立项决策前,一定会对该研发项目进行评估。公司若研发此项目,预计投入的人力、物力成本,预计的研发成果如何,该项成果会为公司产生多少收益和价值。只有当该项技术的预期收益大于预期投入成本时,企业才会决定开展此项研发活动。若企业可以获得政府的研发补贴,这必然会增加企业的预期净收益,提高企业的风险承担能力和风险偏好。对于一些预期亏损较大,超出企业承受能力的项目,若在政府科技资助的支持下,企业愿意开展该活动,提升企业研发立项的数量。

一般情况下,政府的研发资助分为两种模式:直接资助和间接资助。直接资助以货币性的研发补贴为主,间接资助主要是以税收优惠为主。这两种方式都会影响企业的创新决策。但是仅就企业在决策立项阶段,如果企业可以从政府那里申请到大额的政府补贴,则会对企业产生较大的激励作用,降低企业在研发初期阶段面临的风险。对于税收优惠这种间接资助方式,主要是以企业前期投入与研发相关的成本,在期末纳税时通过加计扣除、直接减免税额等方式变相地减少企业需要缴纳的税款,以此来支持、引导企业加大研发投入。因此,从时效性来看,直接资助的政府补贴方式更能有效地激励企业开展研发活动,促进企业的技术创新决策。基于以上分析,本研究专题提出如下假设:

H1a:政府财政补贴对企业创新决策具有正向影响。

H1b:政府税收优惠对企业创新决策具有正向影响。

H1c:相较于税收优惠方式,政府财政被贴方式对企业创新决策积极作用效果更显著。

7.3.2 政府科技资助与创新投入

市场失灵现象主要是由以下三个关于创新特点的原因造成的:一是外部性使

得企业对研发成功不能独占享有其完全的收益;二是不确定性使得研发的结果可能成功也可能失败;三是高风险性,研发项目失败的概率是偏高的,这就导致了市场失灵现象,企业对研发的投入并不能达到理论上以及社会所期望的最优水平(Arrow,1962)。因此,政府要通过政策工具对企业创新活动给予支持,推动企业升级设备和引进人才(安志,路瑶,2019),降低企业研发活动的边际成本和风险承担,缓解融资约束,克服创新的市场失灵,激励企业加大研发投入(钱爱民 等,2015;王闻,侯晓红,2015),使企业的研发投入尽量接近于社会期望的最优水平。相较于税收优惠方式,财政补贴较为直接地补充企业资金流,解决资金短缺问题,降低创新的边际成本和风险(白俊红,2011),提高企业的创新投入。而以税收优惠为主的间接补贴方式可以通过给企业减免税额的方式,来支持企业加大研发投入从而少交税款,又可以用少交的税款重新投入企业的研发活动中去。因此,税收优惠补助方式也可以促进企业加大创新投入。

企业因不过多地披露研发信息,造成了投资者对企业评估存在偏差,两者出现信息不对称问题。而投资者不愿意为无法评估的风险提供给企业资金支持,企业则面临研发资金约束问题(Hall,Bagchi-Sen,2002)。信息传递理论认为,公司披露特有的信息可以降低信息不对称,避免逆向选择,产生有效投资,缓解融资约束情况(Takalo,Tanayama,2010)。因此,企业获得政府研发补贴的信号向外部投资者传递出积极的信号,银行便会增加对公司的债务融资(邢会 等,2019;傅利平,李小静,2014),缓解企业因现金流短缺的投资不足问题。因此,相对于间接补助方式仅局限于企业纳税方面来说,政府的直接补助方式不仅可以通过财政补贴给予企业支持,通过研发项目配套资金投入引导企业增加投入,还可以通过信号传递效应传递给外部投资者,一定程度上也可以缓解企业的融资约束,增加创新资金投入。基于以上分析,本研究专题提出如下假设:

H2a:政府财政补贴对企业创新投入具有正向影响。

H2b:政府税收优惠对企业创新投入具有正向影响。

H2c:相较于税收优惠方式,政府财政补贴方式对企业创新投入积极作用效果更显著。

7.3.3　政府科技资助与创新产出

政府科技资助可以有效地增加创新产出(Bérubé,Mohnen,2009;Le,Jaffe,2017)。政府的研发资助传递了该研发项目具有广阔的发展前景,符合政府的政策引导方向,鼓励并带动企业加大研发投入,把握更多的技术创新机会,有利于提高企业创新产出。企业作为研发活动的直接受益者,在政府科技资助政策的支持下,有着强大的动力加大研发投入,竭力提高研发产出如新产品和专利的数量、质量,以求在市场竞争中占据优势。

政府的直接资助方式,往往是通过特定的研发项目申请下来,而且根据相关要求,资助款项要专款专用,这样的情况下,企业针对特定的项目会有政府研发资金的支持,而不需要自己垫付项目所需的全部经费。而间接资助方式往往是事后补贴,帮助企业节省研发的成本,从而提高企业对研发的未来预期收益水平,促进企业积极研发,提高创新产出水平。但相比于间接资助方式,直接资助方式往往更直接、有效,更能激发企业的研发动力,提高创新产出。

基于以上分析,本研究专题提出如下假设:

H3a:政府财政补贴对企业创新产出具有正向影响。

H3b:政府税收优惠对企业创新产出具有正向影响。

H3c:相较于税收优惠方式,政府财政补贴方式对企业创新产出积极作用效果更显著。

7.3.4 外部投资的中介作用

企业的研发创新活动通常涉及大额的资金投入,创新绩效同时受到企业所能调配的内部资源和外部融资的影响。政府作为市场的"有形之手",希望利用政策工具直接帮助企业,也可以通过自己的直接影响力和间接影响力调用社会的其他资源帮助企业缓解研发过程中的资金问题,提高企业融资能力和水平,缓解融资约束(黎文靖,李耀淘,2014;张新民 等,2017)。资金获得渠道的拓宽,资金量的增多使企业有较充裕的资金进行研发投入,有利于促进产出。

政府作为市场的监管者,其补助政策对企业创新产出除了直接的影响,还可能利用自己国有商业银行实际控制人的地位调用配置信贷资源帮助企业(张敦力,李四海,2012)。四大国有银行由国有资本控制,而政府作为国有资本的管理者,可以将其欲实现的政策目的即激发市场主体的创新活力与所管理的银行信贷资源进行对接,并可能以较低的利率获得贷款(余明桂 等,2019;李文贵,余明桂,2015),减轻企业贷款负担,增加贷款额度,缓解企业研发融资难的问题。

非国有商业银行虽没有政府作为中间人对接企业的贷款资源,但在市场竞争中可以通过捕捉企业获得政府研发补贴的信号,拓展自身的对公业务。依据信号传递理论,当银行捕捉到企业获得政府研发补贴的信号时,银行会更愿意加大对企业贷款的额度,放宽贷款的期限。这有助于企业缓解资金不足的问题,并更好地安排研发投入资金,从而提高企业创新产出总效果。

此外,政府也可以通过为企业贷款提供担保的方式,以政府作为背书,帮助企业获得商业银行的信任和批准,从而获得银行贷款,提高企业融资水平。

由此可见,政府通过相关政策手段增加创新投入、利用自身控制的信贷资源支持企业或通过信号传递机制,直接或间接地增加了企业获得的外部融资。融资规模越大,创新绩效越好(王伟楠 等,2018)。因此,企业外部融资的资源增多、融资能力增强都可以显著地提高企业的创新产出。

基于以上分析,本研究专题提出如下假设:

H4a：企业融资在政府财政补贴与企业创新产出之间起中介作用。

H4b：企业融资在政府税收优惠与企业创新产出之间起中介作用。

综上，我们将研究假设汇总，见表 7.3。

表 7.3　假设汇总

序　号	假　设
H1a	政府财政补贴对企业创新决策具有正向影响
H1b	政府税收优惠对企业创新决策具有正向影响
H1c	相较于税收优惠方式，政府财政补贴方式对企业创新决策积极作用效果更显著
H2a	政府财政补贴对企业创新投入具有正向影响
H2b	政府税收优惠对企业创新投入具有正向影响
H2c	相较于税收优惠方式，政府财政补贴方式对企业创新投入积极作用效果更显著
H3a	政府财政补贴对企业创新产出具有正向影响
H3b	政府税收优惠对企业创新产出具有正向影响
H3c	相较于税收优惠方式，政府财政补贴方式对企业创新产出积极作用效果更显著
H4a	企业融资在政府财政补贴与企业创新产出之间起中介作用
H4b	企业融资在政府税收优惠与企业创新产出之间起中介作用

7.4　研究设计

7.4.1　样本选择与数据来源

根据财政部发布的财会〔2017〕15 号文，对政府科技资助的会计处理进行了相关修订。为了保证数据的一致性，本研究专题选取 2017 年政策变更以前的数据作为分析对象。本研究专题以 2015—2017 年沪、深两市中小板和创业板上市公司为研究对象，为了保证数据的完整性、连续性，本研究专题按照如下顺序对样本进行筛选：①剔除 2014 年以后上市的公司；②剔除已经退市、ST 或*ST 的公司；③剔除金融保险业的企业；④剔除数据缺失的样本公司。经过筛选，本研究专题最终获得了 221 家上市公司共计 663 个观测值。本研究专题的数据来源于国泰安 CS-MAR 数据库。

7.4.2　变量测量

7.4.2.1　因变量——创新决策、创新投入、创新产出

企业的创新决策即企业的技术研发立项决策。通常情况下，企业科技项目（包括政府科技资助项目和企业自选项目）越多，表明企业开展研发活动的意愿和积极性越高。本研究采用年报中公示的企业研发支出项目数来衡量。

创新投入即企业已经开始了研发活动,在实际经营活动中,会计上将研发相关的投入都计入研发费用。以往大多数文献会采用研发强度(即研发费用占主营业务收入的比重)、研发支出等指标来衡量,本研究专题根据刘新民等(2020),将创新投入以研发强度(即研发费用占主营业务收入的比重)来衡量。

创新产出的衡量方式包括新产品销售额、新产品销售收入比例、新产品数量、申请专利数量、发明专利申请数等作为企业研发活动产出的衡量指标。本研究专题将创新产出定义为申请专利总数。

7.4.2.2　自变量——政府研发补贴与税收优惠力度

政府科技资助分为两种形式,一种是研发补贴,一种是税收优惠。

关于研发补贴的衡量,本研究专题参考李万福等(2017)的搜集方法,手工筛选与研发相关的政府科技资助。本研究专题研究的政府科技资助对企业创新过程的效应中的政府补贴是以各类财政补贴的形式对企业技术创新活动提供的资金扶持。本研究专题通过 CSMAR 数据库,对附注中政府科技资助明细较详细披露政府科技资助用途信息的公司,通过手工去除"就业失业岗位补贴""自然灾害治理拨款""安置残疾人奖励""高校就业补贴""排污费""增值税""高温慰问金""拆迁补助""党组织奖励""流动资金贷款贴息""外贸发展""水利基金""市场开拓""锅炉拆改"等非科技类补助,分离出政府科技资助中的"研究开发""知识产权""技术改造""专利""科技进步奖励""创新型企业培育专项资金""科技金融专项科技贷款贴息""新兴产业引导资金""自主创新""实验室""863 计划"等科技类补助,对于关键词无法涵盖的部分进行逐项判断,最后进行加总据此形成政府科技补助数据。

关于税收优惠的衡量,本研究专题参考李维安等(2016)的研究方法,选择所得税优惠来衡量,根据企业的实际所得税率,用名义所得税率 25% 减去该税率的差额乘利润总额再除以企业主营业务收入,计算得出税收优惠力度。

7.4.2.3　控制变量

此外,综合已有文献的研究成果,本研究专题还选取了产权性质、企业年龄、企业规模、企业债务情况、盈利能力、成长能力、市场势力、营业现金流、年份和行业等作为控制变量。

具体变量定义见表 7.4。

表 7.4　变量定义及符号

变量名称	变量符号	变量定义	指标来源
被解释变量:			
创新决策	研发立项决策	Project	研发支出项目数	CSMAR
创新投入	研发强度	RD	当期研发费用总额/当期营业收入	CSMAR
创新产出	专利申请数量	Patent	当年专利申请数量	CSMAR

续表

变量名称		变量符号	变量定义	指标来源
解释变量：				
政府科技资助	财政补贴	LNSub	企业当年收到的与研发相关的政府补助的对数	CSMAR
	税收优惠	Tax	（25％－实际所得税税率）×利润总额/主营业务收入	CSMAR
中介变量：				
	银行贷款	Loan	长期借款与短期借款总额取对数	CSMAR
控制变量：				
	产权性质	State	国有企业取值为 1,非国有企业取值为 0	CSMAR
	企业年龄	Age	当年年份－企业成立时间	CSMAR
	企业规模	Size	企业总资产的自然对数	CSMAR
	企业债务情况	Lev	资产负债率＝期末总负债/期末总资产	CSMAR
	盈利能力	ROA	净利润/总资产	CSMAR
	成长能力	Growth	营业收入增长率	CSMAR
	市场势力	Market	企业营业收入与营业成本之比,取自然对数	CSMAR
	营业现金流	CF	经营活动现金流量净额/总资产	CSMAR
	年份	Year	年度虚拟变量	CSMAR
	行业	Ind	行业虚拟变量	CSMAR

资料来源：课题组整理。

7.4.2.4　研究模型

本研究构建了多元线性回归模型,利用混合效应模型对上述研究假设进行实证分析。数据分析软件为 Stata 16.0。

为了验证 H1,本研究专题构建的模型如下：

$$\text{Project}_{i,t} = \alpha + \beta_1 \text{LNSub}_{i,t} + \text{Controls} + \sum \text{Year} + \sum \text{Ind} + \varepsilon_{i,t} \tag{1}$$

$$\text{Project}_{i,t} = \alpha + \beta_1 \text{Tax}_{i,t} + \text{Controls} + \sum \text{Year} + \sum \text{Ind} + \varepsilon_{i,t} \tag{2}$$

为了检验政府财政补贴与税收优惠对企业创新决策的影响机制,本研究专题构建回归模型（1）、（2）。其中,Project 代表研发支出项目数,α 为截距项,LNSub 和 Tax 分别代表企业获得的政府财政补贴和税收优惠金额。此外,i 表示横截面的个体,t 表示时间,Controls 是本研究专题表 7.4 中的所有控制变量,Year 和 Ind 用于控制年度和行业,$\varepsilon_{i,t}$ 表示随机干扰项。

为了验证 H2,本研究专题构建的模型如下：

$$RD_{i,t} = \alpha + \beta_1 \, LNSub_{i,t} + Controls + \sum Year + \sum Ind + \varepsilon_{i,t} \qquad (3)$$

$$RD_{i,t} = \alpha + \beta_1 \, Tax_{i,t} + Controls + \sum Year + \sum Ind + \varepsilon_{i,t} \qquad (4)$$

为了检验政府财政补贴与税收优惠对企业创新投入的影响机制,本研究专题构建回归模型(3)、(4)。其中,RD 代表研发支出项目数,其余相关字母所代表的含义与本研究专题前述相同

为了验证 H3,本研究专题构建的模型如下:

$$Patent_{i,t} = \alpha + \beta_1 \, LNSub_{i,t} + Controls + \sum Year + \sum Ind + \varepsilon_{i,t} \qquad (5)$$

$$Patent_{i,t} = \alpha + \beta_1 \, Tax_{i,t} + Controls + \sum Year + \sum Ind + \varepsilon_{i,t} \qquad (6)$$

为了检验政府财政补贴与税收优惠对企业创新产出的影响机制,本研究专题构建回归模型(5)、(6)。其中,Patent 代表企业专利申请数量,其余相关字母所代表的含义与本研究专题前述相同。

为了验证 H4,考察银行贷款在政府科技资助与创新产出之间的中介效应,本研究专题构建回归模型(6)、(7)、(8)。其中,Loan 代表银行贷款,其余相关字母所代表的含义与本研究专题前述相同。

$$Loan_{i,t} = \alpha + \beta_1 \, Tax_{i,t} + Controls + \sum Year + \sum Ind + \varepsilon_{i,t} \qquad (7)$$

$$Patent_{i,t} = \alpha + \beta_1 \, Tax_{i,t} + \beta_2 \, Loan_{i,t} + Controls + \sum Year + \sum Ind + \varepsilon_{i,t} \quad (8)$$

研究模型如图 7.1 所示。

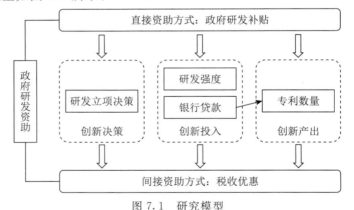

图 7.1　研究模型

7.5　实证结果与分析

7.5.1　描述性统计分析

表 7.5 是本研究专题模型中所涉及的变量的描述性统计,该表可以让我们直观地了解各变量的样本量、均值、标准差、最小值和最大值,对样本数据有一个初步的了解。

表 7.5　描述性统计

模　型	(1)	(2)	(3)	(4)	(5)
变量	N	均值	标准差	最小值	最大值
Project	663	12.70	16.14	0	126
RD	663	8.193	7.341	0.170	62.70
Patent	663	89.43	224.9	1	3 096
LNSub	663	15.70	1.512	8.407	20.03
Tax	663	0.006 05	0.086 2	−2.074	0.172
Loan	663	16.79	7.104	0	24.46
State	663	0.139	0.346	0	1
Age	663	14.79	4.390	5	26
Size	663	22.08	0.880	19.56	25.91
Lev	663	0.355	0.167	0.037 0	0.916
Growth	663	−0.048 3	0.314	−0.242	1.800
ROA	663	0.030 2	0.033 8	−0.054 6	0.153
Market	663	1.829	0.420	1.201	4.131
CF	663	0.005 22	0.068 0	−0.082 7	0.155

从表 7.5 中可以看出,本次共有 663 个样本量。研发立项决策(Project)最小值为 0,最大值为 126;研发强度(RD)最小值为 0.170,最大值为 62.70,平均值为 8.193;专利申请数量(Patent)最小值为 1,最大值为 3 096。以上可以看出,三个被解释变量中专利申请数量(Patent)的标准差最大,说明各家公司的研发实力、申请专利的数量有很大的差异。

关于解释变量,各企业获得的政府财政补贴金额差异较大,因此我们将它进行对数化处理,对数化后的 LNSub 最小值为 8.407,最大值为 20.03,平均值为 15.70,标准差为 1.512,标准差较小,利于后续的数据处理。税收优惠力度(Tax)最小值为 −2.074,最大值为 0.172,平均值为 0.006 05,标准差达 0.086 2,整体变化幅度较小。

银行贷款(Loan)平均值为 16.79,标准差达 7.104。银行贷款(Loan)在变量中属于标准差较大、变化幅度较大的变量。

7.5.2　Pearson 相关性分析

为了检验变量之间的多重共线性,本研究专题对模型相关的所有变量进行 Pearson 相关性分析,各变量之间的相关系数见表 7.6。

表 7.6　Pearson 相关性分析结果

变　量	(1)	(2)	(3)	(4)	(5)	(6)	(7)	(8)	(9)	(10)	(11)	(12)	(13)	(14)	(15)
(1) Project	1.000														
(2) RD	-0.029	1.000													
(3) Loan	0.038	-0.168***	1.000												
(4) Patent	0.012	-0.040	0.127***	1.000											
(5) Sub	-0.039	0.132***	0.129***	0.384***	1.000										
(6) LNSub	0.026	0.146***	0.126***	0.300***	0.565***	1.000									
(7) Tax	0.008	-0.102***	0.054	0.014	0.021	0.215***	1.000								
(8) State	-0.080**	0.166***	0.058	0.013	0.184***	0.246***	-0.007	1.000							
(9) Age	0.050	-0.053	-0.044	-0.107***	0.013	0.003	-0.029	-0.001	1.000						
(10) Size	0.023	-0.206***	0.390***	0.388***	0.454***	0.458***	0.123***	0.218***	0.536***	1.000					
(11) Lev	0.062	-0.259***	0.535***	0.227***	0.194***	0.167***	-0.083**	0.189***	-0.066*	-0.039	1.000				
(12) Growth	-0.043	0.043	0.000	-0.042	-0.036	0.006	0.037	-0.052	-0.057	0.076*	0.112***	1.000			
(13) ROA	-0.090**	-0.030	0.011	-0.039	-0.022	0.041	0.039	0.058	-0.111***	0.000	0.395***	0.707***	1.000		
(14) Market	-0.045	-0.008	-0.006	-0.045	-0.050	0.001	0.039	-0.015	-0.129***	-0.023	0.189***	0.656***	0.552***	1.000	
(15) CF	-0.088**	-0.005	-0.034	-0.041	-0.046	0.028	0.073*	0.027							

注：*** $p<0.01$，** $p<0.05$，* $p<0.1$。

通过表 7.6,我们可知:①大部分变量之间的相关系数小于 0.5,表明不存在严重的多重共线性,模型设定合理。②因变量 Project 与 LNSub 的相关系数为 0.026,因变量 RD、Loan 和 Patent 与 LNSub 均在 1% 的水平下显著相关,相关系数分别为 0.146、0.126、0.300。③自变量 Tax 仅与 RD 的相关系数在 1% 的水平下显著相关,相关系数为 -0.102,表明税收优惠可能对企业的创新投入产生挤出效应。

7.5.3　回归分析

为了便于对比分析政府研发补贴和税收优惠两类方式对创新过程的相互不同的影响,本专题将数据进行极值化的无量纲化处理,即每一个变量与变量最小值之差除以该变量取值的全距,规范化后各变量的取值范围在 0 到 1 之间。

7.5.3.1　政府科技资助对创新决策

表 7.7 为政府科技资助对企业创新决策的多元回归结果,本研究专题使用税收优惠(Tax)和政府财政补贴(LNSub)分别考察对企业研发立项决策(Project)的影响,本模型将行业(Ind)及年份(Year)变量进行控制。

通过回归结果发现,R^2 为 0.100 和 0.095,F 值分别为 11.18 和 10.39,P 均为 0.000 0,模型整体有效。在回归系数方面,政府财政补贴对企业研发立项决策影响为正,系数在 5% 的水平下显著,值为 0.109。政府税收优惠对企业研发立项决策影响为正,系数为 0.196,在 1% 的水平下显著。相较于税收优惠方式,政府财政补贴方式对企业创新决策影响效果小,且显著性水平较低。以上结果表明,税收优惠更能刺激企业进行研发立项活动。因此,H1a、H1b 显著成立,H1c 不成立。

表 7.7　政府财政补贴和税收优惠对创新决策的回归分析

模　型	(1)	(2)
变量	Project	Project
LNSub	0.109 * *	
	(2.50)	
Tax		0.196 * * *
		(2.94)
State	-0.053 * * *	-0.046 * * *
	(-4.14)	(-3.52)
Age	0.001	0.004
	(0.05)	(0.14)
Size	-0.021	0.024

续表

模　型	(1)	(2)
	(−0.45)	(0.56)
Lev	0.089***	0.086***
	(2.79)	(2.68)
Growth	−0.110***	−0.104***
	(−3.29)	(−3.08)
ROA	−0.139***	−0.133***
	(−2.85)	(−2.71)
Market	0.077	0.078*
	(1.63)	(1.65)
CF	0.104***	0.092**
	(2.75)	(2.37)
常量	−0.120***	−0.236***
	(−2.65)	(−3.58)
Year	控制	控制
Ind	控制	控制
样本量	663	663
R^2	0.100	0.095
F	$F=11.18$　$P=0.0000$	$F=10.39$　$P=0.0000$

注：*、**、***分别表示在10%、5%、1%的水平下显著，括号内为 t 值。本章下同。

本研究认为，税收优惠是政府给予企业在符合一定条件的情况下如通过高新技术企业认定即可在某一时间段范围内持续地享受该种政府间接补助，因此税收优惠方式相对于申请政府的研发补贴项目来说更具有确定性。只要企业有研发相关的投入，便可根据相关法律法规要求获得一定的税额减免和抵扣，是企业所有拟研发立项项目的影响因素之一。因此，税收优惠方式对于创新决策的影响作用更大。

7.5.3.2　政府科技资助对创新投入

表7.8为政府科技资助对企业创新投入的多元回归结果，本研究专题使用税收优惠（Tax）和政府财政补贴（LNSub）分别考察对企业创新投入（RD）的影响，本模型将行业（Ind）及年份（Year）变量进行控制。

表 7.8　政府财政补贴和税收优惠对创新投入的回归分析

模　型	（3）	（4）
变量	RD	RD
LNSub	0.172＊＊＊	
	（4.77）	
Tax		−0.358＊＊
		（−2.14）
State	0.067＊＊＊	0.076＊＊＊
	（3.59）	（3.82）
Age	−0.047＊＊	−0.041＊＊
	（−2.27）	（−1.98）
Size	−0.129＊＊＊	−0.009
	（−3.37）	（−0.29）
Lev	−0.112＊＊＊	−0.144＊＊＊
	（−4.51）	（−5.83）
Growth	0.027	0.042
	（0.76）	（1.19）
ROA	0.003	0.015
	（0.06）	（0.33）
Market	0.000	0.001
	（0.01）	（0.04）
CF	−0.037	−0.058
	（−0.80）	（−1.27）
常量	0.074＊	0.476＊＊＊
	（1.90）	（3.00）
Year	控制	控制
Ind	控制	控制
样本量	663	663
R^2	0.313	0.300
F	$F=18.72, P=0.000\,0$	$F=19.16, P=0.000\,0$

通过回归结果发现，R^2 为 0.313 和 0.300，F 值分别为 18.72 和 19.16，P 均为 0.000 0，模型整体有效。在回归系数方面，政府财政补贴对创新投入系数为 0.172，在 1％的水平下显著，说明财政补贴对创新投入具有显著的促进作用。税

收优惠对企业创新投入系数为-0.358,在5%的水平下显著。相较于税收优惠方式,政府财政补贴方式对企业创新投入的正向影响效果更大,显著性水平更高。以上结果表明,财政补贴有效地激励了企业创新投入,而税收优惠对企业的创新投入产生了挤出效应,政府财政补贴对促进企业研发投入的实施效果更好。因此,H2a、H2c显著成立,H2b不成立。

本研究认为,税收优惠存在政策出台的滞后性(牟可光 等,2017)及执行过程的滞后性,使得企业并未能实现预期较及时的减税的效果,增大了研发的不确定性,不利于企业的创新投入;也有可能由于企业仅进行策略性创新(黎文靖,郑曼妮,2016),立项并申请到政府的补贴后(安同良 等,2009;毛其淋,许家云,2015),仅将研发投入水平维持在政府要求的水平,不再增加投入。

7.5.3.3 政府科技资助对创新产出

表7.9为政府科技资助对企业创新产出的多元回归结果,本研究专题使用税收优惠(Tax)和政府财政补贴(LNSub)分别考察对企业创新产出(Patent)的影响,本模型将行业(Ind)及年份(Year)变量进行控制。

通过回归结果发现,R^2为0.336和0.332,F值分别为5.35和3.96,P均为0.000 0,模型整体有效。在回归系数方面,政府财政补贴对企业创新产出系数为0.051,在5%的水平下显著。政府税收优惠对企业创新产出系数为-0.088,在1%的水平下显著。政府财政补贴正向影响创新产出的效果比税收优惠方式更大,且为正向的激励效应。以上结果表明,财政补贴对创新产出有显著的正向影响,说明财政补贴发挥了其导向作用,达到了政策目标;税收优惠对创新产出有显著的负向影响,说明税收优惠背离了政策目标。相较于税收优惠,政府财政补贴对企业创新产出积极作用效果更明显。因此,H3a、H3c显著成立,H3b不成立。

表7.9 政府财政补贴和税收优惠对创新产出的回归分析

模 型	(5)	(6)
变量	Patent	Patent
LNSub	0.051**	
	(2.36)	
Tax		-0.088***
		(-2.71)
State	-0.020**	-0.017**
	(-2.25)	(-2.10)
Age	-0.025**	-0.023**
	(-2.09)	(-2.00)
Size	0.223***	0.258***

续表

模　型	(5)	(6)
	(5.15)	(5.11)
Lev	−0.007	−0.015
	(−0.53)	(−1.08)
Growth	0.012	0.017
	(1.02)	(1.33)
ROA	−0.027	−0.024
	(−1.37)	(−1.19)
Market	0.008	0.008
	(0.50)	(0.50)
CF	−0.017	−0.023
	(−1.13)	(−1.47)
常量	−0.210***	−0.107***
	(−4.84)	(−4.03)
Year	控制	控制
Ind	控制	控制
样本量	663	663
R^2	0.336	0.332
F	$F=5.35, P=0.0000$	$F=3.96, P=0.0000$

7.5.3.4　企业融资的中介作用

本专题拟探究企业融资在政府财政补贴、税收优惠和创新产出之间的中介作用机制。

表 7.10 为企业融资在政府财政补贴与创新产出之间起中介作用的多元回归结果,本研究分别考察了政府财政补贴(LNSub)对企业创新产出(Patent)的影响、政府财政补贴(LNSub)对企业融资(Loan)的影响,以及政府财政补贴(LNSub)及企业融资(Loan)对企业创新产出(Patent)的影响,本模型将行业(Ind)及年份(Year)变量进行控制。

表 7.10　企业融资在政府财政补贴与创新产出之间中介作用回归分析

模　型	(7)	(8)	(9)
变量	Patent	Loan	Patent
LNSub	0.051**	0.014	0.051**
	(2.36)	(0.16)	(2.37)

续表

模　型	(7)	(8)	(9)
Loan			−0.012**
			(−2.05)
State	−0.020**	−0.064**	−0.020**
	(−2.25)	(−2.26)	(−2.33)
Age	−0.025**	−0.082*	−0.026**
	(−2.09)	(−1.82)	(−2.19)
Size	0.223***	0.328***	0.227***
	(5.15)	(3.68)	(5.25)
Lev	−0.007	0.777***	0.003
	(−0.53)	(12.46)	(0.19)
Growth	0.012	0.104	0.014
	(1.02)	(1.13)	(1.13)
ROA	−0.027	−0.007	−0.027
	(−1.37)	(−0.06)	(−1.38)
Market	0.008	0.068	0.009
	(0.50)	(0.61)	(0.54)
CF	−0.017	−0.207*	−0.019
	(−1.13)	(−1.93)	(−1.29)
常量	−0.210***	0.316***	−0.206***
	(−4.84)	(2.89)	(−4.75)
Year	控制	控制	控制
Ind	控制	控制	控制
样本量	663	663	663
R^2	0.336	0.374	0.337
F	$F=5.35$　$P=0.0000$	$F=13.31$　$P=0.0000$	$F=5.19$　$P=0.0000$

　　回归结果表明,加入企业融资之后,政府财政补贴对创新产出的系数无变化,显著性水平也未下降。以上结果表明企业融资在政府财政补贴和创新产出之间不存在中介作用。因此,H4a 不成立。

　　表 7.11 为企业融资在政府税收优惠与创新产出之间起中介作用的多元回归结果,本研究分别考察了税收优惠(Tax)对企业创新产出(Patent)的影响、税收优惠(Tax)对企业融资(Loan)的影响,以及税收优惠(Tax)及企业融资(Loan)对企业创新产出(Patent)的影响,本模型将行业(Ind)及年份(Year)变量进行控制。

表 7.11　企业融资在政府税收优惠与创新产出之间中介作用回归分析

模　型	(10)	(11)	(12)
变量	Patent	Loan	Patent
Tax	−0.088***	0.461**	−0.083**
	(−2.71)	(2.46)	(−2.55)
Loan			−0.011*
			(−1.93)
State	−0.017**	−0.061**	−0.018**
	(−2.10)	(−2.19)	(−2.18)
Age	−0.023**	−0.083*	−0.024**
	(−2.00)	(−1.83)	(−2.09)
Size	0.258***	0.302***	0.261***
	(5.11)	(3.66)	(5.19)
Lev	−0.015	0.795***	−0.006
	(−1.08)	(12.86)	(−0.39)
Growth	0.017	0.101	0.018
	(1.33)	(1.11)	(1.42)
ROA	−0.024	−0.008	−0.024
	(−1.19)	(−0.08)	(−1.19)
Market	0.008	0.068	0.009
	(0.50)	(0.62)	(0.54)
CF	−0.023	−0.207*	−0.025
	(−1.47)	(−1.94)	(−1.62)
常量	−0.107***	−0.082	−0.108***
	(−4.03)	(−0.42)	(−4.11)
Year	控制	控制	控制
Ind	控制	控制	控制
样本量	663	663	663
R^2	0.332	0.377	0.334
F	F=3.96　P=0.000 0	F=15.09　P=0.000 0	F=3.97　P=0.000 0

注：*** $p<0.01$，** $p<0.05$，* $p<0.1$。

通过回归结果发现，R^2 分别为 0.332、0.377 和 0.334，F 值分别为 3.96、15.09 和 3.97，P 均为 0.000 0，模型整体有效。在回归系数方面，政府税收优惠对企业创新产出影响为负,系数为-0.088,在1%的水平下显著。政府税收优惠对企业融资的影响为正,系数为0.461,在5%的水平下显著。当把企业融资(Loan)变量加入表7.11的模型(10)中去后,即表7.11的模型(12),我们发现税收优惠强度的显著性水平由1%下降为5%,在系数上,由原来的-0.088变为-0.083,可以看出在加入了企业融资(Loan)变量之后,税收优惠对企业创新产出的负向影响减弱,显著性水平下降,说明企业融资在税收优惠和创新产出之间起到了部分中介的作用。因此,H4b成立。

7.5.3.5 政府财政补贴对创新过程的影响分析

为便于深入分析政府财政补贴对企业创新三个过程的影响,本研究将表7.7的模型(1)、表7.8的模型(3)和表7.9的模型(5)整理成表7.12。

表 7.12 政府财政补贴对企业创新过程回归分析

模 型	(1)	(3)	(5)
变量	Project	RD	Patent
LNSub	0.109**	0.172***	0.051**
	(2.50)	(4.77)	(2.36)
State	-0.053***	0.067***	-0.020**
	(-4.14)	(3.59)	(-2.25)
Age	0.001	-0.047**	-0.025**
	(0.05)	(-2.27)	(-2.09)
Size	-0.021	-0.129***	0.223***
	(-0.45)	(-3.37)	(5.15)
Lev	0.089***	-0.112***	-0.007
	(2.79)	(-4.51)	(-0.53)
Growth	-0.110***	0.027	0.012
	(-3.29)	(0.76)	(1.02)
ROA	-0.139***	0.003	-0.027
	(-2.85)	(0.06)	(-1.37)
Market	0.077	0.000	0.008
	(1.63)	(0.01)	(0.50)
CF	0.104***	-0.037	-0.017
	(2.75)	(-0.80)	(-1.13)
常量	-0.120***	0.074*	-0.210***
	(-2.65)	(1.90)	(-4.84)
Year	控制	控制	控制
Ind	控制	控制	控制
样本量	663	663	663
R^2	0.100	0.313	0.336
F	$F=11.18, P=0.0000$	$F=18.72, P=0.0000$	$F=5.35, P=0.0000$

注:*** $p<0.01$,** $p<0.05$,* $p<0.1$。

回归结果显示,政府财政补贴对企业创新决策、创新投入和创新产出三个过程均具有显著的正向影响。通过对比发现,政府财政补贴对创新投入的影响程度最大,对创新决策的影响程度次之,对创新产出的影响程度最小。

7.5.3.6　税收优惠对创新过程的影响分析

为便于深入分析税收优惠对企业创新三个过程的影响,本研究将表 7.7 的模型(2)、表 7.8 的模型(4)和表 7.9 的模型(6)整理成表 7.13。

表 7.13　税收优惠对企业创新过程回归分析

模　型	(2)	(4)	(6)
变量	Project	RD	Patent
Tax	0.196***	−0.358**	−0.088***
	(2.94)	(−2.14)	(−2.71)
State	−0.046***	0.076***	−0.017**
	(−3.52)	(3.82)	(−2.10)
Age	0.004	−0.041**	−0.023**
	(0.14)	(−1.98)	(−2.00)
Size	0.024	−0.009	0.258***
	(0.56)	(−0.29)	(5.11)
Lev	0.086***	−0.144***	−0.015
	(2.68)	(−5.83)	(−1.08)
Growth	−0.104***	0.042	0.017
	(−3.08)	(1.19)	(1.33)
ROA	−0.133***	0.015	−0.024
	(−2.71)	(0.33)	(−1.19)
Market	0.078*	0.001	0.008
	(1.65)	(0.04)	(0.50)
CF	0.092**	−0.058	−0.023
	(2.37)	(−1.27)	(−1.47)
常量	−0.236***	0.476***	−0.107***
	(−3.58)	(3.00)	(−4.03)
Year	控制	控制	控制
Ind	控制	控制	控制
样本量	663	663	663
R^2	0.095	0.300	0.332
F	$F=10.39,P=0.0000$	$F=19.16,P=0.0000$	$F=3.96,P=0.0000$

注:*** $p<0.01$,** $p<0.05$,* $p<0.1$。

回归结果显示,从税收优惠的角度出发,其对创新决策的影响显著为正,但对其他阶段的影响机制不同,对创新投入和产出具有显著的负向影响。通过对比模型(4)和模型(6)发现,税收优惠对创新投入的负向影响程度最大,对创新产出的负向影响程度次之。

7.5.3.7 异质性检验

本研究将样本按照产权性质分为国有企业和非国有企业,并分别按照前述模型回归,以探究在不同的所有制企业中,政府研发补贴对企业创新过程的影响机制。

1. 国有企业

表 7.14 为以国有企业为样本的政府财政补贴对企业创新过程的回归分析。回归结果显示,在国有企业中,政府财政补贴这种直接补助方式正向地影响创新决策和创新投入。由于国有企业的考核评价标准更为多元化,创新产出的动力和意愿不足,因此实证结果显示政府财政补贴对创新产出的正向影响不显著。

表 7.14 国有企业政府财政补贴对企业创新过程回归分析

模　型	(13)	(14)	(15)
变量	Project	RD	Patent
LNSub	0.210**	0.632***	0.014
	(2.63)	(4.20)	(0.73)
Age	0.287***	−0.382***	−0.007
	(3.08)	(−2.87)	(−0.21)
Size	−0.249***	−0.453***	0.058*
	(−2.72)	(−2.81)	(1.90)
Lev	0.118	0.012	−0.026
	(1.31)	(0.12)	(−1.11)
Growth	−0.001	−0.216	0.003
	(−0.02)	(−0.59)	(0.09)
ROA	−0.247**	0.289	−0.051
	(−2.55)	(0.68)	(−1.28)
Market	0.330**	−0.254	0.042
	(2.30)	(−0.45)	(0.81)
CF	0.269***	−0.174	0.056***
	(4.79)	(−0.90)	(3.20)
常量	−0.267***	0.233	−0.041**
	(−3.35)	(1.56)	(−2.43)
Year	控制	控制	控制
Ind	控制	控制	控制
样本量	92	92	92
R^2	0.493	0.456	0.266
F	$F=4.70, P=0.0000$	$F=5.28, P=0.0000$	$F=5.29, P=0.0000$

注:*** $p<0.01$,** $p<0.05$,* $p<0.1$。

表 7.15 为以国有企业为样本的税收优惠对企业创新过程的回归分析。回归结果显示,在国有企业中,税收优惠对创新决策的正向影响不显著,可能是因为国有企业有信心、有实力、较易获得财政补贴,所以在立项决策阶段对税收优惠的考虑较少。结果还表明,税收优惠对创新投入具有显著的负向影响,对创新产出具有显著的正向影响,可能是因为国有企业融资约束相对较小,所以资金足够企业周转使得国有企业最后能切实地享受到税收优惠并促进了创新产出。

表 7.15　国有企业税收优惠对企业创新过程回归分析

模　型	(16)	(17)	(18)
变量	Project	RD	Patent
Tax	0.579	-3.968^{**}	0.245^{**}
	(1.08)	(-2.04)	(2.11)
Age	0.309^{***}	-0.259^{*}	-0.008
	(3.28)	(-1.79)	(-0.23)
Size	-0.188^{**}	-0.123	0.056^{*}
	(-2.01)	(-0.75)	(1.88)
Lev	0.118	-0.164	-0.019
	(1.23)	(-1.35)	(-0.79)
Growth	0.025	-0.006	0.000
	(0.20)	(-0.01)	(0.00)
ROA	-0.247	0.166	-0.047
	(-1.52)	(0.24)	(-1.04)
Market	0.356	-0.046	0.039
	(1.59)	(-0.05)	(0.67)
CF	0.256^{***}	-0.146	0.053^{***}
	(3.64)	(-0.51)	(2.69)
常量	-0.697	4.140^{**}	-0.257^{**}
	(-1.38)	(2.31)	(-2.45)
Year	控制	控制	控制
Ind	控制	控制	控制
样本量	92	92	92
R^2	0.455	0.414	0.274
F	$F=4.03$　$P=0.0000$	$F=5.33$　$P=0.0000$	$F=4.66$　$P=0.0000$

注: $^{***}p<0.01$, $^{**}p<0.05$, $^{*}p<0.1$。

2. 非国有企业

表 7.16 为以非国有企业为样本的政府财政补贴对企业创新过程的回归结果。通过回归结果可知,政府财政补贴对创新决策的正向影响不显著,可能的原因是非国有企业获得政府财政补贴的数量、金额都较小,资源较少,因此对企业创新决策的正向影响不显著;但政府财政补贴对创新投入和创新产出具有显著的正向影响。

表 7.16 非国有企业政府财政补贴对企业创新过程回归分析

模　型	(19)	(20)	(21)
变量	Project	RD	Patent
LNSub	0.075	0.097***	0.054**
	(1.56)	(3.34)	(2.19)
Age	−0.025	−0.030	−0.024**
	(−0.86)	(−1.49)	(−1.99)
Size	0.051	−0.077**	0.248***
	(0.98)	(−2.37)	(5.06)
Lev	0.052	−0.101***	−0.008
	(1.53)	(−4.30)	(−0.49)
Growth	−0.102***	0.031	0.014
	(−2.80)	(0.90)	(1.05)
ROA	−0.147***	−0.008	−0.023
	(−2.80)	(−0.17)	(−1.03)
Market	0.080	−0.008	0.009
	(1.59)	(−0.22)	(0.49)
CF	0.092**	−0.026	−0.019
	(2.03)	(−0.53)	(−1.04)
常量	0.187**	0.079***	−0.078***
	(2.29)	(2.82)	(−4.54)
Year	控制	控制	控制
Ind	控制	控制	控制
样本量	571	571	571
R^2	0.101	0.330	0.363
F	$F=10.19$　$P=0.0000$	$F=24.09$　$P=0.0000$	$F=4.23$　$P=0.0000$

注:*** $p<0.01$,** $p<0.05$,* $p<0.1$。

表 7.17 为以非国有企业为样本的税收优惠对企业创新过程的回归结果。通过回归结果可知,税收优惠对非国有企业的创新决策具有显著的正向影响,对非国

有企业的创新投入和创新产出具有显著的负向影响。

表 7.17　非国有企业税收优惠对企业创新过程回归分析

模　型	(22)	(23)	(24)
变量	Project	RD	Patent
Tax	0.163**	−0.276**	−0.104***
	(2.46)	(−2.43)	(−2.84)
Age	−0.024	−0.028	−0.023*
	(−0.83)	(−1.38)	(−1.92)
Size	0.081*	0.000	0.287***
	(1.71)	(0.01)	(4.98)
Lev	0.051	−0.124***	−0.018
	(1.49)	(−5.18)	(−1.03)
Growth	−0.098***	0.041	0.019
	(−2.69)	(1.18)	(1.36)
ROA	−0.144***	0.001	−0.019
	(−2.73)	(0.02)	(−0.84)
Market	0.081	−0.008	0.009
	(1.61)	(−0.20)	(0.51)
CF	0.083*	−0.039	−0.025
	(1.82)	(−0.80)	(−1.39)
常量	0.072	0.371***	0.039
	(0.75)	(3.40)	(1.33)
Year	控制	控制	控制
Ind	控制	控制	控制
样本量	571	571	571
R^2	0.099	0.330	0.360
F	$F=10.19$　$P=0.0000$	$F=22.90$　$P=0.0000$	$F=3.19$　$P=0.0000$

注：*** $p<0.01$，** $p<0.05$，* $p<0.1$。

通过以上分析，本研究将回归结果总结为表 7.18。总结来说，主要结论如下：

(1)总体上，政府财政补贴对企业创新过程的三个阶段具有显著或不显著的正向影响。在国有企业中，政府财政补贴对创新产出不具有统计意义上的显著性。在非国有企业中，政府财政补贴对创新决策不具有统计意义上的显著性。此外，政府财政补贴对企业创新过程的三个阶段影响程度不同。

(2)税收优惠对企业创新各个过程的影响结果不一。税收优惠对国有企业创新决策具有不显著地正向影响,但对非国有企业创新决策具有显著地正向影响。税收优惠对国有企业和非国有企业的创新投入都具有显著地负向影响。税收优惠对国有企业的创新产出具有显著地正向影响,但对非国有企业具有显著地负向影响。

(3)从影响程度大小的角度来说,在政府财政补贴对企业创新过程的促进方面,政府财政补贴对创新投入的影响程度最大,政府财政补贴对创新决策的影响程度次之,政府财政补贴对创新产出的影响程度最小。在税收优惠对企业创新过程的影响方面,税收优惠对创新决策具有显著地正向影响,有利于提高企业研发立项的数量;而税收优惠对创新投入的抑制作用较大,税收优惠对创新产出的抑制作用较小。

表 7.18   关键变量系数及显著性水平

样　本	政府研发补贴	创新决策		创新投入		创新产出	
		系数	符号/显著性水平	系数	符号/显著性水平	系数	符号/显著性水平
全样本	政府财政补贴	0.109**	正向	0.172***	正向	0.051**	正向
国有企业		0.210**	正向	0.632***	正向	0.014	不显著
非国有企业		0.075	不显著	0.097***	正向	0.054**	正向
全样本	税收优惠	0.196***	正向	−0.358**	负向	−0.088***	负向
国有企业		0.579	不显著	−3.968**	负向	0.245**	正向
非国有企业		0.163**	正向	−0.276**	负向	−0.104***	负向

7.5.4   稳健性检验

由于创新项目往往周期较长,本研究的稳健性检验考虑将自变量滞后 1 期,来分析政府财政补贴和税收优惠对其的影响,回归结果见表 7.19。

根据表 7.19,通过分析回归系数、显著性水平、F 值、P 值及 R^2 等重要参数数值,发现模型(1)至(4)和模型(6)都与本研究前述的回归结果和前文的回归结论基本一致,即政府财政补贴对下一期的创新决策、创新投入和创新产出都具有显著的正向影响,且对创新投入的影响程度最大,对创新决策的影响程度次之,对创新产出的影响程度最小。税收优惠对下一期的创新决策具有显著的正向影响,但对下一期的创新产出具有显著的负向影响。上述研究结论表明,本研究模型整体的稳健性较强。

通过表 7.19 的模型(5)可知,税收优惠对下一期的创新投入具有不显著的正向影响。原因是优惠政策适用于一定的时间区间,当期所享受的税收优惠减少当期的税负,是影响当期企业创新投入的重要因素,下期是否仍能适用该政策需要依据企业的相关情况、税法法律法规的规定及税法部门的认定。因此,企业的税收优惠可能对下一期的创新投入不具有显著的影响。

表 7.19 自变量滞后 1 期政府研发补贴对创新过程稳健性分析

模 型	(1)	(2)	(3)	(4)	(5)	(6)
变量	ProjectL1	RDL1	PatentL1	ProjectL1	RDL1	PatentL1
LNSub	0.083*	0.171***	0.039*			
	(1.76)	(3.78)	(1.90)			
Tax				0.159**	0.041	−0.087**
				(2.17)	(0.26)	(−2.24)
State	−0.037**	0.070***	−0.019**	−0.032**	0.080***	−0.017**
	(−2.40)	(3.01)	(−2.06)	(−2.02)	(3.24)	(−1.98)
Age	0.005	−0.053*	−0.020	0.007	−0.050*	−0.019
	(0.17)	(−1.85)	(−1.52)	(0.21)	(−1.72)	(−1.47)
Size	−0.033	−0.155***	0.222***	−0.001	−0.061	0.252***
	(−0.64)	(−3.10)	(4.35)	(−0.02)	(−1.52)	(4.33)
Lev	0.071*	−0.094***	−0.013	0.071*	−0.111***	−0.022
	(1.96)	(−2.83)	(−0.78)	(1.91)	(−3.34)	(−1.21)
Growth	−0.124***	0.027	0.002	−0.119***	0.041	0.006
	(−3.79)	(0.56)	(0.13)	(−3.57)	(0.82)	(0.36)
ROA	−0.063	−0.040	−0.040	−0.062	−0.036	−0.038
	(−0.64)	(−0.41)	(−1.06)	(−0.61)	(−0.38)	(−1.08)
Market	0.026	0.045	0.029	0.027	0.047	0.030
	(0.58)	(0.56)	(1.35)	(0.60)	(0.59)	(1.37)
CF	0.147***	−0.094	−0.017	0.138***	−0.113	−0.021
	(3.49)	(−0.84)	(−0.84)	(3.21)	(−1.01)	(−1.06)
常量	0.059	0.065	−0.059***	−0.046	0.109	0.039
	(1.13)	(1.43)	(−3.31)	(−0.55)	(0.68)	(1.17)
Year	控制	控制	控制	控制	控制	控制
Ind	控制	控制	控制	控制	控制	控制
样本量	442	442	442	442	442	442
R^2	0.088	0.307	0.356	0.086	0.283	0.355
F	$F=10.82$ $P=0.0000$	$F=22.47$ $P=0.0000$	$F=7.36$ $P=0.0000$	$F=10.45$ $P=0.0000$	$F=20.30$ $P=0.0000$	$F=5.75$ $P=0.0000$

为了检验企业融资在政府研发补贴与创新产出之间的中介作用的稳健性,本研究将自变量滞后 1 期,并重新进行回归。回归结果见表 7.20。

表 7.20　自变量滞后 1 期企业融资中介作用稳健性分析

模　型	(7)	(8)	(9)	(10)	(11)	(12)
变量	PatentL1	Loan	PatentL1	PatentL1	Loan	PatentL1
LNSub	0.039*	0.014	0.040*			
	(1.90)	(0.16)	(1.93)			
Tax				−0.087**	0.461**	−0.082**
				(−2.24)	(2.46)	(−2.15)
Loan			−0.014*			−0.013*
			(−1.82)			(−1.68)
State	−0.019**	−0.064**	−0.020**	−0.017**	−0.061**	−0.018**
	(−2.06)	(−2.26)	(−2.14)	(−1.98)	(−2.19)	(−2.06)
Age	−0.020	−0.082*	−0.021	−0.019	−0.083*	−0.020
	(−1.52)	(−1.82)	(−1.62)	(−1.47)	(−1.83)	(−1.56)
Size	0.222***	0.328***	0.226***	0.252***	0.302***	0.256***
	(4.35)	(3.68)	(4.40)	(4.33)	(3.66)	(4.38)
Lev	−0.013	0.777***	−0.002	−0.022	0.795***	−0.012
	(−0.78)	(12.46)	(−0.11)	(−1.21)	(12.86)	(−0.57)
Growth	0.002	0.104	0.004	0.006	0.101	0.007
	(0.13)	(1.13)	(0.24)	(0.36)	(1.11)	(0.45)
ROA	−0.040	−0.007	−0.038	−0.038	−0.008	−0.037
	(−1.06)	(−0.06)	(−1.03)	(−1.08)	(−0.08)	(−1.06)
Market	0.029	0.068	0.030	0.030	0.068	0.030
	(1.35)	(0.61)	(1.38)	(1.37)	(0.62)	(1.39)
CF	−0.017	−0.207*	−0.020	−0.021	−0.207*	−0.024
	(−0.84)	(−1.93)	(−1.03)	(−1.06)	(−1.94)	(−1.25)
常量	−0.059***	0.316***	−0.206***	0.039	−0.082	0.041
	(−3.31)	(2.89)	(−4.10)	(1.17)	(−0.42)	(1.24)
Year	控制	控制	控制	控制	控制	控制
Ind	控制	控制	控制	控制	控制	控制
样本量	442	663	442	442	663	442
R^2	0.356	0.374	0.359	0.355	0.377	0.357
F	$F=7.36$ $P=0.0000$	$F=13.31$ $P=0.0000$	$F=7.45$ $P=0.0000$	$F=5.75$ $P=0.0000$	$F=15.09$ $P=0.0000$	$F=5.59$ $P=0.0000$

通过表 7.20 中的模型(7)至(9),我们可以看出企业融资在政府财政补贴与下一期的创新产出之间不起中介作用。加入企业融资后,表 7.20 中模型(9)的政府财政补贴对下一期创新产出的显著性水平没有下降,影响系数上升,因此不存在中介效应。这与本研究前述的回归结论相同,H4a 不成立。

另外,通过表 7.20 中的模型(10)至(12),我们可以得出结论:企业融资在税收优惠和下一期的创新产出之间起部分中介作用。模型(12)中,在加入了企业融资进行回归分析时,税收优惠对下一期的创新产出的负向影响减弱。这与本研究前述的回归结论一致,H4b 成立,模型稳健性较强。

7.5.5　研究结果分析

本研究将政府科技资助分类为直接补助即政府财政补贴和间接补助即税收优惠力度,分别分析两种补助方式对企业创新过程即创新决策、创新投入和创新产出的影响及其作用机制。综合以上分析结论,本研究将研究假设及检验结果汇总见表 7.21。

表 7.21　假设检验结果汇总

序　号	假　　设	检验结果
H1a	政府财政补贴对企业创新决策具有正向影响	成立
H1b	政府税收优惠对企业创新决策具有正向影响	成立
H1c	相较于税收优惠方式,政府财政补贴方式对企业创新决策积极作用效果更显著	不成立
H2a	政府财政补贴对企业创新投入具有正向影响	成立
H2b	政府税收优惠对企业创新投入具有正向影响	不成立
H2c	相较于税收优惠方式,政府财政补贴方式对企业创新投入积极作用效果更显著	成立
H3a	政府财政补贴对企业创新产出具有正向影响	成立
H3b	政府税收优惠对企业创新产出具有正向影响	不成立
H3c	相较于税收优惠方式,政府财政补贴方式对企业创新产出积极作用效果更显著	成立
H4a	企业融资在政府财政补贴与企业创新产出之间起中介作用	不成立
H4b	企业融资在政府税收优惠与企业创新产出之间起中介作用	成立

资料来源:作者自行整理。

7.6　结论及建议

7.6.1　研究结论

为了用上市公司披露的数据来检验政府直接补贴和间接补助对企业创新过程的影响,本研究选择 2015—2017 年中小板和创业板上市公司有披露本研究相关的核心指标如研发支出项目数、研发费用、专利申请数量、贷款金额等相关数据的企业，开展实证研究。本研究主要研究了以下问题：政府的财政补贴和税收优惠政策是否真正地发挥了作用？两类补助怎样影响创新过程？政府科技资助是否存在影响中间过程机制对创新产出有影响？本研究的主要结论如下：

（1）政府研发补贴的两种方式对企业创新决策均具有正向影响，但相比于财政补贴来说，税收优惠的正向影响更大。在过往的研究中，对创新决策定义和衡量的讨论较少，也较少地用二手数据探索政府研发补贴对创新决策的影响。刘新民等（2020）将创新决策设置为哑变量，如果该上市公司当年度报告 R&D 支出则赋值为 1，否则为 0。周海涛和张振刚（2016）构建了企业创新决策基本模型，并用多个不同的指标衡量。本研究使用经审计披露的年报中研发支出项目数来衡量企业的创新决策，用企业具体的立项情况来反映这一指标，更具有客观性。此外，本研究证实了两类补助方式对创新决策均具有正向影响，但税收优惠的正向影响作用更大。本研究认为，税收优惠是政府给予企业在符合一定条件的情况下如通过高新技术企业认定即可在某一时间段范围内持续地享受该种税收优惠政策，获得节税收入。这种节税收入对企业来说可自主性使用程度较高（柳光强 等，2015），企业具有稳定的预期（柳光强，2016），因此相对于申请政府的财政补贴项目来说更具有确定性和稳定性，是企业所有拟研发立项项目的影响因素之一，对于创新决策的影响作用更大。

（2）两类补助方式对创新投入具有不同的影响机制。政府财政补贴对创新投入的影响为正，税收优惠对创新投入的影响为负，且负向影响较大。本研究认为，在申请政府的研发项目财政补贴时，根据相关规定需要专款专用，因此这部分直接方式的财政补贴会被运用于研发项目中，会增加创新项目的投入，这与周海涛和张振刚（2016）、邢会等（2019）、王俊（2010）、Bérubé 和 Mohnen（2009）和 Le 和 Jaffe（2017）所得出的结论一致。而税收优惠对创新投入产生负向影响的结论与张宗益和陈龙（2013）所得的结论一致，本研究认为税收优惠政策往往是由政府部门基于一定的政策目标"一刀切"制定的，并不能全面地考虑不同产业的发展特点和企业的发展模式，因此在一定情况下对企业的创新投入产生挤出效应（柳光强，2016）；也有可能由于企业仅进行策略性创新（黎文靖，郑曼妮，2016），达到了政府评定的水平及要求后便不再增加投入。

（3）两类补助方式对创新产出具有不同的影响机制。政府财政补贴对创新产出具有正向的影响效果，税收优惠对创新产出的影响为负，且负向影响很大。政府直接补助的正向促进作用与 Bérubé 和 Mohnen（2009）、Le 和 Jaffe（2017）、程华和王恩普（2009）等学者的研究结论一致。Bérubé 和 Mohnen（2009）认为在企业普遍获得税收优惠的基础上，获得政府直接补助的企业会发布更多的新产品。Le 和 Jaffe（2017）实证研究了 R&D 研发补贴增加了企业申请专利的概率，即提高了创新产出。程华和王恩普（2009）认为政府的资金支出显著地正向影响研发产出。而税收优惠负向影响创新产出的结论与张宗益和陈龙(2013)一致。本研究认为,政府财政补贴可以直接、迅速地作用于研发项目,有利于创新产出。而税收优惠受优惠的所得税率的影响较大,对研发边际成本的降低有限,事后补助的效应有限(王遂昆,郝继伟,2014),企业创新意愿较低,不利于创新产出。此外,企业为了获得税收优惠扭曲研发投入的费用核算,阻碍创新产出和研发进程,因此对创新产出有显著的负向影响(谢颖珺,2020)。

(4)总体上,政府财政补贴对企业创新过程的三个阶段具有显著或不显著的正向影响。在国有企业中,政府财政补贴对创新产出不具有统计意义上的显著性,可能是由于国有企业的考核评价标准更为多元化,创新产出的动力和意愿不足。在非国有企业中,政府财政补贴对创新决策不具有统计意义上的显著性,可能的原因是非国有企业获得政府财政补贴的数量、金额都较小,资源较少。通过实证研究结果对比,政府财政补贴对企业创新过程的三个阶段影响程度不同。从影响程度大小的角度来说,本研究发现如下结论:政府财政补贴对创新投入的促进作用最大,对创新决策的正向刺激作用次之,对创新产出的正向影响最小。

(5)总体上,税收优惠对企业创新各个过程的影响结果不一。税收优惠正向影响企业的创新决策,有利于提高企业研发立项的数量;税收优惠对创新投入的负向影响程度相对较大,对创新产出的负向影响程度相对较小。税收优惠对国有企业创新决策具有不显著的正向影响,对非国有企业创新决策具有显著的正向影响,可能是因为国有企业有信心、有实力、较易获得财政补贴,所以在立项决策阶段对税收优惠的考虑较少。税收优惠对国有企业和非国有企业的创新投入都具有显著的负向影响。税收优惠对国有企业的创新产出具有显著的正向影响,但对非国有企业创新产出具有显著的负向影响,可能是因为国有企业融资约束相对较小,所以资金足够企业周转使得国有企业能切实地享受到税收优惠。

(6)本研究还发现了企业融资在税收优惠与创新产出之间起到了部分中介作用。政府补助释放的关于企业质量、研发实力等信号增加了企业的债务融资能力的结论与邢会等(2019)、程华和王恩普(2009)、傅利平和李小静(2014)等学者的研究结论一致。党文娟和罗庆凤(2020)通过问卷的方式调研了重庆的中小型企业,研究发现内部研发的资金投入和人员投入在创新政策和创新绩效之间起中介作用。创新政策中的财政政策、税收政策、金融政策和知识产权保护政策与专利产出的回归结果均在10%的水平下显著。本研究运用上市公司的数据证实了企业所获得的企业融资作为研发资金投入的重要来源在税收优惠和创新产出之间起到了中介作用。

7.6.2　实践启示与建议

通过本研究的理论分析政府研发补贴对企业创新过程的关系,并综合实证结果,本研究得出如下实践启示:

（1）相比于政府财政补贴,税收优惠更有利于提高企业创新决策的立项数量。因此,政府实施更多积极的税收优惠政策,有利于引导企业提高研发立项数量,提高企业深入挖掘研发项目的动力,促进企业提高研发项目数量,努力发掘出更多创新的突破点,并通过立项进行资源分配,实现更多的尝试,依靠创新来促进企业更好地发展。

（2）企业在实际创新投入的过程中,面临着较严重的资金短缺问题,因此直接形式的政府补助可以有效地增加企业投入的资金金额,有效地提高企业的研发投入,而税收优惠因政策特定、企业特征等问题对企业创新投入的激励为负向。因此,政府对创新投入的激励方式应以直接补助的形式为主。对于不同规模的企业进行更多的调研,切实了解大企业和中小企业对创新投入的需求,将补助资源在大企业和中小企业之间进行更好分配,以整体提高社会创新效率。

（3）税收优惠政策对企业研发阶段的后期申请专利等方面具有严重的负向影响,因此政府的激励政策应以直接财政补贴的形式来促进企业提高创新产出,通过设定一定的评价机制、验收机制等来促进企业真正地提高创新产出的质量和水平。

（4）从政府希望提高企业整体创新水平的角度来说,政府应制定更多的财政补贴政策支持企业创新。政府的财政补贴政策对创新决策、创新投入和创新产出都具有显著的促进作用,即便在政府提高企业整体创新水平的目标与企业利润最大化的目标有冲突的情况下,政府财政补贴能够持续地发挥促进作用,具有较好的政策效果。政府应针对性地设计多样化的研发补贴政策,适应企业不同规模、不同项目及不同产业的特殊需求。

（5）政府应积极地释放对研发项目进行资助的企业信息和项目信息,以降低市场上外部投资方与企业之间的信息不对称问题,利用市场资源对企业研发过程进行支持,提高企业融资能力,最终提高企业的创新能力与水平。

第8章　研究总结与展望

8.1　研究总结

本书从宏观、产业、微观等多视角出发,全面探讨政府科技资助对企业创新效率的影响及作用机制研究。反映本项目研究工作及成果主要由以下五个子专题组成:

专题一:政府科技资助的制度环境对企业创新绩效的影响研究。为了支持企业的创新活动以及激发企业的创新意愿,我国各级政府都推出了各种有利于企业创新的科技资助政策,然而,在不同的科技资助制度环境下,不同的企业其创新绩效也是有着不同的表现。本专题正是以此着眼,探求从外部创新的制度环境到企业创新绩效的内在作用机制。有研究指出,企业家的感知在制度环境与企业战略之间发挥着重要的作用,由此,本专题将企业家个人特质变量——管理者心智模式引入,作为内在作用机制的调节,并通过实证分析来验证此有调节效应的中介模型的有效性和显著性。本专题通过问卷研究的方法,以企业高层管理者为研究对象,以管理者心智模式为调节变量,以企业创新意愿为中介变量,来探究创新的制度环境对企业创新绩效的内在作用机制。本专题得出的结论是:①创新制度环境对企业创新绩效有显著正向影响;②企业创新意愿在创新制度环境与企业创新绩效之间起部分中介作用;③管理者心智模式在创新制度环境与企业创新意愿之间起到调节作用,管理者心智模式越优秀,创新制度环境对企业创新意愿的正向作用越强。本专题在理论上丰富了创新的制度理论的研究内容,研究通过对制度理论、计划行为理论、社会认知理论以及管理者心智模式理论的整合,一定程度上发现一条外部创新制度环境对企业战略或企业创新绩效的内在影响路径,同时也对国内心智模式的相关理论研究有一定程度上的完善和补足。

专题二:政府科技资助对战略性新兴产业企业技术创新绩效的影响研究。战略性新兴产业已成为我国政府重点发展和培育的产业,该产业的发展状况直接决定了我国产业结构优化与升级最终能否成功,而战略性新兴产业发展的核心是企业技术创新水平的提升。本专题以 2011—2017 年战略性新兴产业上市公司 5 908 个观测值为依据,主要考察了政府科技资助对技术创新绩效的直接影响、影响的延续性、产权性质的调节作用以及产业政策的影响机制。结果证实:①政府科技资助在整体上促进了战略性新兴产业企业的技术创新效率,在三种专利类型中,对实质性创新(发明专利)的激励作用最大;②政府科技资助的激励效应具有延续性,影响期至少持续 4 年;③政府科技资助对民营企业技术创新激励作用更为显著,具体体现为民营企业中实质性创新(发明专利)回归系数更大;④研发投入在政府科技资助与技术创新之间起到部分中介作用。本研究丰富了关于政府科技资助的政策对技术创新绩效影响的实证研究。

专题三:政府科技资助对科技型中小企业创新持续性效果的影响研究。"双创"时代,科技型中小企业作为技术创新最活跃的群体之一,通常具有高创新性、高成长性等特点,在创新机制和创新效率上具有其他企业无法比拟的优势,保持创新活动的持续性成为科技型中小企业创新发展的必然要求;但鲜有文献研究政府科技资助对企业创新持续性的影响。本专题对这个问题进行了研究,并进一步区别了不同补助形式对企业创新持续性影响的差异,为研究企业创新持续性的影响因素提供了一个新的视角。本专题基于科技型中小企业 2015—2018 年数据,对政府科技资助与企业创新持续性效果之间关系进行实证研究。本研究在对科技型中小企业创新持续性进行判断之后,考察了财政补贴、税收优惠这两种补助形式对企业创新持续性的直接影响,以及融资约束的调节作用。结果表明:①科技型中小企业的创新活动具有持续性特征,无论是从研发投入额还是专利申请量的角度;②财政补贴和税收优惠均对科技型中小企业创新持续性效果具有激励效应,且在相同条件下,财政补贴的激励效应更大;③融资约束在财政补贴与科技型中小企业创新持续性之间存在显著的调节作用,当科技型中小企业面临高融资约束时,财政补贴对企业创新持续性的激励效应更大,而融资约束在税收优惠与科技型中小企业创新持续性之间调节作用不显著。

专题四:政府科技资助与企业开放式创新模式研究。政府科技资助并不仅仅体现在资助经费和资助数量结果方面,更多的是一个包含了多个环节的过程。本专题从政府科技资助的现实情况出发,将其资助过程划分为不同的阶段,分别从政策制定、执行过程和实施结果三个方面研究探讨了其对企业开放式创新模式的影响,对现有政府科技资助的相关研究进行了有益补充,具有重要的理论意义。首先,本专题研究了政府科技资助的全过程对企业开放式创新模式的影响。从理论上讲,政府科技资助是一个从制定相关政策,到展开具体的落实执行,再到最终的经费扶持和项目资助的全过程。在政府科技资助的不同阶段,企业对资助程序与过程的了解和接受程度均有较大差异,这会直接影响企业对政府科技资助的接受程度和利用效率。本专题通过构建政府科技资助影响企业开放式创新模式的全过程模型,并运用系统的实证分析方法,从过程的视角解释了政府科技资助的不同阶段对企业创新模式的影响,完善了已有的相关研究。其次,开放式创新模式是创新研究的一个崭新方向,其不仅对企业的绩效具有显著影响,也是企业创新决策和创新行为的外在体现。以往有关政府科技资助对企业创新的影响主要集中在创新绩效方面,而绩效是一个静态的结果变量,无法凸显企业有关创新决策和行为表现的方面。本专题突破了已有关于政府科技资助对企业创新影响的框架,从动态、过程的视角对企业的创新模型、决策乃至战略进行了探讨,并同时考虑了内向型开放式创新和外向型开放式创新,拓宽了政府科技资助对企业创新行为的影响研究。最后,本专题考虑了构建高层管理团队社会网络的人力资源实践的调节作用,这有利于拓展战略性人力资源管理系统的相关研究。已有的关于企业创新模式、创新战略的研究往往以静态的资源基础观为理论依据,但有关企业创新行为和范式的构建和形成是一个内外联动的过程,尤其在考虑了政府科技资助的情况下,外部资源的输入和整合就显得极其重要。本专题将构建高层管理团队社会网络的人力资源实践考虑其中,从战略性人力资源管理的视角为企业吸收、转化外部资源,进行内部资源协同整合提供了新的视角,是对已有企业创新模式和战略人力资源管理研究成果的重要补充。

专题五:政府科技资助对企业创新过程的影响研究。以往的研究忽略了政府科技资助对企业创新过程中各个环节的影响,对此,本专题运用过程的观点,重点探讨政府科技资助对企业创新过程中的创新决策、创新投入和创新产出的哪个环节更具有影响,政府科技资助的不同方式对企业创新过程的影响又是怎么样的,从而可以更加全面深入地探讨政府科技资助对企业创新活动的动态过程的影响分析。基于此,本专题依据创新理论、市场失灵与政府干预理论、信息不对称理论和信号传递理论,以 2015—2017 年沪、深两市中小板和创业板 221 家上市公司为研究对象,分析政府科技资助对企业创新过程的影响机制。本专题将企业的创新过程分为创新决策、创新投入和创新产出三个阶段,深入分析两种补贴方式对企业创新过程的影响。结果表明:①政府科技资助的两种方式对企业创新决策均具有正向的影响,但相比于直接补助方式来说,税收优惠的正向影响作用更大一些。②税收优惠对创新投入的影响为负的,且负向影响较大;而政府直接资助对创新投入的影响为正。③税收优惠对创新产出的影响也为负的,且负向影响很大;而政府直接资助对创新产出具有正向的影响效果。④银行贷款这一外部投资在政府补助与创新产出之间起到了中介作用。本专题研究丰富了关于政府科技资助对企业创新过程的实证研究。

本项目的研究特色及创新:

(1)研究内容较全面。本项目从宏观政策环境、产业选择、微观企业三个层次全方位地探讨了政府科技资助政策是如何影响企业技术创新的宏观效应和微观效应。首先,在宏观政策环境层面,探讨了包括政府科技资助在内的创新制度环境是如何影响企业的创新绩效的。其次,在产业选择层面,重点探讨了在新时代背景下政府科技资助对战略性新兴产业企业技术创新绩效的影响,以及政府科技资助对科技型中小企业创新持续性效果的影响。最后,在微观企业层面,从企业开放式创新模式、企业创新过程两个视角分别探讨了政府科技资助的政策制定、执行过程和实施结果对企业开放式创新模式的影响,以及政府科技资助对企业创新过程中的创新决策、创新投入和创新产出的哪个环节更具有影响。

（2）多种研究方法并举。一是质性研究方法与定量研究方法相结合，理论研究与统计实证分析相结合。在理论分析的基础上，通过构建理论模型，提出假设，然后通过定量分析来验证假设，得出结论。二是问卷调查法与比较分析法相结合，一手资料与二手资料相结合。既有通过问卷调查获得第一手资料来保证数据的新颖性与及时性，也有通过运用上市公司公布的年度报告内的数据以及公开的数据库获得数据，更具有客观性和准确性。

（3）研究视角较新颖。以往的研究主要是以"静态"研究较多，"动态"研究偏少。一是本项目基于动态的研究视角，将政府科技资助视为多个环节的决策过程，分别从政策制定、执行过程和实施结果三个方面探讨其对企业开放式创新模式的影响，对现有政府科技资助的相关研究进行了有益补充，具有重要的理论意义。二是本项目运用过程的观点，重点探讨了政府科技资助对企业创新过程中的创新决策、创新投入和创新产出的哪个环节更具有影响，政府科技资助的不同方式对企业创新过程的影响又是怎么样的，从而可以更加全面深入地探讨政府科技资助对企业创新活动的动态过程的影响分析。

总之，本项目在理论上，丰富与完善了公共政策理论、制度理论及创新经济学，拓展了技术创新理论和方法，有助于掌握宏观层面上的工业企业技术创新效率的差异和微观层面上的工业企业技术创新决策的实施效果，能从政策层面补充创新经济学和国家创新体系理论。在实践应用上，从多视角总结出影响中国企业技术创新模式、效率的发展规律，有助于我们更加深刻理解政府创新激励政策与企业技术创新的深刻内涵，有助于指导创新驱动国家战略的调整，还可以为政府制定科技资助政策提供理论依据。

8.2 未来研究展望

8.2.1 "中国制造 2025"政策是否促进企业技术创新

新时代我国经济正处于全面转型和新旧动能转换的关键时期，在面对全球竞争的当下，创新是推动经济增长和提升国家竞争力的主要驱动力。2015 年，国务院正式发布了"中国制造 2025"的通知，出台了促进我国制造业发展和转型升级的战略部署和相关政策。目前，我国制造业增加值已是全球第一，某些优势领域已接近或者达到世界先进水平，但是，我国制造业的利润率仅为 2.59%，与发达国家相比，制造业发展创新能力不足，人员整体素质和国际市场竞争力方面还是存在一定差距（黄聪，2019）。我国在世界舞台上的形象还是"制造大国"，"中国制造 2025"政策的提出将指引我国制造业由"大"向"强"的转变，也是我国在新时代经济新常态下的必然选择。

虽说我国目前已建立起了工业门类完备的产业结构体系，综合国力日渐提升，然而高端制造业的发展进入了瓶颈期，"中国制造 2025"的提出目的就在于改变现在"大而不强"的困境，经过 10 年的发展，使中国进入制造强国之列，到 2045 年成为世界制造强国的前列,对于"中国制造 2025"行动纲领中提出的第一个基本方针——创新驱动,5 年的发展与努力之后究竟答案如何? 近几年专利申请数量的爆发式增长真的有效促进了企业创新能力吗? 还是为了迎合政治战略而做出的"象征性"创新? 未来我们将参照陈冬华等(2010)、宋凌云和王贤彬(2013)、余明桂等(2016)、朱程玉(2020)等学者对产业政策的衡量方式,对国家出台的产业政策相关文件进行解读,进一步定义产业政策激励对象,并根据 2015 年国务院印发的《中国制造 2025》文件中重点发展的十大领域以及国家制造强国建设战略咨询委员会发布的《〈中国制造 2025〉重点领域技术路线图》文件,重点聚焦于十大重点领域的技术创新能力进行实证分析,同时对研究对象进行异质性分析,以期对我国未来科技资助的结构优化调整提供理论参考和实证结果支持。

8.2.2　政府科技资助对企业象征性创新行为的影响研究

自创新驱动发展战略提出以来,我国政府不断加强对企业研发的资助力度(图 8.1),从 2012 年到 2019 年,政府资金投入到研发经费从 2 500.58 亿元增加到 4 537.3 亿元,年平均增长率达到 10.81%。与此同时,全国研发经费投入从 10 298.41 亿元增加到 22 143.6 亿元,年平均增长率高达 12.44%。然而,在政府资助力度不断增长刺激着研发投入增加的同时,用于基础研究费用的支出依然非常少,尤其是在全国研发经费总支出的占比从 2012 年的 4.84% 到 2019 年的 6.03%。不管是对于国家还是企业来说,基础研究才是创新和科技竞争力的源泉(徐晓丹,柳卸林,2020)。这意味着虽然政府科技资助刺激企业研发投入的增加,但是大量的研发经费支出仍旧集中在创新性较低的应用研究和试验发展阶段。

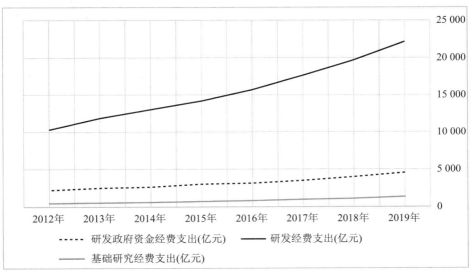

图 8.1　研发经费支出、政府资金研发经费支出及基础研究经费支出对比

资料来源:根据 2012—2019 年国家统计局数据整理。

结合创新产出指标——专利申请量和授权量的数据来看(图 8.2),从 2012 年至 2019 年,我国专利申请量从 191.5 万增加到 412.1 万,其中发明专利申请量的年平均占比仅维持在 33%左右;我国专利授权量从 116.3 万增加到 247.4 万,其中发明专利授权量的年平均占比也仅维持在 15%左右,表明我国创新产出增长虽然多且不断增长,但主要还是贡献在创新程度较小的实用专利和外观专利上。直观数据上,创新"数量"、创新"速度"和创新质量之间的差距,引起了研究者们的质疑和探讨,政府资助是否真正促进了企业创新? 尤其是一些现实情境下存在的现象,如企业为了达成资助指标或获取政府资助的资源而产生迎合或响应政府创新政策的行为,都需要我们深入探讨政府资助对企业创新的影响,可能存在哪些问题? 在政府不断通过各种政策手段逐年增加对企业创新的资助力度的当下,这些政策是否切实刺激了企业创新,还是成了企业获取政府资源的手段等? 政府又应该如何更有针对性地实施创新资助政策呢? 这些问题都有待我们进一步的实证研究。

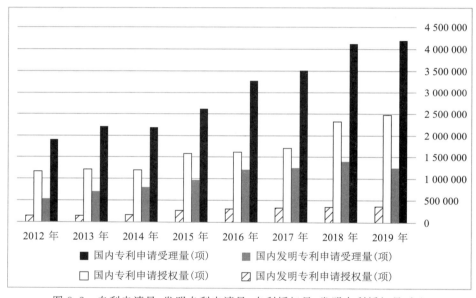

图 8.2　专利申请量、发明专利申请量、专利授权量、发明专利授权量对比

资料来源:根据 2012—2019 年国家统计局数据整理。

研究发现我国自 2006 年创新政策出台以来,代表企业创新行为的专利申请不断攀升,表明政府创新政策引导了企业创新行为(寇宗来,刘学悦,2020)。同时,政府资助对企业创新行为的引导同样存在双重性。一方面,企业确实存在创新发展的需求,为了增强自身的技术优势和产品市场竞争力而进行了创新行为,政府科技资助所带来的政府资源补助了企业研发创新活动,为企业创新提供了良好的平台,降低了企业创新的风险,激励了企业的创新行为,而这种实质性创新行为才能更进一步提升了企业创新能力(黎文靖,郑曼妮,2016)。另一方面,政府对企业创新的资助作为一种政府资源,企业通过创新可以享受税收优惠、获取政府资源,同时作为一种政府扶持项目,企业通过创新来响应政策可以帮助企业协调好政企关系,尤其是对于民营企业来说,相较于国有企业,更加缺乏政府资源扶持,也更加具备协调好政企关系的动机。Liefner 等(2016)在研究中国珠江民营中小企业的专利申请情况就发现企业将专利申请作为一种政治目标,因此有必要考虑企业产权性质差异在政府资助对企业象征性创新行为的影响。

企业进行这种象征性创新行为,是一种将创新作为企业政治战略的独特动机下产生的创新行为,更多是为了享受政府扶持而志不在于创新,正是由于这种动机使得企业更加注重创新的形式而不是创新的实质,从而导致企业创新并没有给企业带来实质的竞争优势和创新能力的提高(江诗松 等,2019)。因此,未来我们将探讨在政府科技资助的影响下,企业是否将创新作为一种政治活动开展象征性创新行为,从而会导致企业虽然积极参与到政府资助倡导的创新活动中,但并未给企业带来实质的创新能力提升,同时也挤占本应用于实质性创新的创新资源。在此基础上,结合企业生命周期相关理论,企业处于不同生命周期阶段影响企业创新决策的关键因素也会有所改变,因而不同生命周期阶段对企业在政府资助下是否开展象征性创新行为也会有所影响。

通过以上分析,针对企业象征性创新行为,未来我们将探讨以下研究议题:

(1)政府科技资助对企业象征性创新行为有怎样的影响?

(2)区分不同政府科技资助方式(直接资助、间接资助)分别对企业象征性创新行为的不同影响存在什么差异?

(3)企业处于不同生命周期阶段又将如何调节政府资助与企业象征性创新行为之间的关系?

(4)进一步考察上述问题在不同产权性质和不同行业背景下的企业的分组中,结果是否有所差异?

参考文献

［1］ ABOELMAGED M，HASHEM G. Absorptive capacity and green innovation adoption in SMEs：the mediating effects of sustainable organisational capabilities［J］. Journal of cleaner production，2019，220：853-863.

［2］ ACEMOGLU D，AKCIGIT U，ALP H et al. Innovation，reallocation，and growth［J］. American economic review，2018，108(11)：3450-3491.

［3］ ACHARYA V，XU Z. Financial dependence and innovation：the case of public versus private firms［J］. Journal of financial economics，2017，124(2)：223-243.

［4］ AGHION P，HOWITT P. A model of growth through creative destruction［J］. Econometrica，1992，60(2)：23-351.

［5］ AGUILERA R V，RUPP D E，WILLIAMS C A，et al. Putting the S back in corporate social responsibility：a multilevel theory of social change in organizations［J］. Academy of management review，2007，32(3)：836-63.

［6］ AJZEN I. The theory of planned behavior［J］. Organizational behavior & human decision processes，1991，50(2)：179-211.

［7］ ALECKE B，MITZE T，REINKOWSKI J，et al. Does firm size make a difference? Analysing the effectiveness of R&D subsidies in East Germany［J］. German economic review，2012，13(2)：174-195.

［8］ ALI M，PARK K. The mediating role of an innovative culture in the relationship between absorptive capacity and technical and non-technical innovation［J］. Journal of business research，2016，69(5)：1669-1675.

［9］ ALLEN F，QIAN J，QIAN M. Law，finance，and economic growth in China［J］. Journal of financial economics，2005，77(1)：57-116.

［10］ ALMEIDA H，CAMPELLO M，WEISBACH M S. Corporate financial and investment policies when future financing is not frictionless［J］. Journal of corporate finance，2011，17(3)：675-693.

［11］ ALMUS M，CZARNITZKI D. The effects of public R&D subsidies on firms' innovation activities：the case of Eastern Germany［J］. Journal of business & economic statistics，2003，21(2)：226-236.

［12］ ALOINI D，LAZZAROTTI V，MANZINI R，et al. IP，openness and innovation performance：an empirical study［J］. Management decision，2017，55(6)：1307-1327.

［13］ AMABILE T M，CONTI R，COON H，et al. Assessing the work environment for creativity［J］. Academy of management journal，1996，39(5)：1154-1184.

［14］ ANGELA T，DAVID C. Understanding innovation：an analysis of persistence for Spanish manufacturing firms［J］. Research policy，2013(2)：340-352.

［15］ ANTONELLI C，CRESPI F，SCELLATO G. Inside innovation persistence：new evidence from Italian micro-data[J]. Structural change and economic dynamics, 2012, 23(4): 341-353.

[16] ARFI W B, HIKKEROVA L, SAHUT J M. External knowledge sources, green innovation and performance[J]. Technological forecasting and social change, 2018, 129: 210-220.

[17] ARORA A, COHEN W M. Public support for technical advance: the role of firm size[J]. Industrial and corporate change, 2015, 24(4): 791-802.

[18] ARRELANO M, BOND S R. Some tests of specification for panel data: Monte Carlo evidence and an application to employment equations[J]. Review of economic studies, 1991, 74: 427-431.

[19] ARROW K. Economic welfare and the allocation of resources for invention[J]. NBER chapters, 1962, 12: 609-626.

[20] AVKIRAN N K. An illustration of dynamic network DEA in commercial banking including robustness tests[J]. Omega-international journal of management science, 2015, 55: 141-150.

[21] BAKER T, DEMIRGUC-KUNT A, MAKSIMOVIC V. Enterprise R&D and innovation benefits under limited resources[J]. Journal of money, credit, and banking, 2014, 36(3): 627-648.

[22] BANDURA A. Social foundations of thought and action: a social cognitive theory[J]. Journal of applied psychology, 1986, 12(1): 169.

[23] BANKER R D, CHARNES A, COOPER W W. Some models for estimating technical and scale inefficiencies in data envelopment analysis[J]. Management science, 1984, 30(9): 1078-1092.

[24] BANTEL K A, JACKSON S. Top management and innovations in banking: does the demography of the team make a difference[J]. Strategic management journal, 1989, 10(2): 107-124.

[25] BARNEY J. Firm resources and sustained competitive advantage[J]. Journal of management, 1991, 17(1): 99-120.

[26] BARON R M, KENNY D A. The moderator-mediator variable distinction in social psychological research: conceptual, strategic, and statistical considerations[J]. Journal of personality and social psychology, 1986, 51(6): 1173-1182.

[27] BAUMOL W J. Entrepreneurship: productive, unproductive, and destructive[J]. Journal of political economy, 1990, 98(5, Part 1): 893-921.

[28] BEATTY R P. Auditor reputation and the pricing of initial public offerings[J]. Accounting review, 1989: 693-709.

[29] BECK T, CHEN T, LIN C, et al. Financial innovation: the bright and the dark sides[J]. Journal of banking & finance, 2016, 72: 28-51.

[30] BERLE A A, MEANS G C. The modern corporation and private property[M]. New York: Transaction Publishers, 1932.

［31］ BERNSTEIN S. Does going public affect innovation? ［J］. Journal of finance, 2015, 70(4): 1365-1403.

［32］ BERRONE P, FOSFURI A, GELABERT L, et al. Necessity as the mother of "green" inventions: institutional pressures and environmental innovations ［J］. Strategic management journal, 2013, 34(8): 891-909.

［33］ BÉRUBÉ C, MOHNEN P. Are firms that receive R&D subsidies more innovative? ［J］. Canadian journal of economics, 2009, 42(1): 206-225.

［34］ BEUGELSDIJK S, CORNET M. A far friend is worth more than a good neighbour: proximity and innovation in a small country［J］. Journal of management & governance, 2002,6(2):169-188.

［35］ BHATTACHARYA S. Imperfect information, dividend policy, and "the bird in the hand" fallacy［J］. Bell journal of economics, 1979: 259-270.

［36］ BLOCK F, KELLER M R. Where do innovations come from? Transformations in the US economy, 1970-2006［J］. Socio-economic review, 2009, 7(3): 459-483.

［37］ BLOOM N, GRIFFITH R, VAN REENEN J. Do R&D tax credits work? Evidence from a panel of countries 1979-1997［J］. Journal of public economics, 2002, 85(1): 1-31.

［38］ BOEING P. The allocation and effectiveness of China's R&D subsidies: evidence from listed firms［J］. Research policy, 2016, 45(9): 1774-1789.

［39］ BOER H, KUHN J, GERTSEN F. Continuous innovation. Managing Dualities through Co-ordination. CINet working paper series WP2006-01, Aalborg.

［40］ BOGETOFT P, FARE R, GROSSKOPF S, et al. Dynamic network DEA: an illustration ［J］. Journal of the operations research society of Japan, 2009, 52(2): 147-162.

［41］ BOND S, HARHOFF D, VAN REENEN J. Investment, R&D and financial constraints in Britain and Germany［J］. Annales d'économie et de statistique, 2005, 79/80(7/12): 433-460.

［42］ BOOTH J R, SMITH II R L. Capital raising, underwriting and the certification hypothesis ［J］. Journal of financial economics, 1986, 15(1-2): 261-281.

［43］ BROWN J R, PETERSEN F B C. Cash holdings and R&D smoothing［J］. Journal of corporate finance［J］. 2011, 17(3): 694-709.

［44］ BROWN J R, PETERSEN F B C. Financing innovation and growth: cash flow, external equity, and the 1990s R&D boom［J］. Journal of finance, 2009, 64(1): 151-185.

［45］ BUSENITZ L W, GÓMEZ C, SPENCER J W. Country institutional profiles: unlocking entrepreneurial phenomena［J］. Academy of management journal, 2000, 43(5): 994-1003.

［46］ BUSOM I, CORCHUELO B, MARTÍNEZ-ROS E. Tax incentives or subsides for business R&D? ［J］. Small business economics, 2014, 43(3): 571-596.

［47］ CANNON-BOWERS J, SALAS E, CONVERSE S. Cognitive psychology and team training: training shared mental models and complex systems［J］. Human factors society bulletin, 1990(33): 1-4.

[48] CAPPELEN A, RAKNERUD A, RYBALKA M. The effects of R&D tax credits on patenting and innovations[J]. Research policy, 2012, 41(2): 334-345.

[49] CARAYANNIS E G, MEISSNER D. Glocal targeted open innovation: challenges, opportunities and implications for theory, policy and practice [J]. The journal of technology transfer, 2017, 42(2): 236-252.

[50] CARTER R, MANASTER S. Initial public offerings and underwriter reputation[J]. The journal of finance, 1990, 45(4): 1045-1067.

[51] CATOZZELLA A, VIVARELLI M. Beyond additionality: are innovation subsidies counterproductive? [J]. Institute for the Study of Labor (IZA) Discussion paper series No. 5746, 2011.

[52] CEFIS E, CICCARELLI M. Profit differentials and innovation[J]. Economics of innovation and new technology, 2005, 14: 43-61.

[53] CHANG S J, CHUNG C N, MAHMOOD I P. When and how dose business group affiliation promote firm innovation? A tale of two emerging economies [J]. Organization science, 2006, 17(5): 637- 656.

[54] CHANG Y S, HONG J H. Do technological improvements in the manufacturing sector raise or lower employment? [J]. American economic review, 2006, 96(1): 352-368.

[55] CHAPMAN R L. From continuous improvement to collaboration innovation: the next challenge in supply chain management [J]. Production planning & control, 2005, 16(4): 339-344.

[56] CHARNES A, COOPER W W, RHODES E. Measuring the efficiency of decision making units[J]. European journal of operational research, 1978, 2(6): 429-444.

[57] CHAROENRAT T, HARVIE C. The efficiency of SMEs in Thai manufacturing: a stochastic frontier analysis[J]. Economic modelling, 2014, 43: 372-393.

[58] CHEN J, HENG C S, TAN B C Y, et al. The distinct signaling effects of R&D subsidy and non-R&D subsidy on IPO performance of IT entrepreneurial firms in China[J]. Research policy, 2018a, 47(1): 108-120.

[59] CHEN K, GUAN J. Measuring the efficiency of China's regional innovation systems: application of network data envelopment analysis(DEA)[J]. Regional studies, 2012, 46(3): 355-377.

[60] CHEN K, KOU M. Staged efficiency and its determinants of regional innovation systems: a two-step analytical procedure[J]. Annals of regional science, 2014, 52(2): 627-657.

[61] CHEN K, KOU M, FU X. Evaluation of multi-period regional R&D efficiency: an application of dynamic DEA to China's regional R&D systems [J]. Omega-international journal of management science, 2018b, 74: 103-114.

[62] CHEN Y, COOK W D, LI N, et al. Additive efficiency decomposition in two-stage DEA [J]. European journal of operational research, 2009a, 196(3): 1170-1176.

[63] CHEN Y, LIANG L, ZHU J. Equivalence in two-stage DEA approaches[J]. European journal of operational research, 2009b, 193(2): 600-604.

[64] CHEN Y, WANG Y, HU D, et al. Government R&D subsidies, information asymmetry, and the role of foreign investors: evidence from a quasi-natural experiment on the Shanghai-

Hong kong stock connect[J]. Technological forecasting and social change，2020，158：120-162.

[65] CHESBROUGH H W. How smaller companies can benefit from open innovation[J]. Economy culture & history Japan spotlight bimonthly，2010，29(1)：13-15.

[66] CHESBROUGH H W. Open innovation：the new imperative for creating and profiting from technology [J]. Academy of management perspective，2006，20(2)：86-88.

[67] CHESBROUGH H W. Open innovation：the new imperative for creating and profiting from technology[M]. Boston：Harvard Business School Press，2003a.

[68] CHESBROUGH H W. The era of open innovation[J]. MIT sloan management review，2003b，44(3)：34-42.

[69] CHESBROUGH H W，BOGERS M L A M. Explicating open innovation：clarifying an emerging paradigm for understanding innovation [M]. Oxford：Oxford University Press，2014.

[70] CHESBROUGH H W，CROWTHER A K. Beyond high tech early adopters of open innovation in other industries[J]. R&D management，2006，36(3)：229-236.

[71] CHOI J，LEE J. Repairing the R&D market failure：public R&D subsidy and the composition of private R&D[J]. Research policy，2017，46(8)：1465-1478.

[72] CHOI J N. Individual and contextual predictors of creative performance：the mediating role of psychological processes[J]. Creativity research journal，2004，16(2-3)：187-199.

[73] CHOI S B，LEE S H，WILLIAMS C. Ownership and firm innovation in a transition economy：evidence from China[J]. Research policy，2011，40(3)：441-452.

[74] CHUDNOVSKY D，LOPEZ A，PUPATO G. Innovation and productivity in developing countries：a study of Argentine manufacturing firms' behavior (1992-2001)[J]. Research policy，2006，35(2)：266-288.

[75] CINCERA M，RAVET J，VEUGELERS R. The sensitivity of R&D investments to cash flows：comparing young and old EU and US leading innovators [J]. Economics of innovation and new technology，2016，25(3)：304-320.

[76] CLAUSEN T，POHJOLA M，SAPPRASERT K，et al. Innovation strategies as a source of persistent innovation[J]. Industrial and corporate change，2012，21(3)：553-585.

[77] COHEN W M，LEVINTHAL D A. Absorptive capacity：a new perspective on learning and innovation[J]. Administrative science quarterly，1990，35(1)：128-152.

[78] COLLINS C J，CLARK K D. Strategic human resources practice，top management team social networks，and firm performance：the role of human resource practice in creating organizational competitive advantage[J]. Academy of management journal，2003，46(6)：740-751.

[79] CONNELLY B L，CERTO S T，IRELAND R D，et al. Signaling theory：a review and assessment[J]. Journal of management，2011，37(1)：39-67.

[80] CRAIK K. The nature of explanation[M]. Cambridge：Cambridge University Press，1943.

[81] CROPPER M L，OATES W E. Environmentaleconomics：a survey [J]. Journal of economic literature，1992，30(2)：675-740.

[82] CZARNITZKI D, HANEL P, ROSA J M. Evaluating the impact of R&D tax credits on innovation: a microeconometric study on Canadian firms[J]. Research policy, 2011, 40(2): 217-229.

[83] CZARNITZKI D, HOTTENROTT H. R&D investment and financing constraints of small and medium-sized firms[J]. Small business economics, 2011, 36(1): 65-83.

[84] CZARNITZKI D, LICHT G. Additionality of public R&D grants in a transition economy [J]. Economics of transition, 2006, 14(1): 101-131.

[85] DARNALL N, EDWARDS J R D. Predicting the cost of environmental management system adoption: the role of capabilities, resources and ownership structure[J]. Strategic management journal, 2006, 27(4): 301-320.

[86] DAVID P A, HALL B H, TOOLE A A. Is public R&D a complement or substitute for private R&D? A review of the econometric evidence[J]. Research policy, 2000, 29(4): 497-529.

[87] DHLIWAYO S, VUUREN J J V. The strategic entrepreneurial thinking imperative[J]. Actacommercii, 2007, 7(1): 123-134.

[88] DIMOS C, PUGH G. The effectiveness of R&D subsidies: a meta-regression analysis of the evaluation literature[J]. Research policy, 2016, 45(4): 797-815.

[89] DOH S, KIM B. Government support for SME innovations in the regional industries: the case of government financial support program in South Korea[J]. Research policy, 2014, 43(9): 1557-1569.

[90] DOSI G, MARENGO L, PASQUALI C. How much should society fuel the greed of innovators? On the relations between appropriability, opportunities and rates of innovation [J]. Research policy, 2006, 35(8): 1110-1121.

[91] DUNFORD B B, SNELL S A, WRIGHT P M. Human resources and the resource based view of the firm[J]. Journal of Management, 2001, 27(6): 701-721.

[92] EDERER N. Evaluating capital and operating cost efficiency of offshore wind farms: a DEA approach[J]. Renewable & sustainable energy reviews, 2015, 42: 1034-1046.

[93] EISNER R, ALBERT S H, SULLIVAN M A. The new incremental tax credit for R&D incentive or disincentive[J]. National tax journal, 1984, 37(2): 171-183.

[94] FAMA E F, MILLER M H. The theory of finance[M]. New York: Holt, Rinehart and Winston, 1972.

[95] FARE R, GROSSKOPF S. Productivity and intermediate products: a frontier approach[J]. Economics letters, 1996, 50(1): 65-70.

[96] FARE R, GROSSKOPF S. Research note. Decomposing technical efficiency with care[J]. Management science, 2000, 46(1): 167-168.

[97] FAZZARI S M, HUBBARD R G, PETERSEN B C. Financing constraints and corporate investment[J]. Brookings papers on economic activity, 1988(1): 141-196.

[98] FELDMAN M P, KELLEY M R. The ex ante assessment of knowledge spillovers: Government R&D policy, economic incentives and private firm behavior[J]. Research policy, 2006, 35(10): 1509-1521.

[99] FISHBEIN M，AJZEN I. Belief，attitude，intention，and behavior：an introduction to theory and research reading[M]. New Jersey：Addison-Wesley，1975.

[100] FLAIG G，STADLER M. Success breeds success. The dynamics of the innovation process[J]. Empirical economics，1994，19(1)：55-68.

[101] FLAMMER C，BANSAL P. Does a long-term orientation create value? Evidence from a regression discontinuity[J]. Strategic management journal，2017，38(9)：1827-1847.

[102] FRITSCH M，SLAVTCHEV V. Determinants of the efficiency of regional innovation systems[J]. Regional studies，2011，45(7SI)：905-918.

[103] GAGLIO C M，KATZ J A. The psychological basis of opportunity identification：entrepreneurial alertness[J]. Small business economics，2001，16(2)：95-111.

[104] GALBRAITH J K. Economics and the public purpose[M]. New York：Houghton Mifflin Harcourt，1973.

[105] GEROSKI P A，VAN REENEN J，WALTERS C F. How persistently do firms innovate? [J]. Research Policy，1997，26(1)：33-48.

[106] GITTELMAN M. National institutions，public-private knowledge flows，and innovation performance：a comparative study of the biotechnology industry in the US and France[J]. Research policy，2006，35(7)：1052-1068.

[107] GONZÁLE Z X，PAZÓ C. Barriers to innovation and subsidy effectiveness[J]. Rand journal of economics，2005，36(4)：930-949.

[108] GONZÁLEZ X，PAZÓ C. Do public subsidies stimulate private R&D spending? [J]. Research policy，2008，37(3)：371-389.

[109] GOOLSBEE A. Does government R&D policy mainly benefit scientists and engineers? [J]. American economic review，1998，88(88)：298-302.

[110] GÖRG H，STROBL E. The effect of R&D subsidies on private R&D [J]. Economica，2005，74(294)：215-234.

[111] GRECO M，GRIMALDI M，CRICELLI L. Hitting the nail on the head：exploring the relationship between public subsidies and open innovation efficiency[J]. Technological forecasting & social change，2017，118：213-225.

[112] GRIMM C，SMITH K G. Management and organizational change：a note on the railroad industry[J]. Strategic management journal，1991，12(7)：557-562.

[113] GROENEWEGEN J，STEEN M V D. The evolution of national innovation systems[J]. Journal of economic issues，2006，40(2)：277-285.

[114] GUAN J，CHEN K. Measuring the innovation production process：a cross-region empirical study of China's high-tech innovations[J]. Technovation，2010，30(5-6)：348-358.

[115] GUAN J，CHEN K. Modeling the relative efficiency of national innovation systems[J]. Research Policy，2012，41(1)：102-115.

[116] GUAN J，YAM R C M. Effects of government financial incentives on firms' innovation performance in China：evidences from Beijing in the 1990s[J]. Research policy，2015，44(1)：273-282.

［117］ GUELLEC D. The impact of public R&D expenditure on business R&D[J]. Economics of innovation & new technology, 2003, 12(3): 225-243.

［118］ GUELEC D, VAN POTTELSBERGHE B. The impact of public R&D expenditure on business R&D[J]. Economic innovation new technology, 2003, 12(3): 225-243.

［119］ GUO B, PÉREZ-CASTRILLO D, TOLDRÀ-SIMATS A. Firms' innovation strategy under the shadow of analyst coverage[J]. Journal of financial economics, 2019, 131(2): 456-483.

［120］ GUO X, LU C, LEE J,et al. Applying the dynamic DEA model to evaluate the energy efficiency of OECD countries and China[J]. Energy, 2017, 134: 392-399.

［121］ HADLOCK C, PIERCE J. New evidence on measuring financial constraints: moving beyond the KZ index[J]. Review of financial studies, 2010, 23(5): 1909-1940.

［122］ HAGSPIEL V, KORT P M, NUNES C, et al. Capacity optimization of an innovating firm[J]. International journal of production economics, 2021, 233: 108021.

［123］ HALL B, VANREENEN J. How effective are fiscal incentives for R&D? A review of the evidence[J]. Research policy, 2000, 29(4): 449-469.

［124］ HALL B H. R&D tax policy during the eighties: success or failure? [J]. Tax policy and the economy, 1993, 7: 1-36.

［125］ HALL B H. The financing of research and development[J]. Oxford review of economic policy, 2002, 18(1): 35-51.

［126］ HALL B H, HARHOFF D. Recent research on the economics of patents[J]. Annual review of economics, 2012, 4(1): 541-565.

［127］ HALL B H, LERNER J. The financing of R&D and innovation[M]. In: HALL B H, ROSENBERG N. Handbook of the economics of innovation. Amsterdam: Elsevier, 2010, 1: 609-639.

［128］ HALL B H,MONCADA-PATERNÒ-CASTELLO P, MONTRESOR S, et al. Financing constraints, R&D investments and innovative performances: new empirical evidence at the firm level for Europe[J]. Taylor & francis journals, 2016, 25(3): 183-196.

［129］ HALL L A,BAGCHI-SEN S. A study of R&D, innovation, and business performance in the Canadian biotechnology industry[J]. Technovation, 2002, 22(4): 231-244.

［130］ HALL L A,BAGCHI-SEN S. An analysis of firm-level innovation strategies in the US biotechnology industry[J]. Technovation, 2007, 27(1/2): 4-14.

［131］ HAMBERG D. R&D: essays on economics of research & development[M]. New York: Random House, 1996.

［132］ HAN U, ASMILD M, KUNC M. Regional R&D efficiency in Korea from static and dynamic perspectives[J]. Regional studies, 2016, 50(7): 1170-1184.

［133］ HANED N. Firm performance, sources and drivers of innovation and sectoral technological trajectories. An empirical study on recent French CIS[R]. Thèse de sciences économiques, 2011.

［134］ HARHOFF D. Are there financing constraints for r&d and investment in german manufacturing firms? [J]. Annales d'économie et de statistique, 1998, 49/50(1/6): 421-456.

[135] HARRIS R, LI Q C, TRAINOR M. Is a higher rate of R&D tax credit a panacea for low levels of R&D in disadvantaged regions? [J]. Research policy, 2009, 38(1): 192-205.

[136] HASHIMOTO A, HANEDA S. Measuring the change in R&D efficiency of the Japanese pharmaceutical industry[J]. Research policy, 2008, 37(10): 1829-1836.

[137] HE J J, TIAN X. The dark side of analyst coverage: the case of innovation[J]. Journal of financial economics, 2013, 109(3): 856-878.

[138] HERRERA L, SANCHEZ-GONZALEZ G. Firm size and innovation policy [J]. International small business journal, 2013, 31(2): 137-155.

[139] HERRERA-RESTREPO O, TRIANTIS K, TRAINOR J, et al. A multi-perspective dynamic network performance efficiency measurement of an evacuation: a dynamic network-DEA approach[J]. Omega-international journal of management science, 2016, 60(SI): 45-59.

[140] HERSHBERG E, NABESHIMA K, YUSUF S. Opening the ivory tower to business: University-industry linkages and the development of knowledge-intensive clusters in Asian cities [J]. World development, 2007, 35(6): 931-940.

[141] HIGGINS R S, LINK A N. Federal support of technological growth in industry: some evidence of crowding out [J]. IEEE transactions on engineering management, 1981(128): 86-88.

[142] HINLOOPEN J. More on subsidizing cooperative and noncooperative R&D in duopoly with spillovers[J]. Journal of economics, 2000, 72(3): 295-308.

[143] HONG J, HONG S, WANG L, et al. Government grants, private R&D funding and innovation efficiency in transition economy [J]. Technology analysis & strategic management, 2015, 27(9): 1068-1096.

[144] HOSKISSON R E, HITT M A, JOHNSON R A, et al. Conflicting voices: the effects of institutional ownership heterogeneity and internal governance on corporate innovation strategies[J]. Academy of management journal, 2002, 45(4): 697-716.

[145] HOWELL S T. Financing innovation: evidence from R&D grants[J]. American economic review, 2017, 107(4): 1136-64.

[146] HU A G Z. Ownership, government R&D, private R&D, and productivity in Chinese industry[J]. Journal of comparative economics, 2001, 29(1): 136-157.

[147] HU A G Z, ZHANG P, ZHAO L J. China as number one Evidence from China's most recent patenting surge[J]. Journal of development economics, 2017, 124: 107-119.

[148] HUANG C H, YANG C H. Persistence of innovation in Taiwan's manufacturing firms [J]. Taiwan economic review, 2010, 38(2): 199-231.

[149] HUANG Q, JIANG M S, MIAO J. Effect of government subsidization on Chinese industrial firms' technological innovation efficiency: a stochastic frontier analysis [J]. Journal of business economics and management, 2016, 17(2): 187-200.

[150] HUARNG K H, YU H K. Entrepreneurship, process innovation and value creation by a non-profit SME[J]. Management decision, 2011, 49(2): 284-296.

[151] HUNG K P, CHOU C. The impact of open innovation on firm performance: the

moderating effects of internal R&D and environmental turbulence[J]. Technovation, 2013, 33(10): 368 -380

[152] HUSSINGER K, PACHER S. Information ambiguity, patents and the market value of innovative assets[J]. Research policy, 2019, 48(3): 665-675.

[153] HURLEY R F, HULT G T M. Innovation, market orientation and organizational learning: an integration and empirical examination[J]. Journal of marketing, 1998, 62(3): 42-54.

[154] IM H J, SHON J. The effect of technological imitation on corporate innovation: evidence from US patent data[J]. Research policy, 2019, 48(9): 103802.

[155] JEFFERSON G H, HUAMAO B, XIAOJING G, et al. R&D performance in Chinese industry[J]. Economics of Innovation & new technology, 2006, 15(4/5): 345-366.

[156] JEFFERSON G H, RAWSKI T G, WANG L, et al. Ownership, productivity change, and financial performance in Chinese industry[J]. Journal of comparative economics, 2000, 28(4): 786-813.

[157] JENSEN M, MECKLING W H. Theory of the firm: managerial behavior, agency cost and ownership structure[J]. Journal of financial economics, 1976, 3(4): 305-360.

[158] JUSTO D J, CRISTINA S. Influence of R&D subsidies on efficiency: the case of Spanish manufacturing firms[J]. Cuadernos de economíay dirección de la empresa, 2011, 14(3): 185-193.

[159] KANG K, PARK H. Influence of government R&D support and inter-firm collaborations on innovation in Korean biotechnology SMEs[J]. Technovation, 2012, 32(1): 68-78.

[160] KAO C. Dynamic data envelopment analysis: a relational analysis[J]. European journal of operational research, 2013, 227(2): 325-330.

[161] KAO C. Efficiency measurement for parallel production systems[J]. European journal of operational research, 2009, 196(3): 1107-1112.

[162] KAO C, HWANG S. Efficiency decomposition in two-stage data envelopment analysis: an application to non-life insurance companies in Taiwan[J]. European journal of operational research, 2008, 185(1): 418-429.

[163] KARWOWSKI W. International encyclopedia of ergonomics and human factors[M]. Boca Raton: Crc Press, 2001.

[164] KASAHARA H, SHIMOTSU K, Suzuki M. Does an R&D tax credit affect R&D expenditure? The Japanese R&D tax credit reform in 2003[J]. Journal of the Japanese and international economies, 2014, 31: 72-97.

[165] KLEER R. Government R&D subsidies as signal for private investors[J]. Research policy, 2010, 39(10): 1361-1374.

[166] KLETTE T J, MØEN J. R&D investment responses to R&D subsidies: a theoretical analysis and a microeconometric study[J]. World review of science technology & sustainable development, 2012, 9(2): 169-203.

[167] KLIMOSKI R, MOHAMMED S. Team mental model: construct or metaphor? [J]. Journal of management, 1994, 20(20): 403-437.

[168] KOLE S R, MULHERIN J H. The government as a shareholder: a case from the United

States[J]. Journal of law & economics, 1997, 40(1): 1-22.

[169] KOSTOVA T. Country institutional profiles: concept and measurement[J]. Academy of management best paper proceedings, 1997:180-189.

[170] KRUEGER A O. The political economy of the rent-seeking society[J]. The American economic review, 1974, 64(3): 291-303.

[171] LACH S. Do R&D subsidies stimulate or displace private R&D? Evidence from Israel[J]. The journal of industrial economics, 2002, 50(4): 369-390.

[172] LAMIN A, RAMOS M A. R&D investment dynamics in agglomerations under weak appropriability regimes: Evidence from Indian R&D labs [J]. Strategic management journal, 2016, 37(3): 604-621.

[173] LAMONT O, POLK C, SAA-REQUEJO J. Financial constraints and stock returns[J]. Review of financial studies, 2001, 14(2): 529-554.

[174] LANE P J, KOKA B R, PATHAK S. The reification of absorptive capacity: a critical review and rejuvenation of the construct[J]. Academy of management review, 2006, 31(4): 833-863.

[175] LE T, JAFFE A B. The impact of R&D subsidy on innovation: evidence from New Zealand firms[J]. Economics of innovation and new technology, 2017, 26(5): 429-452.

[176] LE BAS C, POUSSING N. Is complex innovation more persistent than single? An empirical analysis of innovation persistence drivers [R]. CEPS/Instead Working Paper, 2011.

[177] LEE J W. Government interventions and productivity growth in korean manufacturing industries[R]. National Bureau of Economic Research, 1995.

[178] LEE M H, HWANG I J. Determinants of corporate R&D investment: an empirical study comparing Korea's IT industry with its non-IT industry[J]. ETRI Journal, 2003, 25(4): 258-265.

[179] LEE P M, O'NEILL H M. Ownership structures and R&D investments of US and Japanese firms: agency and stewardship perspectives [J]. Academy of management journal, 2003, 46(2): 212-225.

[180] LEE P M, WAHAL S. Grandstanding, certification and the underpricing of venture capital backed IPOs[J]. Journal of financial economics, 2004, 73(2): 375-407.

[181] LERNER J. The government as venture capitalist: the long-run impact of the SIBR program [J]. The journal of business, 1999, 72(3): 285-318.

[182] LI H, ZHANG Y. The role of managers' political networking and functional experience in new venture performance: evidence from China's transition economy [J]. Strategic management journal, 2007, 28(8): 791-804.

[183] LI J, LEE R P, WAN J. Indirect effects of direct subsidies: an examination of signaling effects[J]. Industry & innovation, 2020, 27(9): 1040-1061.

[184] LICHTENBERG F. The effect of government funding on private industrial research and development: a re-assessment[J]. Journal of industrial economics, 1987, 36(1): 97-104.

[185] LICHTENBERG F. The private R&D investment response to federal design and technical

competitions[J]. American economic review, 1988, 8(3): 550-559.

[186] LICHTENTHALER U. Absorptive capacity, environmental turbulence, and the complementarity of organizational learning processes[J]. Academy of management journal, 2009a, 52(4): 822-846.

[187] LICHTENTHALER U. Outbound open innovation and its effect on firm performance: Examining environmental influences[J]. R&D management, 2009b, 39(4): 317-330.

[188] LICHTENTHALER U. The evolution of technology licensing management: identifying five strategic approaches[J]. R&D management, 2011, 41(2): 173-189.

[189] LIEFNER I, KROLL H, PEIGHAMBARI A. Research-driven or party-promoted? Factors affecting patent applications of private small and medium-sized enterprises in China's Pearl River Delta[J]. Science & public policy, 2016, 43(6): 849-858.

[190] LIN B W, CHEN J S. Corporate technology portfolios and R&D performance measures: a study of technology intensive firms[J]. R&D management, 2005, 35(2): 157-170.

[191] LIND D, MARCHAL W, MASON R. Statistical Techniques in business and economics [M]. Irwin: McGraw-Hill, 2002.

[192] LIU F, SIMON D F, SUN Y, et al. China's innovation policies: Evolution, institutional structure, and trajectory[J]. Research Policy, 2011, 40(7): 917-931.

[193] LOKSHIN B, MOHNEN P. How effective are level-based R&D tax credits? Evidence from the Netherlands[J]. Applied economics, 2012, 44(12): 1527-1538.

[194] LOVELACE K, SHAPIRO D L, WEINGART L R. Maximizing crossfunctional new product teams innovativeness and constraint adherence: a conflict communications perspective[J]. Academy of management journal, 2001, 44(4): 779-793

[195] LU Y, TSANG E W K, PENG M W. Knowledge management and innovation strategy in the Asia Pacific: Toward an institution-based view [J]. Asia pacific journal of management, 2008, 25(3): 361-374.

[196] LUCAS R E. On the mechanics of economic-development [J]. Journal of monetary economics, 1988, 22(1): 3-42.

[197] LUKES M, ARLT J, PAVLOVA K. Entrepreneurs as innovators: a multi-country study on entrepreneurs' innovative behaviour[J]. Prague economic papers, 2013, 22(1): 72-84.

[198] MA J, QI L, DENG L. Efficiency measurement and decomposition in hybrid two-stage DEA with additional inputs[J]. Expert systems with applications, 2017, 79: 348-357.

[199] MAHAFFY S P. The case for tax: a comparative approach to innovation policy[J]. Yale law journal, 2013, 123(3): 812-860.

[200] MALERBA F, ORSENIGO L. Technological entry, exit and survival: an empirical analysis of patent data[J]. Research policy, 1999, 28(6): 643-660.

[201] MANOLOVA T S, EUNNI R V, GYOSHEV B S. Institutional environments for entrepreneurship: evidence from emerging economies in Eastern Europe[J]. Social science electronic publishing, 2010, 32(1): 203-218.

[202] MANSFIELD E. Industrial research and technological innovation: an econometric analysis [J]. Economica, 1971, 38(149): 676.

[203] MARINO M,LHUILLERY S, PARROTTA P, et al. Additionality or crowding-out? An overall evaluation of public R&D subsidy on private R&D expenditure[J]. Research policy, 2016, 45(9): 1715-1730.

[204] MATHIEU J E, HEFFNER T S, GOODWIN G F, et al. The influence of shared mental models on team process and performance[J]. Journal of applied psychology, 2000, 85(2): 273-283.

[205] MEGGINSON W L, WEISS K A. Venture capitalist certification in initial public offerings [J]. The journal of finance, 1991, 46(3): 879-903.

[206] MEULEMAN M, DE MAESENEIRE W. Do R&D subsidies affect SMEs' access to external financing? [J]. Research policy, 2012, 41(3): 580-591.

[207] MIAO C, FANG D, SUN L, et al. Driving effect of technology innovation on energy utilization efficiency in strategic emerging industries[J]. Journal of cleaner production, 2018(170): 1177-1184.

[208] MINTZBERG H. The nature of managerial work[M]. New York: Harper & Row, 1973.

[209] MORETTI E, WILSON D J. State incentives for innovation, star scientists and jobs: Evidence from biotech[J]. Journal of urban economics, 2014, 79(SI): 20-38.

[210] MOZAFFARI M R, KAMYAB P, JABLONSKY J, et al. Cost and revenue efficiency in DEA-R models[J]. Computers & industrial engineering, 2014, 78: 188-194.

[211] MUMFORD M D. Managing creative people: strategies and tactics for innovation[J]. Human resource management review, 2000, 10(3): 313-351.

[212] MYERS S C. Determinants of corporate borrowing[J]. Journal of financial economics, 1977, 5: 147-175.

[213] MYERS S C,MAJLUF N. Corporate financing and investment decisions when firms have information that investors do not have[J]. Journal of financial economics, 1984, 113: 187-222.

[214] NADKARNI S, BARR P S. Environmental context, managerial cognition, and strategic action: an integrated view[J]. Strategic management journal, 2008, 29(13): 1395-1427.

[215] NASIEROWSKI W, ARCELUS F J. On the efficiency of national innovation systems[J]. Socio-economic planning sciences, 2003, 37(3): 215-234.

[216] NELSON R R. The role of knowledge in R&D efficiency[J]. Quarterly journal of economics, 1982, 97(3): 453-470.

[217] NELSON R R, WINTER S G. An evolutionary theory of economic change [M]. Cambridge,Mass: Harvard University Press, 1982.

[218] NEMET G F. Demand-pull, technology-push, and government-led incentives for non-incremental technical change[J]. Research policy, 2009, 38(5): 700-709.

[219] NIETO M J,SANTAMARIA L. Technological collaboration: bridging the innovation gap between small and large firms [J]. Journal of small business management, 2010, 48(1): 44-69.

[220] NITANI M, RIDING A. Growth, R&D intensity and commercial lender relationships [J]. Journal of small business & entrepreneurship, 2013, 26(2): 109-124.

[221] NORTH D C, ALT J. Institutions, institutional change, and economic performance[J].

Social science electronic publishing, 1990, 18(1): 142-144.

[222] OZCAN Y A, KHUSHALANI J. Assessing efficiency of public health and medical care provision in OECD countries after a decade of reform[J]. Central European journal of operations research, 2017, 25(2): 325-343.

[223] PEETERS C, MASSINI S, LEWIN A Y. Sources of variation in the efficiency of adopting management innovation: the role of absorptive capacity routines, managerial attention and organizational legitimacy[J]. Organization studies, 2014, 35(9): 1343-1371.

[224] PENG M W, HEATH P S. The growth of the firm in planned economies in transition: institutions, organizations, and strategic choice[J]. Academy of management review, 1996, 21(2): 492-528.

[225] PENG M W, SUN S L, PINKHAM B, et al. The institution-based view as a third leg for a strategy tripod[J]. Academy of management perspectives, 2009, 23(3): 63-81.

[226] PETERS B. Persistence of innovation: stylised facts and panel data evidence[J]. The journal of technology transfer, 2009, 34(2): 226-243.

[227] PETERS M, SCHNEIDER M, GRIESSHABER T, et al. The impact of technology-push and demand-pull policies on technical change: does the locus of policies matter? [J]. Research policy, 2012, 41(8): 1296-1308.

[228] PETERSEN H B C. R&D and internal finance: a panel study of small firms in high-tech industries[J]. The review of economics and statistics, 1994, 76(1): 38-51.

[229] POLITIS D. The process of entrepreneurial learning: a conceptual framework [J]. Entrepreneurship theory and practice, 2005, 29(4): 399-424.

[230] QI G Y, JIA Y H, ZOU H L. Is institutional pressure the mother of green innovation? Examining the moderating effect of absorptive capacity[J]. Journal of cleaner production, 2021, 278: 1-11.

[231] RAVASI D, TURATI C. Exploring entrepreneurial learning: a comparative study of technology development projects [J]. Journal of business venturing, 2005, 20(1): 137-164.

[232] RAYMOND W, MOHNEN P, VAN DER LOEFF S S. Persistence of innovation in Dutch manufacturing: Is it spurious? [J]. Review of economics and statistics, 2010, 92(3): 495-504.

[233] ROMANO R E. Aspects of R&D subsidization[J]. The quarterly journal of economics, 1989, 104(4): 863-873.

[234] ROMIJN H, ALBALADEJO M. Determinants of innovation capability in small electronics and software firms in southeast England[J]. Research policy, 2002, 31: 1053-1067.

[235] SASIDHARAN S, LUKOSE P J J, KOMERA S. Financing constraints and investments in R&D: Evidence from Indian manufacturing firms [J]. The quarterly review of economics and finance, 2015, 55: 28-39.

[236] SCHARTINGER D, RAMMER C, FISCHER M M. Knowledge interactions between universities and industry in Austria: sectoral patterns and determinants [J]. Research policy, 2002, 31(3): 303-328.

[237] SCOTT J T. Firm versus industry variability in R&D intensity[J]. Nber chapters, 1984: 233-248.

[238] SCOTT W R. The institutional construction of organizations[M]. Thousand Oaks, CA: Sage, 1995: 11-23.

[239] SCOTT W R, MWYER J W. Institutional environments and organizations: structural complexity and individualism[J]. Acta sociologica, Sage, 1994: 9-27.

[240] SENGE P M. The fifth discipline: the art & practice of the learning organization[M]. New York: Currency Doubleday, 1990.

[241] SHINKLE G A, MCCANN B T. New product deployment: the moderating influence of economic institutional context [J]. Strategic management journal, 2014, 35(7): 1090-1101.

[242] SHLEIFER A, VISHNY R W. A survey of corporate governance [J]. Journal of finance, 1997(52): 737-783.

[243] SHRIEVES R E. Market structure and innovation: a new perspective[J]. Journal of industrial economics, 1978, 26(4): 329-347.

[244] SHU C L, WANG Q, GAO S X, et al. Firm patenting, innovations, and government institutional support as a double-edged sword [J]. Journal of product innovation management, 2015(2): 290-305.

[245] SISODIYA S R, JOHNSON J L, GRÉGOIRE Y. Inbound open innovation for enhanced performance: enablers and opportunities[J]. Industrial marketing management, 2013, 42(5): 836-849.

[246] SOUITARIS V. Technological trajectories as moderators of firm-level determinants of innovation[J]. Research policy, 2002, 31(6): 877-898.

[247] SPENCE M. Job market signaling[J]. Quarterly journal of economics, 1973, 87(3): 355-374.

[248] SPENCER J W, CAROLINA G. The relationship among national institutional structures, economic factors, and domestic entrepreneurial activity: a multicountry study[J]. Journal of business research, 2004, 57(10): 1098-1107.

[249] STEPHEN F H, URBANO D, HEMMEN S V. The impact of institutions on entrepreneurial activity[J]. Managerial & decision economics, 2010, 26(7): 413-419.

[250] STIGLITZ J E, WEISS A. Credit rationing in markets with imperfect information[J]. The American economic review, 1981, 71(3): 393-410.

[251] STUART T E, HOANG H, HYBELS R C. Interorganizational Endorsements and the Performance of Entrepreneurial Ventures[J]. Administrative science quarterly, 1999, 44(2): 315-349.

[252] SUÁREZ D. Persistence of innovation in unstable environments: continuity and change in the firm's innovative behavior[J]. Research policy, 2014, 43(4): 726-736.

[253] SUEYOSHI T, GOTO M. Can R&D expenditure avoid corporate bankruptcy? Comparison between Japanese machinery and electric equipment industries using DEA-discriminant analysis[J]. European journal of operational research, 2009, 196(1): 289-311.

[254] TAKALO T, TANAYAMA T. Adverse selection and financing of innovation: is there a need for r&d subsidies? [J]. Journal of technology transfer, 2010, 35(1): 16-41.

[255] TAN Y, TIAN X, ZHANG C X, et al. Privatization and innovation: evidence from a quasi-natural experiment in China[J]. Kelley school of business research paper, 2014: 33.

[256] TAVASSOLI S, KARLSSON C. Persistence of various types of innovation analyzed and explained[J]. Research policy, 2015(10): 1887-1901.

[257] TETHER B S. Who co-operates for innovation, and why: An empirical analysis[J]. Research policy, 2002, 31(6): 947-967.

[258] TITMAN S, TRUEMAN B. Information quality and the valuation of new issues[J]. Journal of accounting and economics, 1986, 8(2): 159-172.

[259] TONE K, TSUTSUI M. Dynamic DEA: a slacks-based measure approach[J]. Omega-international journal of management science, 2010, 38(3/4): 145-156.

[260] TONE K, TSUTSUI M. Dynamic DEA with network structure: a slacks-based measure approach[J]. Omega-international journal of management science, 2014, 42(1): 124-131.

[261] TONG T, HE W, HE Z L, et al. Patent regime shift and firm innovation: evidence from the second amendment to China's patent law[J]. Academy of management annual meeting proceedings, 2014(1): 14174.

[262] TRIGUERO Á, CÓRCOLES D. Understanding innovation: an analysis of persistence for Spanish manufacturing firms[J]. Research policy, 2013, 42(2): 340-352.

[263] TSOLAS I E, CHARLES V. Incorporating risk into bank efficiency: A satisficing DEA approach to assess the Greek banking crisis[J]. Expert systems with applications, 2015, 42(7): 3491-3500.

[264] TUNG H L, CHANG Y H. Effects of empowering leadership on performance in management team: mediating effects of knowledge sharing and team cohesion[J]. Journal of Chinese human resource management, 2011, 2(2): 43-60.

[265] TZELEPIS D, SKURAS D. The effects of regional capital subsidies on firm performance: an empirical study[J]. Journal of small business and enterprise development, 2004, 11(1): 121-129.

[266] USHIJIMA T. Patent rights protection and Japanese foreign direct investment[J]. Research policy, 2013, 42(3): 738-748.

[267] UZZI B. Social structure and competition in interfirm networks: the paradox of embeddedness [J]. Administrative sciencequarterly, 1997, 42(1): 35-67.

[268] VANTONGEREN F W. Microsimulation of corporate response to investment subsidies [J]. Journal of policy modelling, 1998, 20(1): 55-75.

[269] VÁSQUEZ-URRIAGO Á R, BARGE-GIL A, RICO A M, et al. The impact of science and technology parks on firms' product innovation: empirical evidence from Spain[J]. Journal of evolutionary economics, 2014, 24(4): 835-873.

[270] VICKERS J. Concepts of competition [J]. Oxford economic papers, 1995, 47(1): 1-23.

[271] WALLSTEN S. The effect of government-industry R&D programs on private R&D: the case of the small business innovation research program[J]. Rand journal of economics,

2000，31(1)：82-100.

[272] WANG C L，AHMED P K. The development and validation of the organisational innovativeness construct using confirmatory factor analysis [J]. European journal of innovation management，2004，7(4)：303-313.

[273] WANG E C. R&D efficiency and economic performance：a cross-country analysis using the stochastic frontier approach[J]. Journal of policy modeling，2007，29(2)：345-360.

[274] WEST J，BOGERS M. Leveraging external sources of innovation：a review of research on open innovation[J]. Journal of product innovation management，2014，31(4)：814-831.

[275] WEST J，BOGERS M. Open innovation：current status and research opportunities[J]. Innovation，2017，19(1)：43-50.

[276] WHITED T，WU G. Financial constraints risk[J]. Review of financial studies，2006，19(2)：531-559.

[277] WIERSMA U J，VAN DENBERG P T. Influences and trends in human resource practices in The Netherlands[J]. Employee relations，1999，21(1)：63-79.

[278] WIES S，MOORMAN C. Going public：how stock market listing changes firm innovation behavior[J]. Journal of marketing research，2015，52(5)：694-709.

[279] WILLIAMSON O E. Ronald Harry Coase：international economist/institutional builder [M]. Cheltenham：Edward Elgar，2000.

[280] WU G A. The interdependence of organizational knowledge and financing：studies of technological innovation，learning，and corporate restructuring in US medical device ventures-executive summary[M]. New York：Columbia University，2006.

[281] WU Y H. The effects of state R&D tax credits in stimulating private R&D expenditure：A cross-state empirical analysis[J]. Journal of policy analysis and management，2005，24(4)：785-802.

[282] YAGER L，SCHMIDT R. The advanced technology program：a case study in federal technology policy[M]. Washington，DC：American Enterprise Institute Press，1997.

[283] YAN Z，LI Y. Signaling through government subsidy：certification or endorsement[J]. Finance research letters，2018，25：90-95.

[284] YANG C，HUANG C，HOU T C. Tax incentives and R&D activity：firm-level evidence from Taiwan[J]. Research policy，2012，41(9)：1578-1588.

[285] YI Y. Environment，governance，controls，and radical innovation during institutional transitions [J]. Asia pacific journal of management，2012，29(3)：689-708.

[286] YU F，GUO Y，LE-NGUYEN K et al. The impact of government subsidies and enterprises' R&D investment：a panel data study from renewable energy in China[J]. Energy policy，2016，89：106-113.

[287] ZALTMAN G，DUNCAN R，HOLBEK J. Innovations and organizations[M]. New York：John Wiley，1973.

[288] ZHA Y，LIANG N，WU M，et al. Efficiency evaluation of banks in China：a dynamic two-stage slacks-based measure approach[J]. Omega-international journal of management science，2016，60(SI)：60-72.

[289] ZHANG A M, ZHANG Y M, ZHAO R. A study of the R&D efficiency and productivity of Chinese firms[J]. Journal of comparative economics, 2003, 31(3): 444-464.

[290] ZHANG C, GUO B, WANG J. The different impacts of home countries characteristics in FDI on Chinese spillover effects: based on one-stage SFA[J]. Economic modelling, 2014, 38: 572-580.

[291] ZOU W, HUANG C, CHIU Y, et al. The dynamic DEA assessment of the intertemporal efficiency and optimal quantity of patent for China's high-tech industry[J]. Asian journal of technology innovation, 2016, 24(3): 378-395.

[292] ZÚÑIGA-VICENTE J Á, ALONSO-BORREGO C, FORCADELL F J, et al. Assessing the effect of public subsidies on firm R&D investment: a survey[J]. Journal of economic surveys, 2014, 28(1): 36-67.

[293] ZUO L, WANG X, LIU F, et al. Spatial exploration of multiple cropping efficiency in China based on time series remote sensing data and econometric model[J]. Journal of integrative agriculture, 2013, 12(5): 903-913.

[294] 安同良, 周绍东, 皮建才. R&D 补贴对中国企业自主创新的激励效应[J]. 经济研究, 2009(10): 87-98.

[295] 安志, 路瑶. 科技项目、科技认定与企业研发投入[J]. 科学学研究, 2019, 37(4): 617-624, 633.

[296] 白俊红. 中国的政府 R&D 资助有效吗? 来自大中型工业企业的经验证据[J]. 经济学季刊, 2011(4): 1375-1400.

[297] 白俊红, 陈玉和, 李婧. 企业内部创新协同及其影响要素研究[J]. 科学学研究, 2008(2): 409-413.

[298] 白俊红, 江可申, 李婧. 应用随机前沿模型评测中国区域研发创新效率[J]. 管理世界, 2009(10): 51-61.

[299] 白俊红, 李婧. 政府 R&D 资助与企业技术创新:基于效率视角的实证分析[J]. 金融研究, 2011(6): 181-193.

[300] 鲍新中, 屈乔, 尹夏楠. 企业持续创新动力机制和影响因素的国外研究综述[J]. 华东经济管理, 2016(7): 167-172.

[301] 蔡俊亚, 党兴华. 创业导向与创新绩效:高管团队特征和市场动态性的影响[J]. 管理科学, 2015, 28(5): 42-53.

[302] 曹勇, 蒋振宇, 孙合林, 等. 知识溢出效应、创新意愿与创新能力:来自战略性新兴产业企业的实证研究[J]. 科学学研究, 2016, 34(1): 89-98.

[303] 曹元坤, 熊立. 中国企业员工创新的二元心智模式构念与测量[J]. 当代财经, 2017(5): 71-80.

[304] 曹建海, 邓菁. 补贴预期、模式选择与创新激励效果:来自战略性新兴产业的经验证据[J]. 经济管理, 2014(8): 21-30.

[305] 查勇, 梁樑, 许传永. 基于 BCC 模型的几何平均最优意义下的两阶段合作效率[J]. 系统工程理论与实践, 2008(10): 53-58.

[306] 陈傲. 中国工业行业特征对企业技术创新效率影响的实证分析:兼论企业创新效率提升的市场结构条件[J]. 科学学与科学技术管理, 2008(3): 59-63.

[307] 陈玲,杨文辉.政府研发补贴会促进企业创新吗?:来自中国上市公司的实证研究[J].科学学研究,2016(3):433-442.

[308] 陈骏.谁影响了上市公司高管薪酬激励:来自中国证券市场的经验证据[J].山西财经大学学报,2010,32(9):70-79.

[309] 陈冬华,李真,新夫.产业政策与公司融资:来自中国的经验证据[A].2010中国会计与财务研究国际研讨会,2010:80.

[310] 陈传明,张敏.企业文化的刚性特征:分析与测度[J].管理世界,2005(6):101-106.

[311] 陈凤妍.企业家地方政治关联对企业创新意愿影响的实证研究[D].哈尔滨:哈尔滨工程大学,2016.

[312] 陈寒松,张凯,朱晓红.制度环境与创新绩效:机会创新性的中介作用[J].经济与管理评论,2014(3):69-76.

[313] 陈晶,章莉莉.员工创新意愿研究述评[J].经济论坛,2013(11):137-139.

[314] 陈爽英,井润田,龙小宁,等.民营企业家社会关系资本对研发投资决策影响的实证研究[J].管理世界,2010(1):88-97.

[315] 陈钦源,马黎珺,伊志宏.分析师跟踪与企业创新绩效:中国的逻辑[J].南开管理评论,2017,20(3):15-27.

[316] 陈钰芬,陈劲.开放式创新促进创新绩效的机理研究[J].科研管理,2009,30(4):1-9,28.

[317] 陈钰芬,周昇,黄梦娴.政府科技资助对引导企业R&D投入的杠杆效应分析:基于浙江省规模以上工业企业R&D投入面板数据的实证分析[J].科技进步与对策,2012,29(1):21-26.

[318] 陈庆江.政府科技投入能否提高企业技术创新效率?[J].经济管理,2017,39(2):6-19.

[319] 陈劲,阳银娟.协同创新的理论基础与内涵[J].科学学研究,2012,30(2):161-164.

[320] 陈光.企业内部协同创新研究[D].成都:西南交通大学,2005.

[321] 程华.直接资助与税收优惠促进企业R&D比较研究[J].中国科技论坛,2006(3):57-60.

[322] 程华.外部性、技术创新与政府作用[J].经济问题探索,2000(8):67-69.

[323] 程华,王恩普.科技活动中外部筹资对研发产出的影响:基于高技术产业面板数据的实证分析[J].科学学与科学技术管理,2009(11):29-51.

[324] 陈璐,张彩江,贺建风.政府补助在企业创新过程中能发挥信号传递作用吗?[J].证券市场导报,2019(8):41-49.

[325] 陈艳,范炳全.中小企业开放式创新能力与创新绩效的关系研究[J].研究与发展管理,2013,25(1):24-35.

[326] 戴晨,刘怡.税收优惠与财政补贴对企业R&D影响的比较分析[J].经济科学,2008(3):58-71.

[327] 党力,杨瑞龙,杨继东.反腐败与企业创新:基于政治关联的解释[J].中国工业经济,2015(7):146-160.

[328] 党文娟,罗庆凤.政府主导下的中小型企业创新激励机制研究:以重庆为例[J].科研管理,2020,41(7):50-60.

[329] 邓可斌,曾海舰.中国企业的融资约束:特征现象与成因检验[J].经济研究,2014(2):49-62,142.

［330］丁贞. 高管的政治关联与 R&D 投入的相关性研究:基于制造业和信息技术产业上市公司数据［J］. 山东纺织经济，2010(12)：5-7,65.

［331］段海艳. 企业持续创新研究最新进展［J］. 财会月刊，2017a(27)：77-81.

［332］段海艳. 企业持续创新影响因素研究［J］. 科技进步与对策，2017b(15)：87-93.

［333］杜娟，霍佳震. 基于数据包络分析的中国城市创新能力评价［J］. 中国管理科学，2014(6)：85-93.

［334］邓子基，杨志宏. 财税政策激励企业技术创新的理论与实证分析［J］. 财贸经济，2011(5)：5-10.

［335］范高乐，叶莉. 盈利能力、债务融资能力与创业板企业创新决策［J］. 财会通讯，2020(16)：34-37,78.

［336］樊霞，赵丹萍，何悦. 企业产学研合作的创新效率及其影响因素研究［J］. 科研管理，2012(2)：33-39.

［337］方杰，温忠麟，梁东梅，等. 基于多元回归的调节效应分析［J］. 心理科学，2015，38(3)：715-720.

［338］冯飞鹏. 产业政策、信贷配置与创新效率［J］. 财经研究，2018，44(7)：142-153.

［339］冯根福，温军. 中国上市公司治理与企业技术创新关系的实证分析［J］. 中国工业经济，2008(7)：91-101.

［340］傅利平，李小静. 政府补贴在企业创新过程的信号传递效应分析:基于战略性新兴产业上市公司面板数据［J］. 系统工程，2014(11)：50-58.

［341］高辉，邹国庆. 制度理论与高阶理论整合视角下创业制度环境如何影响企业创新绩效［J］. 科技进步与对策，2019，36(2)：75-82.

［342］高中海. 我国企业技术创新影响因素的系统研究［D］. 常州：河海大学，2005.

［343］耿强，江飞涛，傅坦. 政策性补贴、产能过剩与中国的经济波动:引入产能利用率 RBC 模型的实证检验［J］. 中国工业经济，2011(5)：27-36.

［344］顾群，翟淑萍. 高新技术企业融资约束与 R&D 投资和企业成长性的相关性研究［J］. 财经论丛，2011(5)：86-91.

［345］顾群，翟淑萍. 融资约束、研发投资与资金来源:基于研发投资异质性的视角［J］. 科学学与科学技术管理，2014，4(3)：15-22.

［346］高宏伟. 政府补贴对大型国有企业研发的挤出效应研究［J］. 中国科技论坛，2011(8)：15-20.

［347］何自力，戈黎华. 论心智模式和企业知识创造［J］. 天津师范大学学报(社会科学版)，2008(1)：27-32.

［348］葛卫芬. 企业家心智模式与自主创新的文献综述［J］. 贵州财经大学学报，2008(5)：62-66.

［349］官建成，陈凯华. 我国高技术产业技术创新效率的测度［J］. 数量经济技术经济研究，2009(10)：19-33.

［350］官建成，张爱军. 技术与组织的集成创新研究［J］. 中国软科学，2002(12)：58-62.

［351］郭淡泊，雷家骕，张俊芳，等. 国家创新体系效率及影响因素研究:基于 DEA-Tobit 两步法的分析［J］. 清华大学学报(哲学社会科学版)，2012(2)：142-150.

［352］郭玥. 政府创新补助的信号传递机制与企业创新［J］. 中国工业经济，2018(9)：98-116.

［353］郭研，郭迪，姜坤. 市场失灵、政府干预与创新激励:对科技型中小企业创新基金的实证

检验[J]. 经济科学，2016(3)：114-128.

[354] 郭研，郭迪，姜坤. 政府科技资助、项目筛选和企业的创新产出：来自科技型中小企业创新基金的证据[J]. 产业经济研究，2015(2)：33-46.

[355] 郭晓丹，何文韬，肖兴志. 战略性新兴产业的政府补贴、额外行为与研发活动变动[J]. 宏观经济研究，2011(11)：63-69,111.

[356] 郭斌，许庆瑞，陈劲，等. 企业组合创新研究[J]. 科学学研究，1997(1)：13-18.

[357] 郭田勇. 中小企业融资的国际比较与借鉴[J]. 国际金融研究，2003(11)：44-48.

[358] 韩飞，许政. 互动导向、创新意愿与创新能力[J]. 税务与经济，2012(3)：6-10.

[359] 韩庆潇，杨晨，顾智鹏. 高管团队异质性对企业创新效率的门槛效应：基于战略性新兴产业上市公司的实证研究[J]. 中国经济问题，2017(2)：42-53.

[360] 何瑛，于文蕾，戴逸驰，等. 高管职业经历与企业创新[J]. 管理世界，2019(11)：174-192.

[361] 何郁冰，周慧，丁佳敏. 技术多元化如何影响企业的持续创新？[J]. 科学学研究，2017(12)：1896-1909.

[362] 何良兴. 创业情绪、创业认知能力与创业行为倾向的作用机制研究[D]. 大连：东北财经大学，2015.

[363] 何自力，戈黎华. 论心智模式和企业知识创造[J]. 天津师范大学学报(社科版)，2008(1)：27-32.

[364] 何熙琼，杨昌安. 中国企业的创新持续性及其作用机制研究：基于成本性态视角[J]. 科学学与科学技术管理，2019(5)：105-121.

[365] 贺勇，刘冬荣. 融资约束，企业集团内部资金支持与R&D投入：来自民营高科技上市公司的经验证据[J]. 科学学研究，2011，29(11)：1685-1695.

[366] 胡婉丽. 知识型雇员创新行为意愿测量工具研究：量表开发、提炼与检验[J]. 科技进步与对策，2013，30(1)：140-145.

[367] 胡凯，吴清. R&D税收激励产业政策与企业生产率[J]. 产业经济研究，2018(3)：115-126.

[368] 胡明勇，周寄中. 政府资助对技术创新的作用：理论分析与政策工具选择[J]. 科研管理，2001(1)：31-36,30.

[369] 黄聪. 制造业平均利润率仅2.59%中国至少提升10行业品质[N]. 长江商报，2019-09-11.

[370] 康志勇. 融资约束、政府支持与中国本土企业研发投入[J]. 南开管理评论，2013(5)：61-70.

[371] 冀刚. 企业管理者成长型心智模式对工作绩效影响的实证研究[D]. 沈阳：辽宁大学，2015.

[372] 季晓芬. 团队沟通对团队知识共享的作用机制研究[D]. 杭州：浙江大学，2008.

[373] 姜健. 产业环境、创新意愿与光伏企业技术创新绩效研究[D]. 锦州：渤海大学，2013.

[374] 蒋春燕，赵曙明. 公司企业家精神制度环境的地区差异：15个国家高新技术产业开发区企业的实证研究[J]. 经济科学，2010，32(6)：101-114.

[375] 贾春香，王婉莹. 财政补贴、税收优惠与企业创新绩效：基于研发投入的中介效应[J]. 会计之友，2019(11)：98-103.

[376] 贾生华，邬爱其，疏礼兵. 基于协同创新思想的浙江民营企业创新发展模式[J]. 浙江社会科学，2005(2)：213-218.

[377] 贾俊生，伦晓波，林树. 金融发展、微观企业创新产出与经济增长：基于上市公司专利视角的实证分析[J]. 金融研究，2017(1)：99-113.

[378] 江诗松，何文龙，路江涌. 创新作为一种政治战略：转型经济情境中的企业象征性创新[J]. 南开管理评论，2019，22(2)：104-113.

[379] 赖敏，余泳泽，刘大勇，等. 制度环境、政府效能与"大众创业万众创新"：来自跨国经验证据[J]. 南开经济研究，2018(1)：19-33.

[380] 乐怡婷，李慧慧，李健. 高管持股对创新可持续性的影响研究：兼论高管过度自信与产权性质的调节效应[J]. 科技进步与对策，2016(9)：139-146.

[381] 李玲，陶厚永. 制度环境、股权制衡对企业创新绩效的影响机理：基于有调节的中介效应[J]. 技术经济，2012，31(7)：20-27.

[382] 李迎. 基于企业家心智模式的企业战略决策能力研究：以 I 公司为例[D]. 天津：天津大学，2013.

[383] 李万福，杜静，张怀. 创新补助究竟有没有激励企业创新自主投资：来自中国上市公司的新证据[J]. 金融研究，2017(10)：130-145.

[384] 李婧，谭清美，白俊红，等. 中国区域创新效率的随机前沿模型分析[J]. 系统工程，2009(8)：44-50.

[385] 李丽青. 税收激励对企业 R&D 投资的影响[J]. 科学学与科学技术管理，2007(4)：29-32.

[386] 李维安，李浩波，李慧聪. 创新激励还是税盾？高新技术企业税收优惠研究[J]. 科研管理，2016(11)：61-70.

[387] 李凤梅，柳卸林，高雨辰，等. 产业政策对我国光伏企业创新与经济绩效的影响[J]. 科学学与科学技术管理，2017，38(11)：47-60.

[388] 李春涛，宋敏. 中国制造业企业的创新活动：所有制和 CEO 激励的作用[J]. 经济研究，2010(5)：55-67.

[389] 李苗苗，肖洪钧，傅吉新. 财政政策、企业 R&D 投入与技术创新能力：基于战略性新兴产业上市公司的实证研究[J]. 管理评论，2014(8)：135-144.

[390] 李文贵，余明桂. 民营化企业的股权结构与企业创新[J]. 管理世界，2015(4)：112-125.

[391] 李永，孟祥月，王艳萍. 政府 R&D 资助与企业技术创新：基于多维行业异质性的经验分析[J]. 科学学与科学技术管理，2014，5(1)：34-43.

[392] 李四海，陈旋. 企业家专业背景与研发投入及其绩效研究：来自中国高新技术上市公司的经验证据[J]. 科学学研究，2014(10)：1498-1508.

[393] 李乾文，赵曙明，蒋春燕. TMT 社会网络、公司创业与企业绩效关系研究[J]. 财贸研究，2012，23(3)：99-104，131.

[394] 李敬. 政府 R&D 资助对企业创新效率的影响[D]. 蚌埠：安徽财经大学，2018.

[395] 李子彪，孙可远，吕鲲鹏. 三类政府财政激励政策对高新技术企业创新绩效的激励机制：基于企业所有权性质的调节效应[J]. 技术经济，2018(12)：14-25.

[396] 李健，杨蓓蓓，潘镇. 政府补助、股权集中度与企业创新可持续性[J]. 中国软科学，2016(6)：180-192.

[397] 李春涛，闫续文，宋敏，等. 金融科技与企业创新：新三板上市公司的证据[J]. 中国工业经济，2020(1)：81-98.

[398] 李显君，钟领，王京伦，等. 开放式创新与吸收能力对创新绩效影响：基于我国汽车企业的实证[J]. 科研管理，2018，39(1)：45-52.

[399] 连玉君，苏治. 融资约束、不确定性与上市公司投资效率[J]. 管理评论，2009(1)：19-26.

[400] 柳光强. 税收优惠、财政补贴政策的激励效应分析：基于信息不对称理论视角的实证研究[J]. 管理世界，2016(10)：62-71.

[401] 柳光强，杨芷晴，曹普桥. 产业发展视角下税收优惠与财政补贴激励效果比较研究：基于信息技术、新能源产业上市公司经营业绩的面板数据分析[J]. 财贸经济，2015(8)：38-47.

[402] 柳宏志. 科技型中小企业的企业家经营能力与思维创新研究[D]. 杭州：浙江大学，2007.

[403] 梁彤缨，桂林玲，刘璇冰. 不同融资约束背景下政府研发补助效应研究[J]. 科技进步与对策，2017(7)：26-33.

[404] 黎文靖，郑曼妮. 实质性创新还是策略性创新？：宏观产业政策对微观企业创新的影响[J]. 经济研究，2016(4)：60-73.

[405] 黎文靖，李耀淘. 产业政策激励了公司投资吗[J]. 中国工业经济，2014(5)：122-134.

[406] 廖开容，陈爽英. 制度环境对民营企业研发投入影响的实证研究[J]. 科学学研究，2011，29(9)：1342-1348.

[407] 雷鹏，梁彤缨，陈修德，等. 融资约束视角下政府补助对企业研发效率的影响研究[J]. 软科学，2015，29(3)：38-42.

[408] 林毅夫. 产业政策与国家发展：新结构经济学视角[J]. 比较，2016(6)：163-173.

[409] 林亚清，赵曙明. 构建高层管理团队社会网络的人力资源实践、战略柔性与企业绩效：环境不确定性的调节作用[J]. 南开管理评论，2013，16(2)：4-15,35.

[410] 刘虹，肖美凤，唐清泉. R&D补贴对企业R&D支出的激励与挤出效应：基于中国上市公司数据的实证分析[J]. 经济管理，2012，34(4)：19-28.

[411] 寇宗来，刘学悦. 中国企业的专利行为：特征事实以及来自创新政策的影响[J]. 经济研究，2020，55(3)：83-99.

[412] 刘娇. 开放式创新对企业创新绩效的影响研究[D]. 哈尔滨：哈尔滨工业大学，2018.

[413] 刘全清. 财税政策对高技术服务类上市公司研发投入影响研究[D]. 合肥：安徽大学，2015.

[414] 刘伟. 考虑环境因素的高新技术产业技术创新效率分析：基于2000—2007年和2008—2014年两个时段的比较[J]. 科研管理，2016(11)：18-25.

[415] 刘新民，钟翠萍，王垒. 客户质量与公司创新行为：来自供应链客户关系的证据[J]. 财会月刊，2020(24)：102-111.

[416] 刘斌，刘颖，曹鸿宇. 外资进入与中国企业创新：促进还是抑制[J]. 山西财经大学学报，2021(3)：14-27.

[417] 刘胜强，林志军，孙芳城，等. 融资约束，代理成本对企业R&D投资的影响：基于我国上市公司的经验证据[J]. 会计研究，2015(11)：62-68.

[418] 刘啸尘. 浅析政府补助准则修订对科技型中小企业账务处理的影响[J]. 时代金融，2017(9)：134-137.

[419] 刘婷. 政府补助对科技型中小企业创新持续性的影响研究：基于融资约束的调节作用[D]. 厦门：厦门大学，2020.

[420] 刘春玉. 研发投资融资约束及其外部融资依赖性：基于上市公司的实证研究[J]. 科技进步与对策，2014(4)：20-25.

[421] 刘小玄. 中国工业企业的所有制结构对效率差异的影响：1995 年全国工业企业普查数据的实证分析[J]. 经济研究，2000(2)：17-25,78-79.

[422] 龙静，刘海建. 政府机构的权力运用方式对中小企业创新绩效的影响：基于企业与政府关系的视角[J]. 科学学与科学技术管理，2012，33(5)：96-105.

[423] 娄贺统，徐浩萍. 政府推动下的企业技术创新：税收激励效应的实证研究[J]. 中国会计评论，2009(2)：191-206.

[424] 骆志豪. 高阶管理者心智模式影响企业绩效的理论与实证研究[D]. 上海：复旦大学，2008.

[425] 卢馨，郑阳飞，李建明. 融资约束对企业 R&D 投资的影响研究：来自中国高新技术上市公司的经验证据[J]. 会计研究，2013(5)：51-58,96.

[426] 陆国庆，王舟，张春宇. 中国战略性新兴产业政府创新补贴的绩效研究[J]. 经济研究，2014，49(7)：44-55.

[427] 吕晓俊. 共享心智模型对团队效能的影响：以团队过程为中介变量[J]. 心理科学，2009(2)：440-442.

[428] 吕晓俊. 组织中员工心智模式的理论与实证研究[D]. 上海：华东师范大学，2002.

[429] 吕久琴，郁丹丹. 政府科研创新补助与企业研发投入：挤出、替代还是激励[J]. 中国科技论坛，2011(8)：21-28.

[430] 逯东，林高，黄莉，等. "官员型"高管、公司业绩和非生产性支出[J]. 金融研究，2012(6)：139-153.

[431] 路春城，吕慧. 政府补贴、融资约束与制造业研发投入[J]. 经济与管理评论，2019(4)：17-27.

[432] 马文聪，侯羽，朱桂龙. 研发投入和人员激励对创新绩效的影响机制：基于新兴产业和传统产业的比较研究[J]. 科学学与科学技术管理，2013，34(3)：58-68.

[433] 马文聪，李小转，廖建聪，等. 不同政府科技资助方式对企业研发投入的影响[J]. 科学学研究，2017，35(5)：689-699.

[434] 马富萍，茶娜. 环境规制对技术创新绩效的影响研究：制度环境的调节作用[J]. 研究与发展管理，2012，24(1)：60-66.

[435] 马晶梅，赵雨薇，王成东，等. 融资约束、研发操纵与企业创新决策[J]. 科研管理，2020，41(12)：171-183.

[436] 毛其淋，许家云. 政府补贴对企业新产品创新的影响：基于补贴强度"适度区间"的视角[J]. 中国工业经济，2015(6)：94-107.

[437] 孟庆玺，尹兴强，白俊. 产业政策扶持激励了企业创新吗？：基于"五年规划"变更的自然实验[J]. 南方经济，2016(12)：1-25.

[438] 牟可光，徐志，钱正平，等. 对我国创业创新税收优惠政策的探讨[J]. 经济研究参考，

2017(9)：25-43,59.

[439] 倪国庆. 常态性创业家的"心智模式"[J]. 科技与企业，2010(7)：17.

[440] 聂婷婷. 企业内部要素协同和创新绩效[D]. 成都：电子科技大学，2015.

[441] 牛霄鹏，谢富纪，贾友. 政府补贴与企业创新绩效之间的动态关系研究：基于面板向量自回归模型的估计[J]. 上海管理科学，2018，40(6)：98-104.

[442] 潘红波，夏新平，余明桂. 政府干预、政治关联与地方国有企业并购[J]. 经济研究，2008(4)：41-52.

[443] 潘红波，余明桂. 支持之手、掠夺之手与异地并购[J]. 经济研究，2011(9)：108-120.

[444] 彭若弘，苏玉苗. 创新补贴、税收优惠与高新技术产业研发产出[J]. 北京邮电大学学报（社会科学版），2019，21(6)：77-89.

[445] 钱爱民，张晨宇，步丹璐. 宏观经济冲击、产业政策与地方政府补助[J]. 产业经济研究，2015(5)：73-82.

[446] 钱昇，武健. 政府补贴对知识溢出条件下竞争企业 R&D 合作收益的影响[J]. 东岳论丛，2007(6)：165-169.

[447] 青木昌彦. 比较制度分析[M]. 上海：上海远东出版社，2001.

[448] 任胜利. 从制度经济学视角看产权要素市场发展(下)[J]. 产权导刊，2019(5)：42-46.

[449] 任保显，王洪庆. 政府 R&D 资助对高技术产业创新效率的影响：基于最优规模的视角[J]. 经济经纬，2019，36(6)：95-102.

[450] 钱丽，肖仁桥，陈忠卫. 环境约束、技术差距与企业创新效率：基于中国省际工业企业的实证研究[J]. 科学学研究，2015(3)：378-389.

[451] 邱兆林. 政府干预、企业自主研发与高技术产业创新：基于中国省级面板数据的实证分析[J]. 经济问题探索，2015(4)：43-48.

[452] 翟海燕，董静，汪江平. 政府科技资助对企业研发投入的影响：基于 Heckman 样本选择模型的研究[J]. 研究与发展管理，2015，27(5)：34-43.

[453] 盛光华，张志远. 补贴方式对创新模式选择影响的演化博弈研究[J]. 管理科学学报，2015(9)：34-45.

[454] 邵剑兵，吴珊. 地域因素、管理者从军经历与企业创新投入：基于财务决策的视角[J]. 财会月刊，2018(8)：19-27.

[455] 沈奇泰松. 组织合法性视角下制度压力对企业社会绩效的影响机制研究[D]. 杭州：浙江大学，2010.

[456] 申宇，赵玲，吴风云. 创新的母校印记：基于校友圈与专利申请的证据[J]. 中国工业经济，2017(8)：156-173.

[457] 石绍宾，周根根，秦丽华. 税收优惠对我国企业研发投入和产出的激励效应[J]. 税务研究，2017(3)：43-47.

[458] 宋凌云，王贤彬. 重点产业政策、资源重置与产业生产率[J]. 管理世界，2013(12)：63-77.

[459] 宋丽梅. 政府科技资助强度、产学研合作与企业创新绩效[J]. 财会通讯，2020(5)：55-60.

[460] 苏屹，林周周，陈凤妍，等. 企业家地方政治关联对企业创新意愿影响的实证研究[J]. 管理工程学报，2019，33(1)：139-148.

[461] 苏梽芳,胡彬,王海成. 企业创新持续性及其影响因素研究:来自中国制造业上市公司的经验证据[J]. 福建师范大学学报(哲学社会科学版),2016(2):37-44.

[462] 孙维章,干胜道. IT行业中政府补助对研发与业绩的影响机制研究[J]. 经济问题,2014(3):83-88.

[463] 孙铮,李增泉,王景斌. 所有权性质、会计信息与债务契约[J]. 管理世界,2006(10):100-107.

[464] 史修松,赵曙东. 中国经济增长的地区差异及其收敛机制(1978—2009年)[J]. 数量经济技术经济研究,2011(1):51-62.

[465] 唐清泉,卢珊珊,李懿东. 企业成为创新主体与R&D补贴的政府角色定位[J]. 中国软科学,2008(6):88-98.

[466] 唐书林,肖振红,苑婧婷. 上市公司自主创新的国家激励扭曲之困:是政府补贴还是税收递延?[J]. 科学学研究,2016(5):744-756.

[467] 田轩,孟清扬. 股权激励计划能促进企业创新吗[J]. 南开管理评论,2018,21(3):176-190.

[468] 万青,陈万明,胡恩华. 基于多层次分析的知识型员工创新绩效研究:考虑个人与组织双层面因素的影响[J]. 科研管理,2012,33(6):8-15.

[469] 汪克亮,杨宝臣,杨力. 中国全要素能源效率与能源技术的区域差异[J]. 科研管理,2012(5):56-63.

[470] 王俊. R&D补贴对企业R&D投入及创新产出影响的实证研究[J]. 科学学研究,2010,28(9):1368-1374.

[471] 王伟楠,王旭,褚旭. 基于准实验分析的债券融资对企业创新绩效影响研究[J]. 系统工程理论与实践,2018,38(2):429-436.

[472] 王德祥,李昕. 政府补贴、政治关联与企业创新投入[J]. 财政研究,2017(8):79-89.

[473] 王金凤,岳俊举,冯立杰. 政府支持与后发企业创新绩效:创新意愿的中介作用[J]. 技术经济与管理研究,2019(4):122-128.

[474] 王闽,侯晓红. 经济不确定性、政府补贴与企业技术创新投入[J]. 华东经济管理,2015,29(12):95-100.

[475] 王倩. 企业社会责任与企业财务绩效的关系研究[D]. 杭州:浙江大学,2014.

[476] 王庆宁,张国昀. 刍议企业家的心智模式与能力结构[J]. 经济论坛,1999(5):29-30.

[477] 王宇,刘志彪. 补贴方式与均衡发展:战略性新兴产业成长与传统产业调整[J]. 中国工业经济,2013(8):57-69.

[478] 王保林,张铭慎. 地区市场化、产学研合作与企业创新绩效[J]. 科学学研究,2015,33(5):748-757.

[479] 王玉冬,张婷. 不同竞合模式下生物制药企业创新投资决策[J]. 财会月刊,2014(22):66-70.

[480] 王旭,何玉. 政府补贴、税收优惠与企业研发投入:基于动态面板系统GMM分析[J]. 技术经济与管理研究,2017(4):92-96.

[481] 王刚刚,谢富纪,贾友. R&D补贴政策激励机制的重新审视:基于外部融资激励机制的考察[J]. 中国工业经济,2017(5):60-78.

[482] 王静. 政府研发补助对企业创新过程的影响研究[D]. 厦门:厦门大学,2021.

[483] 王遂昆，郝继伟. 政府补贴、税收与企业研发创新绩效关系研究：基于深圳中小板上市企业的经验证据[J]. 科技进步与对策，2014，31(9)：92-96.

[484] 王智新，赵景峰. 开放式创新、全球价值链嵌入与技术创新绩效[J]. 科学管理研究，2019，37(1)：74-77.

[485] 魏荣，黄志斌，魏婧. 基于动机理论的青年知识型员工创新激励研究[J]. 煤炭经济研究，2010(9)：88-92.

[486] 温忠麟，侯杰泰，张雷. 调节效应与中介效应的比较和应用[J]. 心理学报，2005，37(2)：268-274.

[487] 吴婧洁. 企业政治关联与企业绩效关系实证研究[D]. 长春：吉林大学，2018.

[488] 吴武清，赵越，田雅婧，等. 研发补助的"挤入效应"与"挤出效应"并存吗?：基于重构研发投入数据的分位数回归分析[J]. 会计研究，2020(8)：18-37.

[489] 吴子稳，胡长深. 企业家心智模式形成及其对企业发展的影响[J]. 华东经济管理，2007，21(1)：111-114.

[490] 吴延兵. 中国哪种所有制类型企业最具创新性?[J]. 世界经济，2012，35(6)：3-27.

[491] 吴祖光，万迪昉，吴卫华. 税收对企业研发投入的影响：挤出效应与避税激励：来自中国创业板上市公司的经验证据[J]. 研究与发展管理，2013(5)：1-11.

[492] 吴俊，黄东梅. 研发补贴、产学研合作与战略性新兴产业创新[J]. 科研管理，2016(9)：20-27.

[493] 吴剑峰，杨震宁. 政府补贴、两权分离与企业技术创新[J]. 科研管理，2014，35(12)：54-61.

[494] 巫强，刘蓓. 政府研发补贴方式对战略性新兴产业创新的影响机制研究[J]. 产业经济研究，2014(6)：41-49.

[495] 夏保华. 企业持续技术创新：本质、动因和管理[J]. 科学技术与辩证法，2003(2)：78-80.

[496] 夏清华，何丹. 政府研发补贴促进企业创新了吗：信号理论视角的解释[J]. 科技进步与对策，2019(11)：1-10.

[497] 夏文青. 政府科技投入对企业R&D投入的影响研究：基于杭州市的实证研究[D]. 杭州：杭州电子科技大学，2009.

[498] 肖美凤，唐清泉，刘虹. R&D补贴对企业R&D支出的激励与挤出效应：基于中国上市公司数据的实证分析[J]. 经济管理，2012(4)：19-28.

[499] 肖文，林高榜. 政府支持、研发管理与技术创新效率：基于中国工业行业的实证分析[J]. 管理世界，2014(4)：71-80.

[500] 肖兴志，王伊攀. 战略性新兴产业政府补贴是否用在了"刀刃"上?：基于254家上市公司的数据[J]. 经济管理，2014(4)：19-31.

[501] 肖海莲，唐清泉，周美华. 负债对企业创新投资模式的影响：基于R&D异质性的实证研究[J]. 科研管理，2014(10)：77-85.

[502] 向刚. 企业持续创新：理论研究基础、定义、特性和基本类型[J]. 科学学研究，2005，23(1)：134-138.

[503] 解维敏，唐清泉，陆姗姗. 政府R&D资助，企业R&D支出与自主创新：来自中国上市公司的经验证据[J]. 金融研究，2009(6)：86-99.

[504] 解维敏,方红星.金融发展、融资约束与企业研发投入[J].金融研究,2011(5):171-183.

[505] 谢颖珺.所得税优惠政策对江苏省企业创新绩效的影响:以制造业企业为例[J].中国商论,2020(19):146-148.

[506] 邢会,王飞,高素英.政府补助促进企业实质性创新了吗:资源和信号传递双重属性协同视角[J].现代经济探讨,2019(3):57-64.

[507] 徐长生,孔令文,倪娟.A股上市公司股权激励的创新激励效应研究[J].科研管理,2018,39(9):93-101.

[508] 徐宁.高科技公司高管股权激励对R&D投入的促进效应:一个非线性视角的实证研究[J].科学学与科学技术管理,2013,34(2):12-19.

[509] 徐宁,姜楠楠,张晋.股权激励对中小企业双元创新战略的影响研究[J].科研管理,2019,40(7):163-172.

[510] 徐细雄,陈柯甫,淦未宇.反腐败促进了企业创新吗?对企业R&D决策的实证检验[J].科技进步与对策,2016,33(18):107-112.

[511] 熊维勤.税收和补贴政策对R&D效率和规模的影响:理论与实证研究[J].科学学研究,2011,29(5):698-706.

[512] 许国艺,史永,杨德伟.政府研发补贴的政策促进效应研究[J].软科学,2014,28(9):30-34.

[513] 许治.政府公共R&D与内生经济增长[D].西安:西北大学,2006.

[514] 邢蕊,王国红.创业导向、创新意愿与在孵企业创新绩效:孵化环境的调节作用[J].研究与发展管理,2015,27(1):100-112.

[515] 谢子远,吴丽娟.产业集聚水平与中国工业企业创新效率:基于20个工业行业2000—2012年面板数据的实证研究[J].科研管理,2017(1):91-99.

[516] 熊婵,买忆媛,何晓斌,等.基于DEA方法的中国高科技创业企业运营效率研究[J].管理科学,2014(2):26-37.

[517] 徐淑英,张志学.管理问题与理论建立:开展中国本土管理研究的策略[J].南大商学评论,2005(4):1-18.

[518] 徐莉萍,辛宇,陈工孟.股权集中度和股权制衡及其对公司经营绩效的影响[J].经济研究,2006(1):90-100.

[519] 徐晓丹,柳卸林.大企业为什么要重视基础研究?[J].科学学与科学技术管理,2020,41(9):3-19.

[520] 薛乐.企业科技人才创新意愿影响因素实证研究[D].杭州:浙江大学,2009.

[521] 杨亭亭,罗连化,许伯桐.政府补贴的技术创新效应:"量变"还是"质变"?[J].中国软科学,2018(10):52-61.

[522] 杨以文,郑江淮,任志成.产学研合作、自主创新与战略性新兴产业发展:基于长三角企业调研数据的分析[J].经济与管理研究,2012(10):64-73.

[523] 姚潇颖,卫平,李健.产学研合作模式及其影响因素的异质性研究:基于中国战略新兴产业的微观调查数据[J].科研管理,2017(8):1-10.

[524] 叶晓璐,张灵聪.中庸思维与大五人格相关研究[J].牡丹江大学学报,2012(3):97-100

[525] 叶锐,杨建飞,常云昆.中国省际高技术产业效率测度与分解:基于共享投入关联DEA模型[J].数量经济技术经济研究,2012(7):3-17.

［526］尹翀，贾永飞. 政府科技投入影响企业创新的机制分析:基于认知及信息反馈视角[J]. 科技管理研究，2019(22):1-10.

［527］尹志锋，叶静怡，黄阳华，等. 知识产权保护与企业创新:传导机制及其检验[J]. 世界经济，2013(12):111-120.

［528］郁万荣，王永胜，多淑杰. "大众创业、万众创新"背景下企业的意愿、能力及环境研究:以广东省中山市为例[J]. 经济论坛，2018，580(11):82-86.

［529］余明桂，回雅甫，潘红波. 政治联系、寻租与地方政府财政补贴有效性[J]. 经济研究，2010(3):65-77.

［530］余明桂，钟慧洁，范蕊. 分析师关注与企业创新:来自中国资本市场的经验证据[J].经济管理，2017，39(3):175-192.

［531］余明桂，钟慧洁，范蕊.民营化、融资约束与企业创新:来自中国工业企业的证据[J]. 金融研究，2019(4):75-91.

［532］余明桂，范蕊，钟慧洁. 中国产业政策与企业技术创新[J]. 中国工业经济，2016(12):5-22.

［533］姚洋，章奇.中国工业企业技术效率分析[J].经济研究，2001(10):13-19，28-95.

［534］杨晔，王鹏，李怡虹，等. 财政补贴对企业研发投入和绩效的影响研究:来自中国创业板上市公司的经验证据[J]. 财经论丛，2015(1):24-31.

［535］杨慧辉，徐佳琳，潘飞，等. 异质设计动机下的股权激励对产品创新能力的影响[J]. 科研管理，2018，39(10):1-11.

［536］杨蓉，刘婷婷，高凯. 产业政策扶持、企业融资与制造业企业创新投资[J]. 山西财经大学学报，2018，40(11):41-51.

［537］袁玲，王涛，温湖炜.商业信用、融资约束与企业创新:基于产能过剩治理政策框架下的实证研究[J].金融与经济，2020(2):37-44.

［538］余泳泽. 创新要素集聚、政府支持与科技创新效率:基于省域数据的空间面板计量分析[J]. 经济评论，2011(2):93-101.

［539］余泳泽，刘大勇. 创新价值链视角下的我国区域创新效率提升路径研究[J]. 科研管理.2014(5):27-37.

［540］张超. 组织氛围、主管支持感与公务员创新意愿关系的实证研究:以组织认同为中介变量[D]. 成都:西南财经大学，2012.

［541］张桂玲，左浩泓. 对我国现行科技税收激励政策的归纳分析[J]. 中国科技论坛，2005(3):37-39.

［542］张振刚，陈志明，李云健. 开放式创新、吸收能力与创新绩效关系研究[J]. 科研管理，2015，36(3):49-56.

［543］张少琛. 构建网络的人力资源管理实践、知识共享与企业绩效之间的关系研究[J]. 吉林省教育学院学报，2017，33(12):157-159.

［544］张健华. 我国商业银行效率研究的 DEA 方法及 1997—2001 年效率的实证分析[J]. 金融研究，2003(3):11-25.

［545］张杰，陈志远，杨连星，等. 中国创新补贴政策的绩效评估:理论与证据[J]. 经济研究，2015(10):4-17.

［546］张杰，芦哲，郑文平，等. 融资约束、融资渠道与企业 R&D 投入[J]. 世界经济，2012(10):

66-90.

[547] 张劲帆，李汉涯，何晖. 企业上市与企业创新：基于中国企业专利申请的研究[J]. 金融研究，2017(5)：160-175.

[548] 张仁寿，黄小军，王朋. 基于 DEA 的文化产业绩效评价实证研究以广东等 13 个省市 2007 年投入产出数据为例[J]. 中国软科学，2011(2)：183-192.

[549] 张方华. 知识型企业的社会资本与技术创新绩效研究[D]. 杭州：浙江大学，2005.

[550] 张维迎. 我为什么反对产业政策：与林毅夫辩[J]. 比较，2016(6)：174-202.

[551] 张荟霞. 从传统管理到心智管理：知识经济时代的管理变革：读彼得·圣吉的《第五项修炼》有感[J]. 集团经济研究，2007(4X)：99-100.

[552] 张杰，刘志彪，郑江淮. 中国制造业企业创新活动的关键影响因素研究：基于江苏省制造业企业问卷的分析[J]. 管理世界，2007(6)：64-74.

[553] 张东红，殷龙，仲伟心. 政府研发投入对企业研发投入的互补与替代效应研究[J]. 科技进步与对策，2009，26(17)：4-8.

[554] 张敦力，李四海. 社会信任、政治关系与民营企业银行贷款[J]. 会计研究，2012(8)：17-24,96.

[555] 张新民，张婷婷，陈德球. 产业政策、融资约束与企业投资效率[J]. 会计研究，2017(4)：12-18,95.

[556] 张宗益，陈龙. 政府补贴对我国战略性新兴产业内部 R&D 投入影响的实证研究[J]. 技术经济，2013，32(6)：15-20.

[557] 章元，程郁，余国满. 政府补贴能否促进高新技术企业的自主创新？：来自中关村的证据[J]. 金融研究，2018(10)：123-140.

[558] 赵芬. 开放式创新、知识管理能力与技术创新绩效的关系研究[D]. 昆明：云南财经大学，2019.

[559] 赵红梅. 能源企业技术创新影响因素及作用机理研究[D]. 徐州：中国矿业大学，2010.

[560] 赵树宽，余海晴，巩顺龙. 基于 DEA 方法的吉林省高技术企业创新效率研究[J]. 科研管理，2013(2)：36-43.

[561] 郑绪涛. 中国自主创新能力影响因素的实证分析[J]. 工业技术经济，2009，28(5)：73-77.

[562] 郑绪涛，柳剑平. R&D 活动的溢出效应、吸收能力与补贴政策[J]. 中国软科学，2011(11)：52-63.

[563] 郑延冰. 民营科技企业研发投入、研发效率与政府科技资助[J]. 科学学研究，2016，34(7)：1036-1043.

[564] 钟思洋. 创新意愿、员工创新能力对员工创新绩效的影响研究[D]. 哈尔滨：哈尔滨工程大学，2017.

[565] 钟祖昌. 国家创新效率的结构特征及其收敛性研究：基于 OECD 国家和中国的经验分析[J]. 科学学与科学技术管理，2012(2)：22-29.

[566] 仲伟俊，梅姝娥，谢园园. 产学研合作技术创新模式分析[J]. 中国软科学，2009(8)：174-181.

[567] 周立军. 心智模式与知识创造：一个认知的视角[J]. 科技管理研究，2010，30(12)：227-229.

[568] 周子程. 创新制度环境对企业创新绩效的影响研究:基于管理者心智模式的视角[D]. 厦门:厦门大学,2020.

[569] 周章庆. 开放式创新策略与企业绩效的关系研究[D]. 合肥:中国科学技术大学,2018.

[570] 周海涛,张振刚. 政府研发资助方式对企业创新投入与创新绩效的影响研究[J]. 管理学报,2015(12):1797-1804.

[571] 周海涛,张振刚. 政府科技经费对企业创新决策行为的引导效应研究:基于广东高新技术企业微观面板数据[J]. 中国软科学,2016(6):110-120.

[572] 周明,吴翠青. 政府补贴对中小企业科技创新的影响[J]. 科研管理,2017(S1):574-580.

[573] 周煊,程立茹,王皓. 技术创新水平越高企业财务绩效越好吗?:基于16年中国制药上市公司专利申请数据的实证研究[J]. 金融研究,2014(8):166-179.

[574] 周亚虹,蒲余路,陈诗一,等. 政府扶持与新型产业发展:以新能源为例[J]. 经济研究,2015(6):147-161.

[575] 周燕,潘遥. 财政补贴与税收减免:交易费用视角下的新能源汽车产业政策分析[J]. 管理世界(月刊),2019(10):133-149.

[576] 周开国,卢允之,杨海生. 融资约束、创新能力与企业协同创新[J]. 经济研究,2017(7):94-108.

[577] 周黎安,罗凯. 企业规模与创新:来自中国省级水平的经验证据[J]. 经济学(季刊),2005(2):623-638.

[578] 朱程玉. "中国制造2025"对企业研发投入的影响[D]. 上海:上海师范大学,2020.

[579] 朱琪,关希如. 高管团队薪酬激励影响创新投入的实证分析[J]. 科研管理,2019,40(8):253-262.

[580] 朱恒鹏. 企业规模、市场力量与民营企业创新行为[J]. 世界经济,2006(12):41-52,96.

[581] 朱平芳,徐伟民. 政府的科技激励政策对大中型工业企业 R&D 投入及其专利产出的影响:上海市的实证研究[J]. 经济研究,2003(6):45-53.

[582] 朱有为,徐康宁. 中国高技术产业研发效率的实证研究[J]. 中国工业经济,2006(11):38-45.

[583] 朱晋伟,梅静娴. 不同规模企业间创新绩效影响因素比较研究:基于面板数据半参数模型[J]. 科学学与科学技术管理,2015,36(2):83-91.

[584] 褚珊珊. 创业者心智模式、错误学习与企业绩效的关系研究:基于环境动态性的影响[D]. 杭州:浙江理工大学,2019.

[585] 褚杉尔,高长春,高晗. 企业家社会资本、融资约束与文化创意企业创新绩效[J]. 财经论丛,2019(10):53-63.

[586] 鞠晓生,卢荻,虞义华. 融资约束、营运资本管理与企业创新可持续性[J]. 经济研究,2013(1):4-16.

[587] 邹彩芬,刘双,代亚利. 政府 R&D 补贴、企业技术创新及其创值能力研究[J]. 中国科技论坛,2014(5):20-26.

[588] 邹洋,聂明明,郭玲,等. 财税政策对企业研发投入的影响分析[J]. 税务研究,2016(8):42-46.